本书系国家自然科学基金青年项目“超网络视角的产业发展波动区域间扩散效应研究”（71803105）阶段性研究成果

产业发展波动的区域间扩散

基于超网络视角的研究

相雪梅　著

人 民 出 版 社

自　序

早在2016年我写博士学位论文的时候，就注意到一大“公理”，即人类社会从农业文明到工业文明再到数字文明的发展，社会分工从粗糙化到精细化的改变，产业门类从稀少到丰富的演化，都是科技创新推动生产力发展的结果，是科技创新催生了新产业改造了旧产业，导致产业发展波动的产生与扩散的结果。在党校工作后，因与经济现实的接触更为密切了，我又注意到另一大“公理”，即当前的城市群战略毋庸置疑是基于佩鲁的增长极理论，体现了非均衡协调发展的思想，但归根到底产业关联密切与否才是城市群战略效益好否的关键。

基于产业关联可以构建产业网络，区域经济系统内各产业的关联方式、关联密度是不同的，导致了产业网络结构的非均衡性、非对称性。2012年9月，杰出经济学家、卡拉克奖得主达龙·阿西莫格鲁（Daron Acemoglu）教授在经济学顶尖杂志*Econometrica*第80卷第5期上发表了论文“The Network Origins of Aggregate Fluctuations”，提出了级联效应（cascade effects）的概念，通过严密的数学推理得出结论：非对称的产业网络结构提供了产业生产率波动在经济系统扩散的机制。单个产业的生产率波动不仅可以扩散到直接下游部门，引起直接下游部门的生产率波动，而且能够通过二阶、甚至更高阶的关联扩散到整个经济系统，导致整个经济系统的总量波动。达龙·阿西莫格鲁教授谓之级联效应。所谓级联，是指每一部门因与其邻接部门相互作用而产生的多部门串联形式。产业关联与产业网络提供了研究产业生产率波动扩散的视角，弥补了基于投入产出视角和宏观分析框架视角研究产业波动或部门冲击在单区域经济系统内或多区域经济系统间扩散的不足，从结构层面揭示了产业波动或部门冲击扩散的本质。

然而，产业毕竟不是直接进行经济活动的实体，技术进步等供给冲击引起的诸如产业全要素生产率的波动、产业萌生与消亡等产业发展波动从根本上讲是经济活动的载体——企业发展波动汇聚的结果，从更长的历史时期来看，甚至是技术、人才、项目等经济要素的波动汇聚的结果。长三角城市群一体化发展、粤港澳大湾区趋成经济生态、京津冀一体化发展等虽然本质上是产业关联使然，但究其根源则是企业关联甚至经济要素关联使然，因此有必要基于结构视角、深入微观层面研究产业发展波动扩散的本质。超网络作为研究多主体、多属性、多维度、多层次复杂系统的有效工具，为深入微观层面研究产业发展波动的区域间扩散提供了可行方法。

基于以上原因，结合当前我国面临百年未有之大变局，需要明确我国的优势和劣势，立足瓶颈领域和瓶颈环节，抓主要矛盾和矛盾的主要方面，系统把握统筹安排协同发力制定一揽子的战略决策；同时基于我国区域经济亟须协同、协调发展的需要，我开始了基于超网络视角对产业发展波动区域间扩散的研究，并因此申请了国家自然基金青年项目，力图通过浅薄研究为我国战略决策和政策制定提供些微依据。

目　录

第二篇 机 制

第三篇 效 应

前　言

本书基于序言所述思路，分源起、机制和效应三篇展开。

第一篇“源起”阐述了研究原因、创新点和研究意义，由第一章、第二章和第三章构成。第一章通过综述四次科技革命推动产业发展的事实，阐述了科技创新是产业发展波动产生的根源的观点；通过描写长三角城市群一体化发展与粤港澳大湾区趋成经济生态，阐述了产业关联是产业发展波动区域间扩散的观点。基于历史和现实已经发生和正在发生的事实，从现象抽象出事务的本质，即两大“公理”。第二章从客观事实上升到理论层面，首先论述了产业关联与产业网络的相关理论，特别是产业网络的指标体系和三类结构；然后从理论阐释到实证研究详细说明了网络级联理论，网络级联产生级联效应，而产业网络结构的非对称性是产生网络级联效应的关键，也是产业发展波动扩散的根源。第三章起到承上启下的作用，首先通过综述研究现状，肯定了从产业网络结构视角研究产业发展波动区域间扩散的意义和价值，然后进一步基于产业发展波动区域间扩散的本质，把研究触角延伸到微观层面，提出从超网络视角研究产业发展波动的区域间扩散，给出本书的创新点和研究意义。

第二篇“机制”描述了产业发展波动区域间扩散超网络的结构、各异质节点相互作用过程和结果，包括第四章、第五章和第六章。第四章基于应用通过介绍几类复杂系统的概念和特征及其超网络表示，力求让读者对超网络有个形象的认识。包括城市交通系统、复杂产品系统、创新生态系统等，这些系统都是包含多个异质主体、由多个子系统构成复杂系统，唯有超网络才能清晰描述其结构。第四章最后还介绍了超网络在多渠道信息传播、多中心资源调配、多主体海关监管中的应用，展示了信息传播超网络、资源调配超网络和海关监管超网络三类超网络。第五章和第六章基于经济系统的复杂性，论述了产业发展波动区域间扩散的机理，构建了产业发展波动区域间扩散超网络模型，给出了其特征，并选择、设计了其层内指标和层间指标，以量化产业发展波动区域间扩散的结果。

第三篇“效应”包括第七章和第八章。第七章基于大国数据构建了中、德、日、美“企业—产业—区域”超网络模型，计算了层内指标和层间指标，分析了产业发展波动在中、德、日、美间扩散的效用，明确了各国各异质节点扩散发展波动的影响力、发展波动在四国间的关键扩散路径和各国在四国经济大系统中的地位，对于我国利用长板、补齐短板参与国际分工进行国际合作提供了一定参考。第八章基于中国数据构建了 29 个省区市的“企业—产业—区域”超网络模型，计算了其层内指标和层间指标，分析了我国 29 个省区市各节点扩散发展波动的影响力和发展波动在 29 个省区市间的关键扩散路径，为制定推进我国区域经济协同、协调发展的政策提供的定量依据。

本书虽然是长期酝酿的结果，但仍存在不尽全面、不尽合理的地方，不当之处欢迎批评指正。

第 一 篇

源　　起

第一章

产业发展波动的产生与扩散

自18世纪60年代以来发生的三次工业革命，及当前正在发生的第四次工业革命，均通过技术创新影响着产业发展，或者在量变上改变了产业的全要素生产率，或者在质变上催生了新产业淘汰了旧产业。本书把技术进步等供给冲击引起的诸如产业全要素生产率的波动、产业萌生与消亡等定义为产业发展波动。

第一节　产业发展波动的产生根源

一、蒸汽技术与第一次产业发展深刻波动

1764年，英国织工詹姆斯·哈格里沃斯（James Hargreaves）发明了珍妮纺纱机，最先完成了从工具到机器的转变，宣告了第一次工业革命的开始。1769年，理查德·阿克莱特（Richard Arkwright）发明了以水力为动力、体积很大的卷轴纺纱机，解决了生产纯棉布的技术问题，因使用卷轴纺纱机进行生产需要在河边建设高大的厂房，配备大量工人集中操作，从而纺织业从作坊手工业发展到了工厂大工业。1779年，童工出身的塞缪尔·克隆普顿（Samuel Crompton）把珍妮纺纱机和水力纺纱机的特色相结合，发明了走锭精纺机（又称"骡机"），能够纺出柔软、精细又结实的棉纱。1785年，牧师埃德蒙·卡特赖特（Edmund Cartwright）发明水力织布

机，使织布效率提高了40倍。截至1800年，600家“骡机”纺纱厂落户英国，加之水力织布机的广泛应用，英国棉纺业基本实现了机械化①。

然而，英国的水力资源并不富裕，不足以为工厂提供充足动力，从而刺激了对英国丰富的煤炭资源的需求。18世纪中叶，英国采煤业与采矿业迅速发展，直接推动了蒸汽动力技术的诞生与发展，利用热能为机械提供动力成为可能，结束了人类对畜力、风力、水力的依赖，并进一步促进了机器大生产。

1776年，詹姆斯·瓦特（James Watt）制造出世界上第一台万能蒸汽机，并于1789年获得其使用权，而后万能蒸汽机作为动力机在英国开始快速普及。蒸汽技术的发明一方面推动了织布机、轧棉机、梳毛机的发明，大大改变了纺织业的作业形态和工作效率；另一方面被广泛应用于冶金厂、面粉厂，推动了煤炭业、金属冶炼业、机器制造业的发展。后来蒸汽技术又被应用到运输业，引发了运输工具的改造。1807年，美国人罗伯特·富尔顿（Robert Fulton）制造并成功试航了以蒸汽为动力的汽船。1814年，英国人乔治·史蒂芬逊（George Stephenson）历经几年努力发明了蒸汽机车。运输工具的改造带动了以运河、公路和铁路为主要标志的“运输革命”。

在铁路建设方面，仅1836年一年英国就兴建了25条新铁路，总里程为1600余千米，截至1855年，总里程达12960千米，内陆铁路运输网逐渐形成。在运河开凿方面，自1761年开凿了从沃斯利（Worsley）到曼彻斯特（Manchester）的第一条运河后，截至1842年，英国人工运河总长度达3960千米②。正如保尔·芒图（Paul Muntu）所说，“在几乎不到30年的时间里，整个大不列颠上都开出了四通八达的航路”③。

---

① 杜洁：《第一次工业革命的历史真相》，《黑龙江史志》2011年第13期。

② 陈爱军：《第一次工业革命与英国城市化》，《上海青年管理干部学院学报》2005年第1期。

③ 齐世荣主编：《精粹世界史——推动历史进程的工业革命》，中国青年出版社1999年版，第78页。

总之，蒸汽技术的诞生与发展改变了英国的产业结构，使得英国从以农业经济为主转变为以第二、第三产业为主。著名经济学家西蒙·库茨涅茨（Simon Kuznets）的统计资料显示，1801 年，英国农业、工业和服务业占国民生产总值的比重分别是 32%、23%和 5%，而到 1841 年这一比重变为 22%、34%和 44%①。蒸汽技术的诞生与发展也使得法国、德国、美国等国家的产业结构发生了深刻变化，促进了这些国家的纺织业等从手工作坊生产迈向机器大生产，推动了这些国家纺织业、煤炭业、金属冶炼业、机器制造业和交通运输业等各领域的业态演化和生产率提高，导致了第一次产业发展深刻波动。

二、电气技术与第二次产业发展深刻波动

1819 年丹麦人汉斯·奥斯特（Hans Christian Oersted）发现了电流的磁效应。1831 年英国科学家迈克尔·法拉第（Michael Faraday）发现了电磁感应现象。电磁理论的提出和电磁波存在的预言，为电气技术的发明奠定了理论基础。1866 年德国人维尔纳·冯·西门子（Ernst Werner von Siemens）制成了自激式的直流发电机。1872 年，第一台高效率发电机由德国人黑夫纳·阿尔特纳克（Hefner Altnecker）设计成功。1882 年，法国学者马赛尔·德普勒（Marcel Deprez）发现了远距离送电的方法；同年，第一座大型火力发电站经托马斯·阿尔瓦·爱迪生（Thomas Alva Edison）之手落户纽约，输电线联接成网。但爱迪生研制的是 110 伏直流发电机，电压低，输电距离短。

1885 年意大利科学家法拉里（Farari）提出旋转磁场原理，推动了交流电机的研制。1888 年尼古拉·特斯拉（Nicola Tesla）发明了交流发电机，并建起了第一座交流发电站。交流输电法因成本低、功率大、电路耗

① 齐世荣主编：《精粹世界史——推动历史进程的工业革命》，中国青年出版社 1999 年版，第 238 页。

损小而在美国和欧洲推广。1895 年基于三相交流系统的尼亚加拉（Niagara）大型水电站建成，输出电力达 15000 匹马力①。到 1917 年，美国仅公用电站就有 4364 座，发电量 438 亿度②，美国电力工业跃居世界第一位。

自 1888 年特斯拉发明了交流电动机，以电力为动力的产品不断涌现。1844 年，萨缪尔·莫尔斯（Samuel Finley Breese Morse）制成了第一台实用的电报机。1876 年，亚历山大·贝尔（Alexander Graham Bell）发明了电话机。1879 年，爱迪生经过不断尝试陆续发明了电灯、电影、收音机、无线电、电力机车、磁带录音等。电力技术的兴起推动了通信业等第三产业的革命。

19 世纪 80 年代中期，德国发明家戈特利布·戴姆勒（Gottlieb Daimler）和卡尔·本茨（Karl Friedrich Benz）设计了以汽油为燃料的轻内燃发动机。1892 年，德国工程师鲁道夫·狄塞尔（Rudolf Diesel）发明了一种效率较高的内燃发动机，因以柴油为燃料，又称柴油机。内燃机的发明，引起了交通运输领域的变革。19 世纪 80 年代，卡尔·本茨制成了第一辆用汽油内燃机驱动的汽车；1896 年，美国人亨利·福特（Henry Ford）制造出他的第一辆四轮汽车，汽车工业诞生。不仅如此，火车、拖拉机、船舶及内燃机车等也得以改良，同时出现了远洋轮船、飞机等新兴交通工具。1918 年美国人斯坦福·莫斯（Sanford Moss）发明了燃气轮机，大大提高了动力机的效率，为航空技术提供了强大动力，推动了航空工业的发展。

石油开采业也因内燃机的发明而发展，并进一步导致了石油化学工业的产生。石油作为一种极为重要的新能源被广泛用于交通运输、军事技

① ［美］格罗弗、康乃尔：《美国实业发展史》下册，商务印书馆 1947 年版，第 602 页。

② 美国人口普查局：《美国历史统计：从殖民地时代到 1957 年》（*Historical Statistics of the United States, Colonial Times to* 1957），华盛顿，1975 年版，第 276 页。

术、农业机械化以及其他部门，推动了这些部门的发展，并因钢材在机器、轨道、船舶生产中越来越多的使用，导致了金属冶炼业的发展。

总之，以电气技术的突破为标志的第二次工业革命推动了一系列新兴工业部门的诞生和发展，形成了火车铁路、电力工业、电报电话、石油化工、汽车工业、飞机工业、造船工业、家用电子工业等诸多主导产业。产业的发展离不开企业的支撑，美国钢铁公司、蒂森公司、梅赛德斯—奔驰、通用汽车、福特、克莱斯勒等大型跨国公司应运而生，直到今天依然对国民经济发展发挥重大作用。

三、信息技术与第三次产业发展深刻波动

1946 年 2 月 14 日美国宾夕法尼亚大学造出了世界上第一台电子计算机 ENIAC。ENIAC 使用了 18800 个电子管，1500 个继电器，占地约 170 平方米，重达 30 余吨，耗电 150 千瓦，造价 48 万美元，加法运算每秒完成 5000 次，乘法运算每秒完成 400 次，比当时最快的计算工具快 300 倍，是继电器计算机的 1000 倍、手工计算的 20 万倍。ENIAC 的诞生使科学家们脱离了复杂计算的苦海，推动人类进入了信息技术时代。随后，晶体管的出现从根本上推动了计算机生产技术的发展，1958 年 12 月 18 日，IBM 公司推出了世界上第一台晶体管计算机——IBM7090 型全晶体管大型机，IBM7090 使用穿孔卡片，有 32K 内存，运算速度达每秒 229000 次。随着半导体技术的发展，计算机生产技术进入集成电路时代。1973 年，IBM 研发了大规模集成电路，计算机微型化得以实现，揭开了以微电子为标志的信息技术时代。

与计算机硬件技术的进步相伴相生，计算机软件也实现了长足发展，从机器语言、汇编语言，发展到高级程序设计语言，从结构化程序设计发展到面向对象的程序设计，从规模较小的程序发展到操作系统，从计算机用户与程序员一体到两者的分离。特别地，在网络管理软件、网络操作系统及网络通信协议的管理和协调下，在通信技术的大力支持下，地理位置

不同且具有独立功能的多台计算机及其外部设备连接成能够实现资源贡献与信息传递的网络。信息技术与网络平台的发展又引起了产业发展的深刻波动。

首先，形成了电脑、无线通信和互联网等主导产业。其次，“创造性毁灭”了或改造了大量的传统产业、传统商业模式，电力、冶金、石化、机械、建材、农业、交通等传统产业的信息技术应用进展迅速，工艺技术和装备信息化水平明显提高，B2B、B2C、C2C、O2O 等新商业模式不断涌现。如电力行业建成了电网调度自动化系统、电厂电站自动化监控系统，冶金行业普遍采用自动化控制系统，煤炭行业实现了计算机控制的煤矿机电一体化，农业基础设施、装备、管理的信息化、农业技术操作的自动化等水平显著提高，交通运输业建设了智慧交通体系。最后，形成了互联网广告、网络出版、数字图书馆、数字新媒体、数字化娱乐、网络购物、生产性服务业、产业互联网等新业态。与之相应的，涌现了通用电气、西门子、飞利浦、松下电器、索尼、IBM、惠普、英特尔和微软、脸书、谷歌、亚马逊、苹果、阿里巴巴、百度、腾讯等一大批企业。

四、新一代信息技术、新能源技术等与第四次产业发展深刻波动

确如杰里米·里夫金（Jeremy Rifkin）所言，历史上的每一次工业革命，其动力都是能源技术与通信技术的双突破。第一次工业革命，是煤炭能源驱动的蒸汽机的发明和报纸、杂志等通信技术的突破推动的；第二次工业革命，是电气技术驱动的电话、无线电和电视等通信技术的发明和石油的开采使用、内燃机的发明推动的；第三次工业革命，则是更加强大的互联网技术的突破与更清洁的可再生能源的研发开采使用推动的。① 21 世

① ［美］杰里米·里夫金：《第三次工业革命：新经济模式如何改变世界》，张体伟、孙豫宁译，中信出版社 2012 年版，第 15 页。

纪以来，新一代信息技术、新能源技术的发展推动了第四次产业发展的深刻波动。

（一）新一代信息技术与产业发展波动

根据《国务院关于加快培育和发展战略性新兴产业的决定》，新一代信息技术囊括下一代通信网络、物联网、三网融合、新型平板显示、高性能集成电路和以云计算为代表的高端软件六个方面。

1. 下一代通信网络

下一代通信网络技术相比 4G 无线通信网络技术是一次质的飞跃，不仅数据传输速度大幅提升，而且具有更高的兼容性、更好的保密性和更低的能耗率。2020 年 8 月，深圳实现了 5G 独立组网全覆盖，成为全球第一个跨入 5G 时代的城市。截至 2020 年 9 月底，因中国移动、中国联通、中国电信三大运营商的加推，中国 5G 基站已实现地级市覆盖，数量达 69 万余个，5G 终端连接数累计已超过 1.6 亿。5G 的突破为物联网、自动驾驶、工业互联网、智慧交通、智慧医疗、智慧教育等提供了可靠的数字基础设施保障，同时加速了产业转型升级、催生了新产业，如国家乒乓球队和上海体育学院做“陪练”之用的智能机器人。

2. 物联网

物联网是一种可实现智能化识别、定位、追踪、监控和管理的网络技术。广泛用于智慧医院、智慧社区、智慧城市、车联网、智能家居、智能制造、智慧农业领域等。以智慧医院为例，在空间网格化技术支持下，通过蓝牙信标可以实现医院地理位置的网格化管理，从而实现人员定位、资产定位等，因此地下停车场可以做到精准导航，医院可以做到点对点定位和寻航。给住院部的患者佩戴一个记录患者所有诊疗信息的腕带，护士查房时可以通过随身携带的 PDA，及时、准确了解患者情况，另外还可以实现对重点患者的跟踪和定位管理。基于对母亲与护理人员身份的确认，可以借助物联网技术实现婴儿防盗的智能化管理。使用高值耗材智能柜，可以实现刷脸识别取器械、系统自动进行实时库存盘点、自动请求补货，从而实现高值耗材的精准管理①。依托"云端"大数据平台，可以打造全流程、一体化的智慧物流体系，满足运输、仓储、管理需求，实现集约化、自动化、智能化、信息化、规范化的目标。

3. 三网融合

三网融合是指电网、车联网及互联网的融合，其出现极大推动了新能源汽车的发展。在工业思维导向下，汽车制造企业以自我为中心，并整合上下游企业以及相关资源，从而完成汽车产品的采、产、销及服务等环节形成完备的汽车产业链，限制了新能源汽车的发展。在互联网思维导向下，汽车产业呈现跨界融合趋势，跨界融合的第一步就是车联网，即以汽车为基本单元形成的由车辆位置、速度和路线等信息构成的巨大交互网络，通过计算机技术，能够得到不同车辆的最佳路线、实时路况和交通运行协调建议。车联网与互联网的融合使得汽车和消费者同时作为这一交互网络中的实物单元，消费者更加注重汽车本身带来的消费体验，而不是动力更强、行驶距离更远，汽车领域进入体验经济时代。足够强劲而智能的电网的加入增强了充电站或充电桩的可得性、便利性，从而保证新能源汽车整个系统的安全。三网融合从根本上改变了汽车产业的发展格局。

4. 新型显示技术

显示技术是人机交互和信息展示的窗口，在经过传统的显示技术阶段、现代显像管显示技术阶段、现代平板显示技术阶段的发展后，从20世纪90年代开始，随着信息技术、先进制造技术和新材料技术的迅猛发展，已进入以Micro LED、Mini LED、激光显示、印刷显示为代表的当代新型显示技术阶段。新型显示技术的发展，不仅在视像产业的发展中起着举足轻重的作用，极大推动着视像产业的更新换代，使视像产业进入超高清的新时代，而且推动着教育、娱乐、医疗、交通、工业、通信甚至军事

① 林宝珍、傅伊：《快速寻车、婴儿防盗，物联网技术赋能智慧医院建设》，《海峡都市报》2020年11月18日。

等领域的发展。以教育业为例，新型 3D 显示技术使用光学映射的方法来显示真实的 3D 图像，消除了虚拟现实中的眼睛疲劳，从而用之建立各种效果良好的虚拟实验室、虚拟实训基地等，还可通过建造人体模型、电脑太空旅行、化合物分子结构显示等为学生提供生动、逼真的学习环境，给学生带来无限的虚拟体验，如外科手术、体育技能、汽车驾驶等，巩固学生的学习效果，从而颠覆了传统教育。①

5. 高性能集成电路

集成电路是电子信息产业的基础和核心，其发展不仅会大大促进信息产业的发展，而且会在信息化和工业化的深度融合中重构传统行业发展生态。比如，利用集成电路芯片对传统机床进行智能化改造，形成了数控机床这一新兴产业。利用集成电路芯片改造汽车工业，实现了汽车电子化，提高了汽车安全性、舒适性和经济性，引发了汽车工业的新革命。集成电路制造技术融合了半导体、材料、光学、精密仪器、自动控制等 40 多个工程科学技术领域的最新成就，代表当今世界微纳制造的最高水平。集成电路制造技术的发展推动了高性能集成电路的出现，得益于大数据、云计算、物联网、人工智能等领域的快速发展，高性能集成电路的出现不仅会在一定程度上缓解我国“缺芯少核”的创新之痛，而且会进一步提高高端装备制造、汽车工业等产业的智能化、自动化水平。

6. “云计算”等高端软件

2006 年 3 月，美国亚马逊公司正式推出了弹性计算云（elastic compute cloud，EC2）服务，同年 8 月 9 日，谷歌时任首席执行官埃里克·施密特（Eric Schmidt）在搜索引擎大会（SES San Jose 2006）上，首次提出了“云计算”（cloud computing）的概念，从而互联网发展到“云计算”时代。“云计算”产生后，一方面通过与物联网、移动互联网等的

① 张莹、杜春玲：《5G 时代新型先进显示技术发展与趋势——访中国科学院院士欧阳钟灿》，《微纳电子与智能制造》2020 年第 2 期。

融合，催生了在线研发设计、教育医疗、智能制造等新业态，升级了传统产业；另一方面通过在某些领域开展大数据应用示范，如疾病防治、灾害预防、社会保障、电子政务等领域，催生了新产业。

总之，新一代信息技术的发展，催生了新产业，改造了传统产业，特别地，其与先进制造技术的深度融合，实现了制造活动各环节——设计、生产、管理、服务——的智能化，形成具有自感知、自学习、自决策、自执行、自适应等功能的新型生产方式——智能制造，加快了工业互联网的创新发展，实现了制造业产业数字化转型，极大推动了我国制造业的发展。

（二）新能源技术

新能源技术则覆盖太阳能、氢能、核能、生物质能、化学能源、风能、海洋能和地热能等领域。新能源技术的突破推动着产业内涵和外延的扩大。

1. 太阳能

对太阳能的研究主要分为太阳能发电和太阳能燃料，前者是指利用太阳光进行发电，如利用硅电池太阳能电池板把光能转化为电能，即光伏发电，当前技术已相对成熟；后者是指光伏发电后电能没有送入电网，而是用来驱动水电解器，从而将水分解成氢和氧，氢进一步转化为氢燃料，如此将太阳能转化成为可储存、可使用的液体燃料，这项技术早已突破，但没能广泛使用，原因在于使用和分配氢燃料的基础设施不足。

盖西北大学化学系教授迈克尔·瓦西莱夫斯基（Michael Wasielewski）猜想：存在将导致气候变化的二氧化碳从大气中分离出来，并将其转化为甲醇或一氧化碳来生产太阳能燃料的可能性，当然这需要阳光吸收机制和燃料的化学转化机制的整合。如果可行，将有助于取代化石燃料，从而减少二氧化碳排放，缓解气候变化。另外，硅太阳能电池会丢弃整个光谱蓝端的阳光，要想充分利用太阳光能，需要一些技术支持，如单线态裂变工艺、结晶钙钛矿技术等，有些已经可行，如单线态裂变工艺，有些尚待深入研究，如结晶钙钛矿技术①。

当然，当前发展最成熟的还是太阳能发电领域的光伏发电技术，无论是国内还是国外，光伏发电被广泛应用于交通、通信、农林、建筑等行业，改变了产业生态，如绿色建筑、绿色道路的兴起，同时对世界清洁能源开发使用和节能减排做出了贡献。根据世界自然基金会研究结果，从减少二氧化碳排放指标看，安装1平方米光伏发电系统相当于植树造林100平方米。

2. 氢能

氢燃料电池最早出现于1839年，经历几轮单发于欧洲、美洲等少数国家的氢能热后，发展到了今天的全球氢能热。氢燃料电池以氧气为氧化剂、氢气为还原剂，在催化剂的作用下氢和氧通过电解质生成水，氢电极带负电，氧电极带正电，氢气和氧气连续反应，从而动力不断供应。氢燃料电池的使用过程只产出纯净水，是一种清洁能源，但曾经存在技术约束。

氢燃料电池的运转需使用一种名为PtCo化合物的催化剂，这种催化剂要求在交换膜中搭建一种金属与有机物相结合的多孔聚合物，并要求在整个电极中拥有大量均匀的活性定位点。然而氢氧燃料通过膜片时有负载限制，而且会与PtCo相结合形成少量晶体，导致电极表面没有足够多的活性定位点与氧气相结合，造成燃料电池电流下降，在对动力请求较高时尤甚。丰田MIRAI采用间歇槽膜涂布法的制备工艺做到了多孔聚合物均匀性的最优化，解决了这个技术问题。

氢燃料电池落地车量产中还存在其他技术问题，比如质子交换膜，这是一个能将氢气中的电子分离成为质子进而从正极交换到负极和氧气产生反应生成水和热量的重要部件。当前清华大学、北京理工大学、同济大

---

① Elisha：《ISEN 探讨太阳能技术发展前景》，2020年11月21日，见 https://mp.weixin.qq.com/s/g8LGR1mDdAzznR8RBnlWUA。

学、上海交通大学研发出了实验室级别的产品，但各类参数仍然落后于丰田。而质子交换膜行业标准的打造者是美国的戈尔公司（W. L. Gore & Associates），广东佛山的氢能源公交车和武汉理工氢电采用都是戈尔的产品。而质子交换膜的技术研发则以美国杜邦、3M、戈尔，日本旭化成、大金和德国巴斯夫等国外公司为主。

除氢燃料电池外，氢动力还有氢内燃机。20 世纪 80 年代，石油危机爆发后，以内燃机的简单改装为特征的氢内燃机就在美国出现了，即使用汽油和液态氢驱动的双燃料四门轿车 BMW E1 的 520h。2006 年，宝马又研发出可以在液态氢和汽油之间无缝自动切换的氢内燃机，即以宝马 E66 为基础的氢内燃机 Hydrogen7。日本也是氢内燃机研发领先的国家，1991 年马自达推出了同宝马一样装备了双燃料系统的氢燃料转子发动机。然而无论如何，却解决不了早燃的痛点。加之，污染的存在，成本的增高，氢内燃机落地车难以实现量产。

因此，技术创新与突破是产业发展的关键。

3. 核能

1954 年，电功率为 5 兆瓦的实验性核电站在苏联诞生。1957 年，电功率为 9 万千瓦的原型核电站在美国建成，实验性核电站和原型核电站的建成证明了利用核能发电的技术可行性。在此基础上，20 世纪 60 年代后期，又陆续建成更大电功率的压水堆、沸水堆、重水堆、石墨水冷堆等核电机组，不仅进一步证明了核能发电的技术可行性，而且证明了核电的经济性。20 世纪 90 年代，三里岛和切尔诺贝利核电站严重事故的发生，推动了世界核电业界对严重事故的预防和缓解的研究和攻关，先是美国出台了“先进轻水堆用户要求”文件，即 URD 文件（utility requirements document），然后欧洲出台了“欧洲用户对轻水堆核电站的要求”，即 EUR 文件（European utility requirements document），明确了预防与缓解严重事故、提高安全可靠性和改善人因工程等方面的要求。随着核技术的发展，核能方案的安全性和经济性更加优越，废物量极少，无需厂外应急，并具备固有的防止核扩散的能力，高温气冷堆，熔盐堆，钠冷快堆等成为新一代的反应堆。

核技术的发展也在不断扩大其应用领域和范围，除了核电与核武器外，还拓展到工业、农业、医学、环保等领域，并在辐照材料改性、辐射技术装备、辐照加工服务、公共安全、公众健康、环境保护等方面形成一定的产业规模。①

在工业领域，核技术已成为推进新技术、新材料、新工艺、新方法不断取得创新发展的动力之一。比如，辐照交联技术的使用可以在射线作用下使线性高分子具有绿色、高效、易控等优点。聚乙烯在经辐照交联技术处理后，耐温等级和耐磨损性分别成为普通 PVC 的 2 倍和 10 倍，在能源、电力、交通、通信、建筑等领域已得到广泛应用。而经过辐射加工获得的高性能塑料，可以用于制造卫星器件、人工心脏瓣膜、人工关节、人工角膜等。

在农业领域，核技术已广泛应用于植物辐射诱变育种、昆虫辐射不育、农产品和食品辐射加工等领域，成为传统农业改造、升级的重要科学技术。比如，用电子束直接或间接破坏微生物的核糖核酸、蛋白质和酶的辐射消毒灭菌技术的应用，可以彻底杀灭食品中的微生物，防止食源性传染病流行；还可以有效降低果蔬的代谢速度，延长货架期，并且具有无污染、无化学残留物、灭菌最彻底等优点，成为推动农业现代化的重要技术。

在医学领域，核技术与现代医学技术相结合，成为预防、诊断和治疗疾病的重要手段。比如，放射性药物与核医学显像设备配合使用，把对肿瘤诊断的发现率提高到了 90%；核药利用射线（辐射）定向破坏病变组织或改变组织代谢，从而达到治疗目的；肿瘤放射治疗利用各种放射线

---

① 闫丽蓉：《我们身边的核技术应用》，《经济日报》2019 年 4 月 15 日，见 https：//mp. weixin. qq. com/s/Gyi9fhzr9bXoJ5ANPmop0A。

（如 X 线、γ 线、电子束等）治疗恶性肿瘤。

在公众安全领域，X 射线、γ 射线、中子等探测技术已广泛应用于航空、铁路、海运、公路等客运和货运安全检查中。具有广阔应用前景的还有核磁共振、核四级共振等“指纹式”高精度检测技术。核技术在公众安全领域应用最成功则是大型集装箱（车辆）检查系统。此外，CT 型行李（物品）检查系统融合了双能材料识别技术和螺旋 CT 扫描技术等尖端科技，可用于探测固体、液体爆炸物等多种类型的违禁品，具有更高的检出率、更低的误报率，并实现了自动报警。

在环保领域，核技术被应用到大气污染物监测及水体和各类环境样品的分析中，应用到环境净化处理中。比如，用电子束辐照技术处理废水，处理速度快、范围广，且与传统废水处理技术相比，温室气体排放量少，基本不产生剩余污泥。又如，利用电子束辐照技术对废气实施脱硫脱硝，不仅不产生废水废渣，无二次污染，而且生成可生产肥料的硫铵和硝铵混合物等副产品。

4. 生物质能

生物质能大致分为木材生物质能、农业生物质能以及垃圾废物三大类。为把三类生物质原材料转化成电、热和燃料，需要各种能源生产设备。

目前世界上较为成熟且能够实现规模化开发利用的生物质能技术主要有生物质能的发电产热、生物液体燃料、沼气和生物质成型燃料等。此外，直接燃烧技术、致密成型技术、气化技术、裂解、植物油酯化技术、城市垃圾填埋气发电和供热、生物质发酵乙醇技术、炭化技术、沼气发电技术等也比较成熟。

利用垃圾废物生产生物质能，不仅具有较高生态效益，而且具有一定的社会经济价值。比如，为了解决芦苇腐化造成水体污染问题，同时考虑到芦苇资源化利用的经济效益，中国华电科工集团利用雄安新区分布面积最大、最典型的水生植物芦苇，研发了国内首个生物质秸秆与畜禽养殖废弃物混合进行干式厌氧发酵项目。该项目采用干式厌氧发酵技术，将芦苇和当地畜禽养殖废弃物进行生态处理，变成绿色能源，实现了芦苇利用的资源化、无害化。

5. 海洋能

海洋能是指海洋中所蕴藏的可再生的自然能源，主要包括潮汐能、波浪能、海流能、海水温差能和盐差能等。其中，人类认识和利用最早的是潮汐能。1912 年，世界上第一座潮汐发电站建成于德国的布斯姆。1966 年，世界上最大容量的潮汐发电站落户法国朗斯。1958 年以来，我国陆续在广东省的顺德和东湾、山东省的乳山、上海市的崇明等地，建立了潮汐能发电站。波浪能是海洋表面波浪所具有的动能和势能，目前为航标灯等提供电力的波浪能发电装置已实现了批量生产。海流能是指海水流动的动能。温差能是指海洋表层海水和深层海水之间水温之差的热能。盐差能是指海水和淡水之间或两种含盐浓度不同的海水之间的化学电位差能。

从全球看，目前海洋能的开发整体上处于研发阶段，其中潮汐能的技术进步最大，特别是欧洲，拥有 66%的潮汐能技术专利，而欧盟拥有全球 58%的潮汐能企业，其示范项目已产生超过 50 千兆瓦时的发电量；其次是波浪能，经过 20 世纪 70 年代对多种波能装置进行的实验室研究和 80 年代进行的海况试验及应用示范研究，波浪发电技术已逐步接近实用化水平，值得注意的是，欧洲拥有 44%的波浪能技术专利，而欧盟拥有全球 61%的波浪能企业。欧盟企业的潮汐能技术和波浪能技术是世界最先进的，而且已经进入样机示范和前商业化阶段。① 其他海洋能技术则大多处于技术准备和试验阶段，如全球第一个海水温差能发电试验已经在日本冲绳岛以西 100 千米处展开，一旦取得技术上的突破，便会实现循环热力发电。

① 周超：《海洋能：欧盟未来的重要产业》，2020 年 11 月 16 日，见 https://mp.weixin.qq.com/s/e305W6Jzbm63YdlR9dIK3g。

6. 地热能

地热能的开发利用大致分成两大类：一是直接利用，二是发电。直接利用是指开采出天然温泉和地下热水、天然蒸汽后，直接用于地热供暖、温泉洗浴、医疗和农业等领域，是当前国内外地热能开发利用的最主要形式，推动者相关产业的发展。以农业为例，地热能广泛用于地热温室种植和水产养殖，如地热灌溉、烘干蔬菜、地热孵化禽类、加温沼气池与牲畜洗浴池等，开拓了新的经营模式。地热发电是指，先把地热能转变为机械能，再把机械能转变为电能，是未来地热能开发利用的重要发展方向。在所有可再生能源中，只有地热能不受天气变化和季节变化的影响，具有稳定性、连续性和利用率高的优势，且发电成本低，设备占地面积小。基于最新技术，从天然蒸汽中分离出来的地热能利用率高达 97%，损失掉的 3%则是缘于涡轮之间的摩擦力，与其他可再生能源发电的低效率相比，地热发电的利用效率达 72%。① 受当时经济环境与地热发电技术的限制，改革开放初期建设的地热发电站多已停产，仅羊八井地热发电站蜚声世界。随着地热技术发展，目前我国已经具备了地热发电的各类优良条件，即将与国际接轨，迎来“爆发式”发展。

五、技术创新是产业发展波动产生的根源

熊彼特曾指出：在资本主义市场上真正占主导地位的并不是经济学家们所说的那种竞争，而是新产品、新技术的竞争……这种竞争冲击的不只是现存的企业的盈利空间和产出能力，而是它们的基础和生命。② 的确，新技术、新产品从根本上推动着产业发展，改变着企业的生存空间。技术创新是产业发展波动产生的根源。

---

① 《地热能是怎么发电的?》，2017 年 4 月 20 日，见 https：//v. qq. com/x/page/j0395xtebiv. html。

② 熊彼特：《资本主义、社会主义与民主》，转引自吴延兵：《创新、溢出效应与社会福利》,《工业技术研究》2005 年第 2 期。

然而，技术创新的先发区域与产业发展波动的先发区域却不是绝对一致的。

许多技术创新源于欧洲，但欧洲产业发展波动的强度却小于美国，原因在于美国拥有巨大、丰富的市场，由于可以在美国市场实现规模经济，源于欧洲的技术创新在美国的产业化程度更高，其进一步的技术更新与进步也更快。以第二次工业革命为例，欧洲在第二次工业革命初期在技术上是领先的，但由于本国市场狭小，其技术创新难以实现产业化并大幅度提高生产率，进一步的技术创新也难以在原有技术轨道继续。被美国引入后，因为美国具有市场规模巨大的比较优势，技术创新能迅速实现产业化，美国的科学家和工程师又能在市场检验基础上，很快开发出生产率高于欧洲的新产品和新工艺，从而申请新专利，开辟新的技术轨道，反过来占领甚至垄断技术先发国的市场。① 基于此，近水楼台先得月，美国产业也更易于发生生产率波动，甚至催生新产业、淘汰老产业，推动产业升级。

我国拥有巨大、丰富的市场，具备技术落地的先天优势。一旦技术有所创新，产业就会迅速响应，并以实践支撑技术的进一步创新，形成良性循环。

第二节　产业发展波动的区域间扩散

技术创新推动了本区域的产业发展，造成产业发展不同程度的波动，一区域的产业发展波动还会因区域间经济关联扩散至其他区域，引起其他区域的产业发展波动，促进多个区域经济的发展。

一、长三角城市群一体化发展

根据《长江三角洲城市群发展规划》，长三角城市群以上海为核心城

① 贾根良：《美国崛起为何能抓住“机会窗口”——第二次工业革命时期美国经验借鉴》,《人民论坛》2013 年第 6 期。

市，杭州、南京、合肥、宁波为副中心城市，还包括江苏的镇江、扬州、常州、苏州、无锡、南通、泰州、盐城，浙江的嘉兴、湖州、绍兴、舟山、金华、台州，安徽的芜湖、滁州、马鞍山、铜陵、池州、安庆、宣城。发展至今，长三角城市群拥有广阔的经济腹地，立体发达的交通网络，是长江经济带的引领者、我国经济社会发展的重要引擎、中国参与国际竞争的重要平台。

那么，长三角各城市何以能够形成空间组织紧凑、经济联系紧密、高度同城化和高度一体化的城市群？南通、嘉兴、苏州的做法相对典型。

（一）南通全方位、多领域接轨上海，承接上海产业转移

2017 年以来，基于建设上海“北大门”的定位，南通在交通、通信、产业、创新等方面陆续开展了对接服务上海的工作。交通方面，比如，推进通海现代化集装箱港区建设，力争成为上海国际航运中心北翼的江海组合强港，并不断优化铁路网、公路网、航空港等实体交通。通信方面，比如，抓住上海建设下一代互联网示范市的机遇，打造上海—南通信息高速公路，从而实现互联网出入口与上海的直达互联。在产业方面，上海因环境资源约束，需疏解部分非核心功能，南通瞄准上海协同发展产业腹地的定位，加快承接上海产业转移，仅一次在沪举办的 2000 人规模的对接会（2017 年 4 月 27 日），两市就现场签约对接服务项目 32 个，总投资达 700 多亿元，领域涉及旅游、高端纺织、船舶海工、新能源技术、农产品等。① 创新方面，多元主体的协同创新逐渐代替了单一主体的传统创新，承接上海外溢的创新资源，以及为上海科技成果提供转化空间，成为南通对接上海的主要形式和路径；协同创新的一个缩影就是，南通企业在上海设立研发部门，利用上海的人才、技术等要素实现创新，然后在南通孵化壮大。

（二）嘉兴承接上海高端要素辐射，积聚创新资源

2019 年 7 月，全面融入长三角一体化发展成为嘉兴高质量发展的首

① 陈可：《接轨大上海，谋篇大文章》,《南通日报》2018 年 1 月 1 日。

位战略，从而嘉兴也成为浙江省全面接轨上海的“桥头堡”、示范区，在产业互融、交通互联、平台共建、创新协同、民生共享等方面开展深入合作，以全方位接轨上海。

1998 年，沪杭高速公路通车时，“接轨上海”就被列为嘉兴经济社会发展战略之一。2016 年，打造“G60 沪嘉杭科技创新走廊的战略构想”的提出，开启了创建一条跨上海、嘉兴和杭州的科技创新带的序幕。现如今“G60 科创走廊”已成为嘉兴依托上海全球科创中心建设，聚焦接轨上海科技创新的重要纽带，而承接高端创新要素辐射、集聚创新资源等成为主要方式。

“飞地经济”是嘉兴接轨上海的一大重要方式。一是飞地共建。比如，位于上海西南方向 100 多千米的漕河泾开发区海宁分区，就是一处飞地共建的典范。上海漕河泾开发区成立于 2011 年，坐落在距离上海一小时车程的嘉兴海宁，是沪浙两地首个跨区域合作园区项目。截至 2020 年 10 月，海宁分区已引进法国宝捷机电、日本 JFE、日本铁三角、德国索璞、德国艾森曼等一大批行业龙头企业和高科技企业。二是“异地飞地”共建。位于金山与平湖交界区域的张江长三角科技城，是张江高科在上海之外的第一个合作园区，合作方就是浙江嘉兴，同时也是国内首个跨省（市）合作园区。通过飞地共建，嘉兴实现了与上海的资源共享、要素共用、功能互补，推动了嘉兴产业升级和城市发展。三是“人才飞地”。2019 年 10 月，嘉兴市嘉善县在上海的首个“人才飞地”项目——嘉善国际创新中心（上海）正式启用。2020 年，嘉兴市南湖区在上海虹桥建设了域外孵化基地。目前，嘉兴市所辖县（市）均已在上海建立了科创飞地，“创意研发在上海，孵化转化在嘉兴”的协作体系已然形成。①

（三）苏州无缝对接上海，实现与上海的错位发展

2020 年 11 月 20 日，苏州市在上海举办长三角一体化对接说明会和城

---

① 《嘉兴：加快推进首位战略　接轨上海成重要突破口》,《解放日报》2020 年 10 月 14 日。

市推介会，以深入推进“沪苏同城化”，加快构建苏州全方位、深层次、宽领域对接上海新格局。本次推介会共签约 90 个专项合作和项目合作协议，涉及领域涵盖基础设施、政务服务、公共服务、科技创新、产业协作、生态环保、市场开放以及一体化示范区建设等。项目的落地与实施，将进一步推动两地科技协同创新、产业融合发展、交通互联互通、生态共建共管以及一体化示范区建设，对两地发展，尤其是苏州发展意义重大。

从历史维度看，接轨上海是苏州多年来一直在走的路，事实证明也是推动苏州经济实现跨越式发展的正确之路。20 世纪 80 年代，江苏以乡镇企业大力发展为特征的“苏南模式”闻名全国，涉及城市包括苏州、无锡和常州等。苏州通过承接上海中低端制造业大力发展乡镇企业，极大推进了农村工业化和城镇化，实现了“农转工”。20 世纪 90 年代，上海浦东开发开放，苏州紧紧把握历史机遇继续承接上海产业外溢，特别是制造业外溢，大力发展开放型经济，极大推进了经济国际化和城市化，实现了“内转外”。① 新世纪以来，特别是党的十八大以来，苏州依托文化基因、地理优势等，加快与上海的合作对接，努力实现从要素驱动向创新驱动的转型，正在进入“量转质”的新阶段。苏州的三次跨越离不开长三角的龙头城市上海，可以说江苏的产业发展是在上海产业发展的影子下实现的。

苏州与上海的对接与合作存在一个显著特征，那就是错位发展。从 20 世纪 90 年代开始，在承接上海产业外溢方面，苏州就明确了自己的定位，即上海做的，苏州一般不去做；苏州要做的，是上海不想做、不便做，或者做起来成本太高的产业。比如，针对信息产业，上海发展软件，苏州就错位主攻硬件；上海大力发展金融业等第三产业，苏州就错位大力发展加工业。比如，2019 年上海排名前三的制造业是汽车制造业，计算

---

① 王存理等：《这里的黎明静悄悄——转型发展的苏州之路》，2017 年 7 月 5 日，见 http：//jsnews. jschina. com. cn/hxms/201707/t20170705_ 746456. shtml。

机、通信和其他电子设备制造业，化学原料和化学制品制造业；苏州则是计算机、通信和其他电子设备制造业，通用设备制造业，电气机械和器材制造业。再比如，上海临港新片区侧重关键核心技术研发与产品突破，而苏州则偏向技术改造、设备投资、企业总部建设。

错位发展还体现为上海强大的创新能力与苏州强大的制造能力的互补上，即上海创新、苏州生产、全球销售。上海的创新能力和高端制造，需要苏州大规模制造能力的支撑，如此才能实现创新产业化，才能承接上海高端制造的部分外包。苏州拥有强大的产业链，比如汽车产业，钢材原材料—零部件—整车—汽车金融，苏州应有尽有。苏州已形成两种极难具备的工业生产能力，一是分工，每个企业都高度专业化，只负责生产流程中极小部分，高效加工极为基础的零部件；二是形成网络，虽然苏州的每家企业只专业化生产一种零部件，但因为供应链完整，已实现了各种零件各个环节的全覆盖，从而能够依靠强大的制造网络完成各种产品的生产加工。高度的分工和庞大的网络，使得苏州制造业能以效率和规模两大条件支撑上海创新能力的产业化和高端制造的高效率。①

（四）其他城市主要做法

2020 年 9 月 16 日，长江三角洲城市经济协调会第二十次全体会议在江苏省连云港召开。本次会议聚焦科技合作、毗邻地区合作、园区合作共建、产业协同等领域，共集中签约 19 个重大合作事项。包括南京市、淮安市共建产业基地，徐州市、东南大学创新医疗产业合作，上海市、盐城市产业合作，华东硅谷先进智造产业园项目，中南高科中德产业园项目等，共 12 个产业合作事项、3 个科创合作事项和 4 个社会合作事项。合作共建是长三角城市群谋求发展的通常做法。

承接外溢产业。比如，浙江承接上海外溢的设计、文化等产业。举例

① 大数据透析站：《上海和苏州，到底是一种什么样的关系?》，2020 年 11 月 12 日，见 https：//mp. weixin. qq. com/s/RGtkgYmt5g1ZW4CqKiN5bw。

说明，上海张江的生物医药产业，其研发放在张江，生产商业化则在放在以杭州为主的浙江城市。再如，江苏大量承接上海产业转移。江苏昆山，充分发挥背靠上海的区位优势，利用上海产业外溢效应，成为金融、信息等行业较为发达的地区；江苏太仓围绕上海产业发展方向，承接了上海复星、沪工智能等一大批新兴产业、高新技术产业和现代服务业等产业项目转移，服务完善了上海的产业链配套，极大受益于上海产业溢出效应。又如，安徽宣城承接杭州外溢的羽绒产业。宣城位于长三角 G60 创新科技走廊上，具备足够的吸纳上海企业的吸引力，重点承接上海市松江区相关企业，并吸引着松江高端产业来此聚集。

管中窥豹见一斑，从上述三个城市接轨上海的事实及其他城市的诸多做法可以看出，上海城市群一体化发展的途径主要有三：一是上海产业外溢效应。城市群内其他城市，包括南通、嘉兴和苏州，都或多或少承接了上海发展过程中疏解的产业和其他功能。二是接轨上海，通过交通、信息等基础设施的一体化、“飞地”经济、合作共建及其他合作方式，实现协同创新，共同发展。三是错位发展，以苏州为典型代表，通过产业互补、能力互补、无缝融入，实现城市个体发展及城市群互促互进。

二、粤港澳大湾区趋成经济生态

根据 2019 年 2 月 18 日正式印发的《粤港澳大湾区发展规划纲要》，粤港澳大湾区是香港、澳门与珠三角城市群的区域协同，建设目的之一是形成以香港、澳门、广州、深圳四大中心城市为核心引擎，以珠海、佛山、惠州、东莞、中山、江门、肇庆等城市为重要节点城市，辐射带动周边区域发展的经济生态系统；目的之二是深化全球分工协作，实现对内辐射带动与对外链接的结合。

（一）创新集群已然蔚然，创新生态加速形成

世界知识产权组织发布的《2020 全球创新指数（GII）报告》显示，中国深圳—香港—广州已成为全球第二大创新集群，仅次于东京湾区的东

京一横滨创新集群，领先于旧金山湾区的圣何塞—旧金山创新集群，即美国硅谷。这完全符合《深化粤港澳合作　推进大湾区建设框架协议》里对粤港澳大湾区的定位之一：科技创新湾区。也是“广州—深圳—香港—澳门”科技创新走廊、落马洲河套港深创新及科技园加快建设的结果，是大湾区打造具有全球影响力的国际科技创新中心取得的实际成效。

大湾区里科创要素高度集聚。第一，大湾区高等学府林立。大湾区不仅拥有中山大学、南方科技大学、深圳大学、清华大学深圳校区、北京大学深圳校区等一批国内顶级大学，还拥有澳门大学、香港大学、香港科技大学等多所世界知名大学。第二，大湾区里高新技术企业汇聚。截至2019年5月，逾1.89万家国家级高新技术企业汇聚大湾区，每年申请的国际专利数量占全国的56%。2015—2019年五年间，粤港澳大湾区发明专利总量达128.76万件，位列世界四大湾区之首。[①] 第三，大湾区是科创人才、重大科技基础设施高地。“广深科技创新走廊”拥有150名广东省双聘院士、161名“海外高层次人才引进计划”专家，建有国家超级计算深圳中心、国家超级计算广州中心、深圳国家基因库、东莞散裂中子源、大亚湾中微子实验室等重大科技基础设施。[②] 香港拥有44名国家两院院士、16家国家重点实验室、6家国家工程技术研究中心香港分中心。[③] 澳门拥有中医药质量研究国家重点实验室、智慧城市物联网国家重点实验室、月球和行星国家重点实验室，以及模拟与混合信号超大规模集成电路国家重点实验室等四个国家重点实验室。

大湾区创新生态加速形成。粤港澳大湾区9市2区具有互补性的创新

---

① 《粤港澳大湾区协同创新发展报告（2020）》，广州日报数据和数字化研究院（GDI智库）2020年11月17日发布。

② 韩永辉：《粤港澳大湾区视野下广东创新要素的优势与短板》，2019年3月26日，见 https://static.nfapp.southcn.com/content/201903/26/c2046477.html?colID=18&firstColID=18&appversion=5250&layer=4&share_token=ZjRmYmVkY2EtNzVhMy00M。

③ 王志民：《把握粤港澳大湾区发展机遇　携手打造国际科技创新中心》，《学习时报》2018年8月31日。

要素，并在长期发展中形成了不同的功能定位，从而能够利用各自优势资源参与湾区的创新活动，实现了城市之间的创新协同。港澳科研和金融资源丰富，珠三角地区创新企业众多，两者合作能够弥补港澳人才与资金的缺乏，同时可以推动港澳创新产业的发展。港澳用地和制造业匮乏，科研成果难以转化，珠三角地区正努力实现从工业经济向知识经济的转型，具有良好的产业和创新服务基础，两者合作一方面可以借助港澳的新技术、新知识推动珠三角地区的产业转型升级，另一方面解决了港澳无法转化的问题。深圳是全国的科技创新中心，当然也是珠三角的科技创新中心，其卓越的创新能力和创新环境吸引了港澳地区企业的投资和科研人才前来创业，也实现了创新的协同。广州高校林立，拥有丰富的创新人才资源和较强的科创能力，深圳具有良好的创新环境，两者可以实现优势互补。广州创新活动密集，佛山制造业发达，佛山为广州提供了创新转化基地，即形成“广州创新大脑、佛山转化中心”的创新合作模式。① 惠州拥有丰富的空间资源，具备以石化产业为代表的能源科技优势，可以加强与广州、深圳、东莞、香港的合作，承接广、深、莞、港的产业转移。

（二）协作打造全产业链，产业生态趋于形成

香港是国际金融中心之一。2019 年 9 月 19 日，由英国智库 Z/Yen 集团与中国（深圳）综合开发研究院共同编制的“第 26 期全球金融中心指数报告”（GFCI 26）在英国伦敦和中国深圳同时发布，GFCI 被誉为最权威的全球金融中心排名指标指数，在该期上榜的 104 个金融中心中，香港仍然位居第三（前两位是纽约与伦敦），上海第五，北京第七，深圳第九。时隔一年，2020 年 9 月 25 日，这两家机构共同编制的“第 28 期全球金融中心指数报告”（GFCI 28）在中国深圳和韩国首尔同时发布，该期上榜的金融中心共 111 个，上海第三（前两位是纽约与伦敦），香港第

① 叶青：《叶青看数据：广州创新大脑+佛山转化中心》，2018 年 8 月 26 日，见 https：//mp. weixin. qq. com/s/xRzvvM_ Ir0xh-YhA_ ny0tw。

五，北京第七，深圳第九。香港排名下滑原因很多，尽管如此，香港国际金融中心的地位依然稳固。除金融业外，香港还有三个支柱产业——贸易及物流业、专业及工商业支持服务业与旅游业。自 2012 年起，香港适应经济规律，逐渐发展了创新科技、检测及认证、医疗服务、文化创意、环境保护、教育服务等六大优势行业。

澳门有“东方蒙的卡罗”之称，自 1962 年澳门旅游有限公司取得博彩业的专营权后，澳门的博彩业取得了长足发展，并推动了旅游业的发展。目前，澳门正在建设世界旅游休闲中心，并结合教育培训，发展旅游教育培训，提升了旅游服务水平。此外，澳门还应需打造中国与葡语国家商贸合作服务平台，促进了中国与葡语国家的经济合作，并打造以中华文化为主流、多元文化共存的交流合作基地，为中外交流提供服务。

从宋元到明清，历史上广州一直是中国最重要的商业中心之一，服务经济气氛浓厚。2019 年广州第三产业占比达 72%，仅低于北京的 84%和上海的 73%。广州水、陆、空立体交通网完善，物流产业效率和商品流通速度相辅相成，航运、物流、交通、商贸产业具有较大溢出效应。广州是中国南方最大的汽车生产基地，2019 年汽车产量为 292. 26 万辆，位居全国各城市之首，其中，广汽集团名列世界 500 强第 189 名。① 广州是全国最大的化妆品代工基地，知名上市公司有栋方股份、科玛股份和芭薇股份等。广州有六大支柱产业，分别是汽车制造、电子产品制造和石油化工制造、钢铁生产、金属冶炼、船舶制造等。近年来广州聚焦新一代信息技术、人工智能、高端装备、生物医药、新能源、新材料等重点产业进行布局，工业正迈向高端化。此外，广州还是我国文化教育中心之一，文教产业具有相对优势。

改革开放初期，深圳凭借政策红利通过“三来一补”开始了小渔村

① 《力争到 2025 年汽车贸易规模超 7000 亿元》,《南方日报》2020 年 4 月 27 日。

的华丽蜕变。1990 年，深圳依托地缘优势承接国际产业梯度转移，迅速形成了以电子和计算机为龙头的高科技企业及配套的产业集群，比如，华强北有“中国电子第一街”之称，实现了从“代加工”到“制造工厂”的转变。2001 年中国加入世界贸易组织（World Trade Organization，WTO）后，深圳因金融业和制造业的大量流失，转向大力发展高新技术产业，诞生了华为、中兴、大疆等电子信息行业的翘楚，腾讯、金蝶等互联网行业的领军企业，华大基因、迈瑞医疗等生物医疗产业的世界领先企业，实现了从“制造工厂”到“硬件硅谷”“创新之城”的转变，一跃成为引领全国、活力四射的创新创意大都市。新一代信息技术、生物医药、文化创意产业等战略新兴产业成为其支柱，占全市 GDP 比重接近 40%。创新创意成为其城市名片，2019 年，深圳专利申请量、授权量、授权量增速、有效发明专利五年以上维持率、PCT 国际专利申请量等五项核心指标均居全国第一位，创新环境进一步优化。

除上述四大中心城市外，大湾区其他城市也具有相对优势，纷纷嵌入产业链中的其中一环，各个城市之间已经初步形成优势互补的产业分工布局。广州南北部、佛山、中山、珠海等地区，形成以农业、装备制造业、现代服务业为主的技术密集型产业带，涉及农业产品、电子加工、新材料、新能源等。广州中东部、深圳、东莞等地区，形成以高科技、新兴产业、现代服务业为主的知识密集型产业带，涉及人工智能、互联网、科技创新等。惠州、深圳、珠海、江门等沿海城市形成生态保护型产业带，涉及先进制造业、现代服务业等。

金融服务行业世界顶尖的香港、旅游休闲业日趋成熟的澳门、创新之城深圳等，以及制造业闻名海外的珠三角，各地优势互补、分工协作，共同打造了粤港澳大湾区较为完备的产业链。从某种程度上讲，粤港澳大湾区已经趋于形成具有较强内生动力的经济生态系统。它以香港为金融、科技中心，以澳门为商务服务、旅游中心，以深圳为创新创意中心，以广州为航运、物流、交通以及文化教育中心，以佛山、东莞、中山为制造业中心，以粤东西北地区为经济腹地，分工紧密，功能齐全，产业门类层次丰富，金融造血功能强大，呈现资本、人才的马太效应，具有强大的抗风险能力。

（三）主动接轨湾区发展，助力打造经济生态

形成具有极强内生动力的经济生态系统，需要在现有经济生态基础上进一步发展。经济生态的发展与各地在大湾区环境下谋求自身发展是相辅相成的。为了更好融入湾区建设，更好发展当地经济，各地纷纷采取多种方式接轨湾区发展。

一是主动承接产业、创新要素溢出。粤西北地区高度关注粤港澳大湾区产业动态，提前布局，主动出击，努力将因产业限制、用地成本高等不适合在粤港澳地区布局，而又符合本地发展规划的企业引入本地，主动承接粤港澳大湾区转型升级过程中产生的产业溢出。佛山抢抓港珠澳大桥、深中通道等重大基础设施建设的有利契机，主动对接深圳资本、技术、人才等创新要素，推动产业合作，从而提升佛山的制造业品质。2019 年 7 月，《湛江铁路枢纽总图规划（2016—2030）》的正式批准，打破了制约湛江发展的时空距离因素和地理环境因素，为湛江承接粤港澳大湾区第二产业溢出提供了可能。目前，我国首个外商独资大型石化项目巴斯夫基地已在湛江落实启动。

二是积极打造粤港澳大湾区的配套产业和服务。粤西北等地区不断加强对粤港澳大湾区产业布局和产业动向的研究，利用自身优势，完善对粤港澳大湾区发展的产业配套支持。比如，粤西北地区围绕珠江东岸电子信息产业，发展电子元器件、电路板等产业配套，围绕珠江西岸先进装备制造产业，发展材料与零部件生产等产业配套，等等。

三是深化合作。佛山充分利用香港、澳门、深圳、广州等城市的创新资源优势，将其与自身制造业优势相结合，强化与深圳的创新对接，深化与香港的合作，建立健全与澳门的合作机制。佛山与广州已协商制定共建装备制造、汽车、新一代信息技术、生物医药与健康产业集群等 4 个万亿

级先进制造业集群方案，共同提升产业竞争力。① 佛山与香港签订并落实《关于"香港+佛山"面向全球携手打造粤港澳大湾区合作备忘录》及其补充协议，涉及"香港金融+佛山制造""香港服务+佛山贸易""香港研发+佛山创新""香港健康养生+佛山生态环境""香港创意+佛山文化"等5个新的合作方向。②

随着粤港澳大湾区建设提速，粤港澳大湾区经济生态系统正加速形成，湾区内各城市通过承接产业、配套产业、合作共建、分工协作等形成优势互补、功能齐全、内生动力充足的经济生态系统。不仅如此，粤港澳大湾区一体化发展还带动了湾区外城市的发展。

比如，江西赣州就具有融入粤港澳大湾区的条件。从地缘经济关系看，赣州与大湾区具有较好的互补性；从产业梯度看，赣州各县市的重点产业与粤港澳大湾区可转移的产业相契合，具有较好的对接基础；从发展水平看，赣州与粤港澳大湾区在经济水平、产业发展、资源禀赋、劳动效率等方面存在较大差异，具备对接融入的可能性。③ 因此，2019年5月，习近平总书记在江西考察时强调，要充分利用毗邻长珠闽的区位优势，对接长三角、粤港澳大湾区，以大开放促进大发展。2020年6月，江西省委、省政府正式印发了《关于支持赣州打造对接融入粤港澳大湾区桥头堡的若干政策措施》。重点任务包括：完善融入大湾区交通网络（4条），对标大湾区提升开放水平（3条），打造大湾区产业协作高地（4条），建设大湾区生活休闲旅游共享区（4条），鼓励比照大湾区先行先试（2条）。其中关于产业协作，主要强调了提升产业承接能力、建设赣粤产业合作区、推进科技协同创新、大力发展数字经济。

---

① 莫璇：《为建设国际一流湾区和世界级城市群作出佛山贡献》,《佛山日报》2019年5月20日。

② 陈品宇、李鲁奇：《区域建构：佛山融入粤港澳大湾区建设的政策和策略响应》,《热带地理》2019年第5期。

③ 彭继增等：《赣州对接融入粤港澳大湾区的可行性研究——基于承接产业转移的视角》,《金融与经济》2020年第5期。

三、产业关联是产业发展波动区域间扩散的根源

无论是长三角城市群一体化发展，还是粤港澳大湾区经济生态的形成，都涉及一个重要要素，那就是产业。长三角城市群何以一体化发展？粤港澳大湾区经济生态何以形成？除了水、陆、空交通基础设施网络、信息网络（互联网、通信网络）的大力建设与发展、包含“飞地”经济等各类项目的合作共建共创、承接产业转移、技术和资源等要素外溢效应外，产业错位发展形成上下游互补的供应链、供应链交叉成网、各城市产业互补协同形成经济生态是关键。实际上，交通网络、信息网络、合作共建共创、承接产业转移、技术和资源等要素外溢效应从根本上促进了长三角城市群、粤港澳大湾区各城市的产业互补协同、全供应链的打造、经济生态的提升。长三角城市群的提速发展、粤港澳大湾区的加快建设本质上也是通过龙头城市、中心城市以及节点城市的带动，实现产业发展波动的城市间扩散的。比如上海的科技创新带动了苏州加工制造业的发展，即上海第三产业的发展波动通过供应链扩散到苏州，引起了苏州第二产业的发展波动。

长三角城市群、粤港澳大湾区是我国两大重要经济增长极，对于区域外城市的经济发展也具有显著带动作用，途径之一就是通过供应链带动，比如前面所提到的江西赣州，其所做的一切工作都是为了嵌入粤港澳大湾区的供应链，实现产业协作，从而通过产业链达到利用粤港澳大湾区的产业发展带动本地产业发展的目的。

综观世界经济的发展，技术创新与变革引发了产业发展波动，产业发展波动通过供应链或产业链在区域间的扩散推动了世界经济的进步，而发展落后的国家或地区，无不属于主观上或客观上没有或没能与先行国家或地区建立产业关联的情况，比如，朝鲜、不丹、伊朗和缅甸等。而发展较快的国家或地区，基本上都属于在技术创新、技术转化、技术更新等领域走在前列的情况，或能够通过产业关联与先行国家或地区进行协作的情

况。比如改革开放后，我国的快速发展与参与国际分工、进行产业链协作关系密切。

小　结

基于历史与现实，技术创新是产业发展波动产生的根源，产业关联是产业发展波动扩散的根源。产业间存在的普遍的技术经济联系，提供了一产业技术创新及由此产生的发展波动推拉带动其他产业发生技术创新与发展波动的机制，并为区域间产业发展波动的扩散奠定了基础。

第 二 章

产业网络与网络级联理论

长三角城市群内各产业相互关联形成网络，粤港澳大湾区内各城市分工协作结成网络，网络成为经济关联的普遍形态。网络内各节点关联强度不同，从而呈现不同的结构。网络级联是基于非均衡网络的一类网络拓扑结构，产业发展波动能够因网络级联在网络上传播扩散、汇聚放大，引起其他产业发展的波动和总量波动。

第一节　产业关联与产业网络

一、产业网络的应用

20 世纪 90 年代末以来，国际互联网迅猛发展，人类社会快步进入网络时代，形成了虚拟空间的全球化，并推动了经济、政治、文化、社会等领域的网络化进程。2012 年 *Networked*：*The New Social Operating System* 出版，书中李·雷尼（Lee Rainie）和巴里·韦尔曼（Barry Wellman）将社会网络革命、移动革命与互联网革命并列为新时期影响人类社会的三大革命。随着经济技术的发展，人类社会网络化特征日益显著。人际交往、科研合作、商业关联等无一不成网。特别是在经济方面，市场活动进一步突破了空间约束，经济主体间关系越来越密切，基于网络的新兴经济模式不断涌现，商业模式与竞争战略也随之演化，网络成为经济生产的普遍现象，体现了经济发展的本质特征，在经济领域发挥着越来越重要的作用。

产业网络是经济网络的一种，反映了产业或产品间普遍存在的经济技术联系和供需关系。基于产业网络，根据产品与企业的映射关系，可以构建反映企业间关联关系的企业网络，根据企业与区域的映射关系，可以构建反映区域间关联关系的区域网络，从而揭示出经济系统内产业、企业及区域三类不同主体间的关联关系。因此，基于产业网络，综合考虑三类主体间关联关系，从全球化视角制定战略，已成为国家、区域和企业参与竞争、实现增长和发展的主要形式。主要表现为以产业关联为基础，通过优先发展关键产业或关键产业群（链）形成主导产业或产业集群，以提升其竞争力和实现可持续发展；通过贸易政策、关税政策、财政政策、货币政策等的制定，形成不同国家或区域间产业或产品的密切关联关系，促进区域协同及区域经济合作，实现区域经济增长；基于产业关联，研究经济危机在世界经济系统扩散的根本动因，从而通过贸易政策、产业政策制定，减少经济波动，促进经济发展；以产业关联为基础，通过联盟或一体化战略形成全球（区域）价值链（网），以保持竞争优势等。下面简要介绍产业网络的典型例子及代表性应用。

（一）全球价值链

全球价值链是指由分布于全球多个国家的构成特定产品最终价值的所有价值环节按产品生产流程联接形成的有向链条。一般来说，全球价值链涉及的经济体至少分布于两个大洲，若经济体局限于特定大洲内部，则形成区域价值链；局限于国家内部，则形成国家价值链。

全球价值链源于20世纪80年代的价值链概念。波特（Porter，1985）针对垂直一体化公司最先提出价值链概念，强调单个企业的竞争优势，后来他把研究视角扩展到不同公司之间，提出价值体系（value system）概念，为全球价值链的提出奠定了一定基础。同期，科格特（Kogut，1985）提出价值增加链（value-added chain）概念，认为价值增加链是厂商把技术与投入的原料和劳动结合起来参与全球的产品生产、市场进入、产品销售的增值过程，更能反映价值链的垂直分离和全球空间再配置之间的关系。格里菲（Gereffi，1994）在价值链和价值增加链基础上，发展出全球商品链（GCC）概念，全球不同企业在产品的设计、生产和营销组成的价值链中展开合作，被认为是研究全球产品网络的一类新工具。在 GCC 基础上，Gereffi（2001）提出全球价值链概念，从而基于网络，在全球范围内，分析产品实现完整过程中各环节，包括技术研发与设计、生产、销售和售后服务所创造的价值。

全球价值链本质上是由产品价值创造主体所形成的关系网络，既反映了经济主体间的垂直关联，也描述了经济主体间的横向关联，同时也刻画了构成最终产品的各中间品的关联关系，形成了由价值创造贯穿始终的产品网络；全球价值链囊括了产品间、经济主体间及区域间三层关联耦合的思想，广泛应用于价值创造各环节价值分析、价值链上各企业治理分析、产业升级、集群运作等，利于国家、地区和企业价值共创及竞争力的提升。图 2-1 为美国苹果公司 iPod 产品的全球价值链分解，体现了产品价值创造的过程及地域分布，在此基础上可以进行详细分解，形成描述其价值创造过程和地域分布的组织网络及产品网络。因而，全球价值链形成的动力是价值创造，形成的基础是产品间上下游关联关系，反映了产品间供需及经济技术联系，本质上形成了跨区域的组织网络和产品网络。

（二）产业集群

早在 20 世纪 70 年代，就有学者把集群理论用于经济学，提出了产业集群的概念。20 世纪 90 年代美国哈佛商学院教授迈克尔·波特（Michael Porter）在《国家竞争优势》一文中重提产业集群，用产业集群理论分析一个国家或地区的竞争优势①，兴起了产业集群理论与应用研究的热潮。产业集群的典型定义有：Porter 认为产业集群是由与某一产业领域相关的

① M. E. Porter, "The Competitive Advantage of Nations", *Harvard Business Review*, Vol. 68, No. 2 (March-April 1990), pp. 73-93.

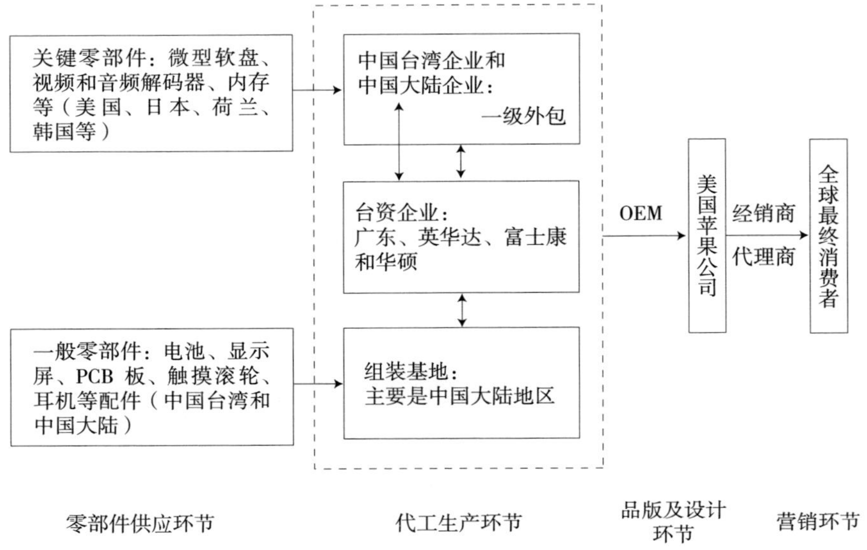

图 2-1　美国苹果公司 iPod 产品的全球价值链分解

相互之间具有密切联系的企业及其他相应机构组成的有机整体；恩赖特（Enright，1996）则指出产业集群是指由商业组织或非盈利组织组成的团体，是通过“购买者、供给者之间的关系，共同的技术、采购商或者分销渠道、劳动力来源”等要素联系起来的。罗兰德（Roelandt，1999）把产业集群定义为增值生产链上由关系密切的企业（包括专门的供应商）形成的网络，将产业集群的研究从关注企业之间的关系延伸到关注产品之间的关系。可见，产业集群的内涵非常丰富，涉及地理空间、经济空间、行为主体间关系、产品间关系等多个层面。

产业集群不仅反映了企业及其他经济行为者之间的关系和结构，而且描述了企业及其他经济主体所提供产品（服务）间存在的技术经济联系和供求关系，是在特定区域由组织网络和产品网络耦合而成的产业网络。众多学者从网络视角聚焦要素间关系及其结构，利用投入产出理论，对产业集群进行了研究。例如，蒂策等（Titze，et al.，2011）借助于 Schnabl

的最小流量分析法定量研究了产业集群的识别，认为产业间的一些重要关系是形成集群的重要因素；赵炳新等（2016）着眼于产品间关联关系及结构研究产业集群，认为产业集群具有分层的结构，关联最密集的产品构成了产业集群的核，核内产业具有密切的相互作用，并对核外产业产生推拉影响。如2012年山东省产业集群具有层级为5的分层结构，核度值为5的13个产业构成核内产业，对核外产业具有辐射影响，向下游推动或向上游拉动其他产业的发展，见图2-2。

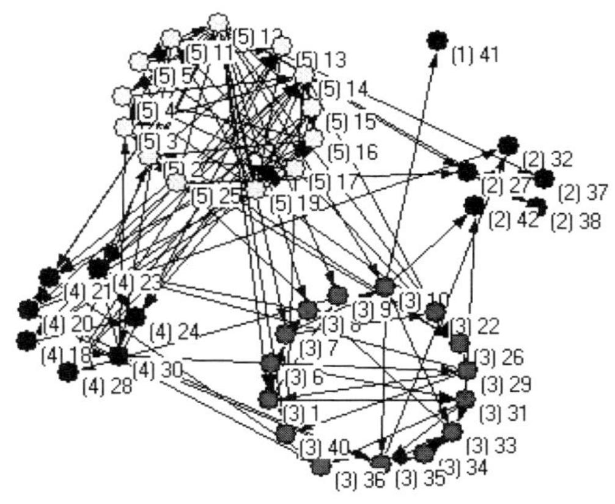

图 2-2　2012 年山东省产业集群核结构

实际上，产业集群是个经济地理概念，是在特定区域由具有经济关联关系的企业、产业构成的有机系统，反映了企业、产业间的投入产出关系和经济技术联系；若考虑企业的地理分布，则最终形成反映集群本质的包产品关系、企业关系和地区关系的三层超网络，通过研究其结构能够找到产业集群竞争力提升及产业集群升级的方法和路径。

（三）产业升级

产业升级的研究由来已久，国内外对产业升级的理解不同。国内通常把产业升级阐释为产业结构调整，如吴崇伯认为产业升级是“产业结构的升级换代”，即迅速淘汰劳动密集型行业，转向从事技术和知识密集型行业①。国外学者则多基于价值链研究产业升级，如 Gerrifi 等（1999）认为某一国家（地区）的产业是全球价值链的构成部分，产业升级则是该国（地区）的企业以及整个产业在单一价值链上或不同价值链间攀升飞跃的过程，并针对东亚服装产业具体分析了从 OEA 到 OEM 到 ODE 和 OBM 的升级阶段；汉弗莱、施米茨（Humphrey，Schmita，2002）提出四种产业升级方式：工艺（技术）升级、产品升级、功能升级和价值链间升级，其中，功能升级类似于价值链上企业或产业由低附加值向高附加值的攀跃，价值链间升级则是跨产业链的升级，即产业结构调整。

无论是单一价值链上功能的升级，还是不同价值链间产业的攀跃，其结果都会带来产业间投入产出及供需的变化，并影响产业网络的结构，因此，网络结构的优化既是产业升级的结果也为产业升级提供了思路。

（四）区域经济合作

区域经济合作是世界经济国际化发展的产物，其形式代表了世界经济国际化的程度与水平，一般是指某一区域内两个或两个以上国家，为了维护共同的经济利益和政治利益，实现专业化分工和进行产品交换而采取共同的经济政策，实行某种形式的经济联合或组成区域性经济团体。区域经济合作不仅发生于有地缘优势的国家和地区间，随着以网络为代表的信息技术的发展，跨洲的经济合作不断涌现。特别是“一带一路”倡议的提出，开启了区域经济合作的新纪元。“一带一路”基础设施网络的铺设、“一带一路”贸易网络的形成、“一带一路”国家网络、“一带一路”城市网络等，构成了“一带一路”区域经济合作的基础，提供了深化“一带一路”区域经济合作的载体，同时也是“一带一路”区域经济合作的结果和表现。

实际上，各种形式的区域经济合作无不因为经济关联形成不同层级、不同类别的网络，如区域产品网络、区域企业网络、区域城市网络、区域

① 吴崇伯：《论东盟国家的产业升级》,《亚太经济》1988 年第 1 期。

国家网络等，而其本质是产业间普遍存在的技术经济联系。例如，联盟及一体化战略的本质是产业网络上产业链的搜索和优化，企业在产业网络中基于降低成本、风险或者提高收益和供应链稳定性的目标而寻找竞争优势和打造产业链的战略行为实际是网络上的最优路径选择问题。因而基于产业网络探讨区域经济合作战略，如基于产业网络形成“一带一路”沿线城市网络，进而研究中国战略支点选择与优化，具有重要的理论意义和实际价值。

（五）危机蔓延

在经济全球化时代，经济和贸易开放使得国际经济系统更为脆弱，经济危机爆发更为频繁。经济危机蔓延是一个复杂的过程，涉及区域或区域间外商直接投资（FDI）、贸易、金融、信息等多种因素的联动，但究其本质，影响其蔓延的根本则是产业（产品）间因供需关系形成的产业网络的结构。如2007年以来，美国与次级住房抵押贷款有关的金融机构纷纷倒闭，并迅速蔓延到美国整个金融市场，如世界顶级投行雷曼兄弟申请破产保护，美国房贷巨头房利美和房地美陷入困境。之后，美国金融危机迅速扩散到全球信贷市场、资本市场，继而冲击全球的金融机构和金融市场，并最终扩散到全球实体经济形成世界经济危机，根本原因在于产业间关联的非均匀性，这种非均匀性导致了产业网络结构的非对称性，并导致级联效应的产生，从而使得美国房地产业所受冲击通过经济网络迅速扩散，造成全球经济波动。因此，对产业网络及其结构进行研究，从中观产业层面制定预防和控制部门冲击在经济系统扩散的措施，成为避免经济危机、促进经济增长的关键。

2012年9月发表在*Econometrica*上，标题为“The Network Origins of Aggregate Fluctuations”的论文基于部门之间的投入产出关系研究了部门冲击是如何通过网络扩散造成经济波动的。该论文以部门为节点，以部门之间的投入产出关系为连边规则，构建美国产业网络图（图2-3），在此基础上研究网络结构对于部门波动扩散的影响。研究表明，当产业网络存在着严重的不对称性时，部门冲击会造成经济波动，并且经济波动衰退的速率是由网络结构决定的。产业网络为研究国家（地区）内不同部门之间以及国家（地区）与国家（地区）之间的关联关系提供了一个新的视角，阿西莫格鲁等（Acemoglu，et al.，2012）建立了一种研究经济波动的新范式。

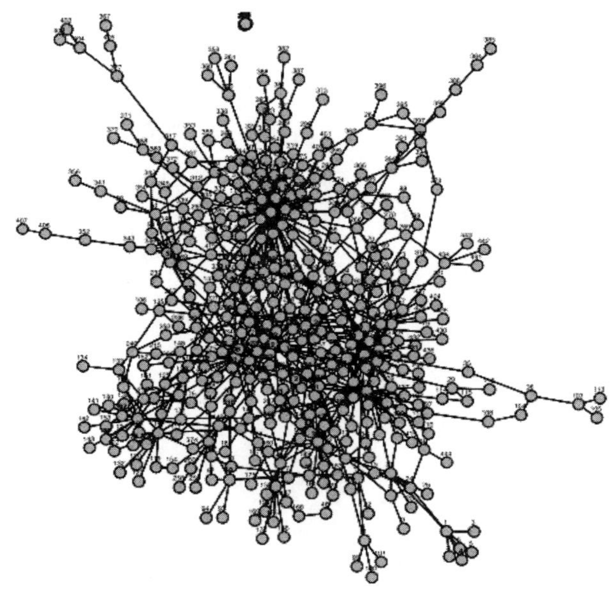

图 2-3　1997 年美国 447 个部门产业网络图

二、产业关联

产业关联是构建产业网络的基础，包括各产业所包含产品间关联关系，以及提供不同产品的经济主体间的关联关系①，产业网络就是描述产品关联和组织关联的复杂网络，其中，产品关联又是建立组织关联的基础，因此本书基于产品关联描述产业关联，构建产业网络。

① 赵炳新、张江华：《产业网络理论导论》，经济科学出版社 2013 年版，第 1 页。

（一）产业关联的内涵

产业关联具有丰富的内涵，曾陆续出现过 interdependence among sectors，interindustry/inter-industry linkages，sectors'linkages，industry linkages，industrial interdependence，intersectoral linkages，inter-relationships between sectors 等术语。有的学者基于产业间存在的技术经济联系进行描述，比如苏东水（2000）认为产业关联是“产业间以各种投入品和产出品为连接纽带的技术经济联系”，其中，投入品和产出品既包含有形产品，也包含无形产品；技术经济联系和联系方式既可以是实物形态的，也可以是价值形态的。有的学者基于供需关系描述产业关联，比如龚养军（1999）把产业关联定义为各产业相互之间的供给与需求关系。还有学者基于投入产出关系定义产业关联，比如林白鹏（1993）认为，“产业关联不但要从质上规定着而且要从量上刻画产业间技术经济联系（或产业间交易），因此它决定了环境变化或某产业变化对其他产业影响的扩散过程，是产业结构系统的传递机制”，所以关联蕴含着产业间更为复杂更为深层的有机联系。这也是国内外大多数学者的观点。

（二）投入产出模型与关联系数

投入产出模型描述了产业间投入产出关系。1936 年，美国著名经济学家，投入产出分析方法的创始人华西里·里昂惕夫（Wassily Leontief）发表论文《美国经济体系中投入产出的数量关系》，详细阐述了以 1919 年美国经济数据为样本的多部门美国产业关联表的资料来源与计算方法，首次定量描述了产业间的关联关系。1941 年，他出版了《美国经济结构：1919—1929》一书，从理论视角介绍了投入产出分析法，投入产出模型成为测度产业关联的基础性方法，见表 2-1。

投入产出表是投入产出模型的基础，也是进行投入产出分析的基础，详尽反映了产业系统在特定时期内各个部门在产品的生产和消耗之间的数量关系。

表 2-1　投入产出表的一般形式

<table>
<tr><th colspan="2" rowspan="2">产出
投入</th><th colspan="5">中间产品</th><th colspan="4">最终产品</th><th rowspan="2">总产出</th></tr>
<tr><th>产业 1</th><th>产业 2</th><th>…</th><th>产业 n</th><th>合计</th><th>消费</th><th>资本形成</th><th>出口</th><th>合计</th></tr>
<tr><td rowspan="5">中间投入</td><td>产业 1</td><td colspan="5" rowspan="5">I</td><td colspan="4" rowspan="5">II</td><td rowspan="5"></td></tr>
<tr><td>产业 2</td></tr>
<tr><td>…</td></tr>
<tr><td>产业 n</td></tr>
<tr><td>合计</td></tr>
<tr><td rowspan="4">初始投入</td><td>折旧</td><td colspan="5" rowspan="4">III</td><td colspan="4" rowspan="4"></td><td rowspan="4"></td></tr>
<tr><td>劳酬</td></tr>
<tr><td>纯收入</td></tr>
<tr><td>合计</td></tr>
<tr><td colspan="2">总投入</td><td colspan="5"></td><td colspan="5"></td></tr>
</table>

投入产出表分为三个象限，其核心是第 I 象限，是由产业系统中的各个产品部门纵横交叉形成的中间产品矩阵，主栏为中间投入栏，宾栏为中间产出栏，中间产品矩阵中的每个数字都有双重含义：从列方向看，表示某产业部门在生产过程中消耗和使用其他各个产业部门的产品的数量；从行方向看，表示某产业部门生产的产品提供给其他各个产业部门，供其他产业部门消耗和使用的数量。

投入产出表利用中间产品矩阵把列向投入和行向产出相结合，描述各个产业部门之间的绝对数量关系，即如果产业 i 和 j(i，$j=1$，2,…，n) 间的投入产出绝对数量大于 0，则产业 i 和 j 间存在投入产出关系。基于投入产出表，借助某些相对量可以描述产业间的关联关系，如直接消耗系数、完全消耗系数、完全需求系数、直接分配系数、完全分配系数、完全供给系数等①，见表 2-2。

① 赵炳新、张江华：《产业网络理论导论》，经济科学出版社 2013 年版，第 8—10 页。

表 2-2　各系数定义及计算公式

系数	定义	计算公式
直接消耗系数	产业 j 每生产一个单位最终产品所直接消耗的产业 i 的产品的数量	$a_{ij}=\frac{x_{ij}}{X_j}(i,\ j=1,\ 2,\dots,\ n)$
完全消耗系数	产业 j 每生产一个单位最终产品直接和间接对产业 i 所提供产品进行消耗的数量之和	$B=(I-A)^{-1}-I$
完全需求系数	当某一产业部门的生产发生了一个单位变化时，导致各产业部门由此引起的直接和间接地使产出水平发生变化的总和	$\bar{B}=(I-A)^{-1}$
直接分配系数	产业 i 生产的产品直接分配给产业 j 作为中间产品直接使用的数量占 i 提供的产品的比例	$h_{ij}=\frac{x_{ij}}{X_i}(i,\ j=1,\ 2,\dots,\ n)$
完全分配系数	产业 i 单位总产出直接分配和全部间接分配给产业 j 的数量	$W=(I-H)^{-1}-I$
完全供给系数	产业 i 增加一单位的初始投入，为产业 j 完全供给的产品和服务的数量	$\bar{H}=(I-H)^{-1}$
a_{ij} ——直接消耗系数；x_{ij} ——产业 j 直接消耗产业 i 的产品的数量；X_j ——产业 j 的总投入；A ——直接消耗系数矩阵；B ——完全消耗系数矩阵；I ——单位矩阵；$\bar{B}$ ——完全需求系数矩阵；h_{ij} ——直接分配系数；H ——直接分配系数矩阵；W ——完全分配系数矩阵；$\bar{H}$ ——完全供给系数矩阵		

其中，直接消耗系数和直接分配系数定量描述了产业间直接关联，完全消耗系数、完全需求系数、完全分配系数和完全供给系数则定量描述了直接关联和间接关联的总和。直接关联是依据产业间直接供给和消耗确定的，比如产业间投入产出量大于0，则认为两者间存在直接关联。也有人认为产业间直接投入产出量大于某个临界值才存在直接关联，比如，坎贝尔（Campbell，1975）以平均值为临界值确定产业关联，则投入产出量均值以上的产业才计量其直接关联。产业间因间接供给和消耗而存在间接关联，产业间间接关联是由于结构因素（如存在有向路等）导致的。比如

霍勒布、施纳布尔（Holub，Schnabl，1985）认为产业间可沿着可达路径传递影响，因此两个产业虽然不存在直接关联，但据此可以建立产业间的间接关联关系。

根据临界值确定直接关联带有较大主观性，为了提高临界值选取的科学性，Schnabl（1994）针对临界值的内生性进行了研究，并基于分层计算分别建立了各层的间接关联关系，值得注意的是，他不仅考虑了层级的路径，还在计算间接关联时考虑了距离的影响。赵炳新（2011）更进一步，以 Weaver-Thomas 指数为工具，提出了更简单的计算内生临界值的方法。而在他更早的文献（赵炳新，1996）① 中就曾基于临界值 α 将完全消耗系数逆矩阵转化为 0—1 矩阵，运用布尔运算得到了间接关联。

（三）产业关联的定义

直接关联：假设 $S=\{1,2,3,\dots,n\}$ 是由 n 个产业组成的集合，f_{ij} 是产业 i 对产业 j 的量值，则 $F=\{f_{ij}\}_{n\times n}$ 为产业间的量值矩阵（总量矩阵或系数矩阵）。α_{ij} 为某个临界值，则 $\alpha=(\alpha_{ij})_{n\times n}$ 是相应的临界值矩阵（基于不同的研究视角，可以是常量矩阵，也可以是变量矩阵）。如果 $i,j\in S$，满足 $f_{ij}\geqslant\alpha_{ij}$，则 $r_{ij}=1$，称产业 i 对产业 j 存在直接关联；否则 $r_{ij}=0$，称产业 i 对产业 j 不存在直接关联，形成直接关联矩 $L=(r_{ij})_{n\times n}$。$R=\{\langle i,j\rangle \mid f_{ij}\geqslant\alpha_{ij}\}$ 为产业直接关联集合。

间接关联：设 $S=\{1,2,3,\dots,n\}$ 是由 n 个产业组成的集合，$F=\{f_{ij}\}_{n\times n}$ 为产业间的量值矩阵（总量矩阵或系数矩阵），R 为产业直接关联集合，k 为某个整数且 $k>1$，对 $i,j\in S$，若存在 $i_1,i_2,i_3,\dots,i_{k-1}\in S$ 使得 $\langle i,i_1\rangle,\langle i_1,i_2\rangle,\dots,\langle i_{k-1},j\rangle\in R$，则称 i 与 j 存在 k－阶间接关联。设 m_0 是某个临界值（自然数），R 为产业直接关联集合，如果 $\langle i,j\rangle\in\bigcup_{k=2}^{m_0}R^{(k)}$ 则称产业 i 与产业 j 存在间接关联。记 IR 为全部间接关联集合 $IR\,\underline{\Delta}\,\bigcup_{k=2}^{m_0}R^{(k)}$。

① 赵炳新：《产业关联分析中的图论模型及应用研究》，《系统工程理论与实践》1996 年第 2 期。

产业关联：设 $S=\{1, 2, 3, \ldots, n\}$ 是由 n 个产业组成的集合，对 i，$j \in S$，当且仅当 $\langle i, j\rangle \in R \cup IR$，称产业 i 与产业 j 存在关联。

计算步骤：

第一，确定临界值矩阵。

第二，计算产业直接关联矩阵 L。

第三，在 L 的基础上确定间接关联。

以赵炳新（1996，2011）建模方法为例，基于直接消耗系数矩阵，以威弗指数搜索临界值矩阵 $\alpha=\begin{bmatrix} w_1 & w_2 & \cdots & w_n \\ w_1 & w_2 & \cdots & w_n \\ \vdots & \vdots & \vdots & \vdots \\ w_1 & w_2 & \cdots & w_n \end{bmatrix}$，显然以威弗指数求临界值获得的 $\alpha=(\alpha_{ij})_{n\times n}$ 是变量矩阵，从而确定产业直接关联矩阵 L。然后在布尔运算规则下，对 L 做幂运算，求得 L^2，L^3，$L^4, \ldots$，L^k，$k=1, 2, 3, \ldots, n-1$；如果 $L_{ij}^k=1$ 表示产业 i 和产业 j 存在 k－阶间接关联。在布尔运算规则下，令 $E=L+L^2+L^3+L^4+\ldots+L^{n-1}$，若 $E_{ij}=1$，则说明产业 i 和产业 j 存在关联。

三、产业网络的表示

（一）产业网络的图表示

把产业抽象为网络的节点，把产业间关联关系抽象为网络的边，用图与网络来描述和研究产业关联这种二元关系，即为产业网络的图表示。根据研究需要，若研究问题仅涉及某一区域内产业间关联关系及结构，则可以构建某一区域的产业网络；若研究问题涉及跨区域的产业间关联，则可以构建区域间产业网络；若研究问题涉及更多层次、更多类别、更多维度的关联，则可以构建产业超网络，如区域协同问题从根本上是基于产业关联的区域关联问题，因此涉及产业—区域两个层面，可以构建产业—区域两层超网络模型进行研究。图 2-4 为中国产业网络（2017），图 2-5 为中、德、日、美区域间产业网络（2014）。

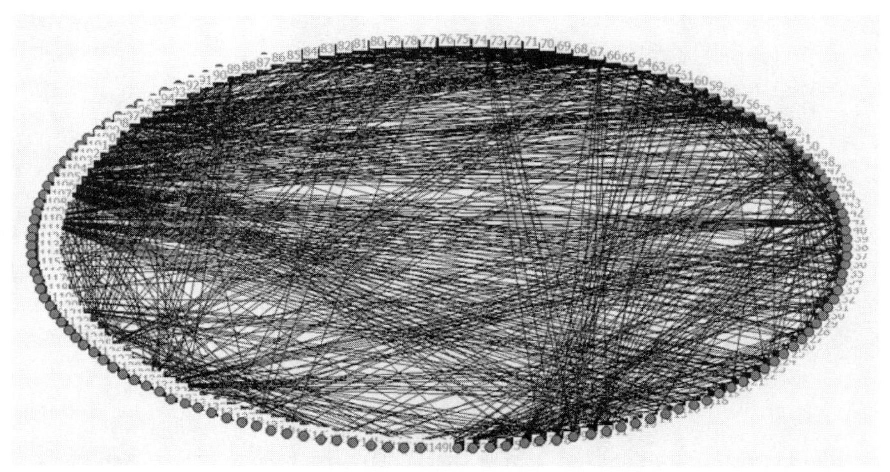

图 2-4　中国产业网络（2017）

注：作者自制。

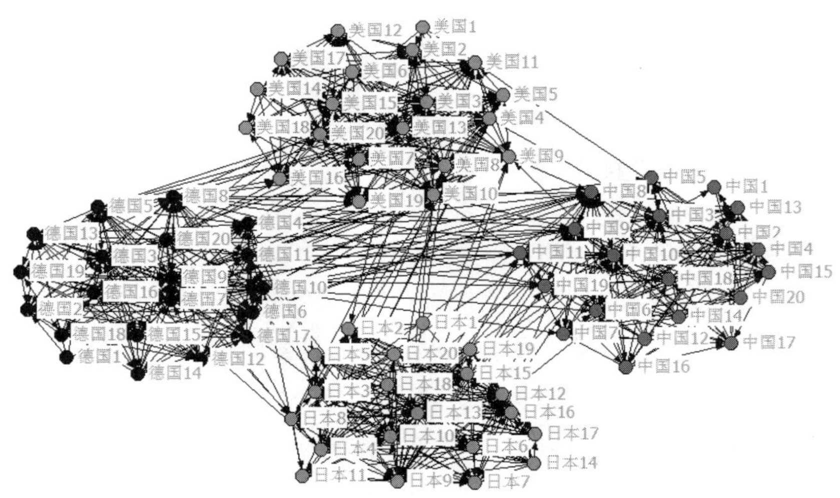

图 2-5　中、德、日、美区域间产业网络（2014）

注：作者自制。

产业网络具有以下性质：

第一，产业网络是有向网络。产业网络描述了产业间投入产出关联，产业 i 对产业 j 存在投入并不意味着产业 j 一定对产业 i 存在投入，因此产业网络是有向网络。

第二，产业网络是加权网络。产业间投入产出的量值是不同的，即 $F=\{f_{ij}\}_{n\times n}$ 中的 f_{ij} 并非完全一致，因此产业间关联强度是不同的，产业网络是加权网络。

第三，产业网络存在自环。有些产业存在对自身的投入，如电力部门产出的电力除了供其他部门使用外，也供自己使用，即产业网络中存在同一节点既是起点又是终点的边——自环。

第四，产业网络并非一定是连通图。虽然产业间存在普遍的经济技术关联，但的确存在一些未与其他任何产业存在投入产出关系的产业，根据世界投入产出数据库（WIOD）发布的 2014 年世界投入产出表，加拿大的 K66 号产业 activities auxiliary to financial services and insurance activities 就是此类产业。所以即使不采用阈值，而直接根据实际发生的量值构建产业网络，产业网络中仍然存在孤立的节点，因此产业网络并非一定是连通图。

（二）产业网络的矩阵表示

用计算机分析产业网络需要解决一个问题，那就是表达形式应能为计算机识别、运算，矩阵就是这样一种形式，其中邻接矩阵是最常用的一种网络表示。产业网络的邻接矩阵表达了产业间的相邻关系，因研究目的不同，可以是 0—1 矩阵，也可以是加权矩阵。

加权产业网络 $N=(V,\ E,\ W)$（V 为节点集，E 为连边集，W 为连边权重矩阵）的邻接矩阵 $L=(a_{ij})_{n\times n}$ 是 n 阶方阵，第 i 行第 j 列上的元素 $a_{ij}=\begin{cases}w_{ij}, & \text{如果有从节点 } i \text{ 指向节点 } j \text{ 的权值为} w_{ij} \text{ 的边}\\ 0, & \text{如果没有从节点 } i \text{ 指向节点 } j \text{ 的边}\end{cases}$，本质上加权产业网络的邻接矩阵 L 即为其连边权重矩阵 W。

例如，对于图 2-6 所示 5 节点加权产业网络，其邻接矩阵 $L = \begin{bmatrix} 0 & 2 & 1 & 0 & 0 \\ 3 & 2 & 1 & 2 & 1 \\ 0 & 0 & 1 & 0 & 1 \\ 0 & 0 & 0 & 1 & 0 \\ 1 & 0 & 1 & 0 & 0 \end{bmatrix}$ 即为其连边权重矩阵。

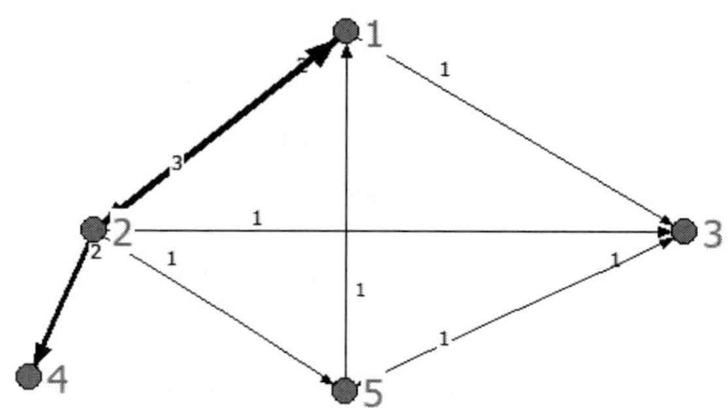

图 2-6 5 节点加权产业网络

若不考虑图 2-6 所示 5 节点加权产业网络的权重，则其邻接矩阵是 0—1 矩阵 $L^* = \begin{bmatrix} 0 & 1 & 1 & 0 & 0 \\ 1 & 1 & 1 & 1 & 1 \\ 0 & 0 & 1 & 0 & 1 \\ 0 & 0 & 0 & 1 & 0 \\ 1 & 0 & 1 & 0 & 0 \end{bmatrix}$。

四、产业网络的结构

（一）产业网络指标体系

产业网络是将产业或产品看成节点，产业/产品节点间按照一定规则建立关联关系形成的网络，因此，产业网络的基础研究方法是图与网络。产业系统本身具有复杂性特征，反映产业系统内产业间关联关系和关联结构的产业网络是复杂网络，因此，可以使用复杂网络的理论与方法来研究产业网络。基于此，产业网络指标体系可以从图与网络和复杂网络两个领域加以构建，见图 2-7。

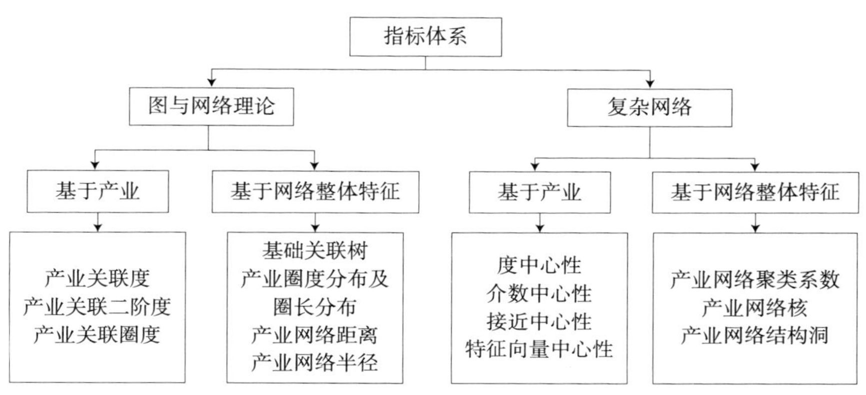

图 2-7　产业网络指标体系

1. 产业关联度

度（degree）是刻画图与网络中节点特征的基本指标之一。在无向网络中，节点的度被定义为与该节点直接相连的边的数目。产业网络是有向网络，因此产业关联度分为入度（in-degree）和出度（out-degree）。设 $L=(a_{ij})_{n\times n}$ 为产业网络 $N=(V, E, W)$ 的邻接矩阵，则节点 i 的入度、出度和度的计算公式为

$$Id_i = \sum_{j=1}^{n} a_{ji} \tag{2-1}$$

$$Od_i = \sum_{j=1}^{n} a_{ij} \tag{2-2}$$

$$D_i = Id_i + Od_i = \sum_{j=1}^{n} a_{ji} + \sum_{j=1}^{n} a_{ij} \tag{2-3}$$

入度描述了产业作为需求方拉动上游产业的能力，刻画了经济系统中可能存在大型需求类产业的现象；出度描述了产业作为供给方推动下游产业的能力，刻画了经济系统中可能存在大型供给类产业的现象；度为入度

与出度之和，刻画了产业在经济系统中的重要性。

2. 产业关联二阶度

产业关联二阶度量化了产业对其二阶关联产业的影响。设 $L=(a_{ij})_{n\times n}$ 为产业网络 $N=(V, E, W)$ 的邻接矩阵，则节点 i 的二阶入度、二阶出度和度的计算公式为

$$I d_i^2 = \sum_{j=1}^{n} I d_j a_{ji} \tag{2-4}$$

$$O d_i^2 = \sum_{j=1}^{n} O d_j a_{ij} \tag{2-5}$$

$$D_i^2 = I d_i^2 + O d_i^2 = \sum_{j=1}^{n} I d_j a_{ji} + \sum_{j=1}^{n} O d_j a_{ij} \tag{2-6}$$

二阶加权入度刻画了产业 i 对其上游的上游产业的影响程度，描述了经济系统中需求较大的产业拥有共同的需求产业的现象；二阶加权出度刻画了产业 i 对其下游的下游产业的影响程度，描述了经济系统中供给较大的产业拥有共同的供给产业的现象。

3. 产业网络距离与产业网络半径

产业网络距离是指产业网络上任意两个产业之间距离的平均值，而产业 i 和产业 j 的距离是指连接 i 和 j 的最短路径上边的数目，即边数最少的路径上边的数目，记为 d_{ij} 。产业网络距离的计算公式为

$$AGD = \frac{1}{\frac{1}{2}n(n-1)} \sum_{i \geqslant j} d_{ij} \tag{2-7}$$

产业网络距离反映了产业间相互影响的效率。其值越小，说明产业间的相互影响越快。

产业 i 到产业网络上所有节点距离的最大值 $\max d_{ij}$ 的倒数测度了产业 i 的离心率 e_i 。把产业网络上离心率最小的节点的离心率 $\min(e_i)$ 定义为产业网络半径 $r(N)$ ，把产业网络上离心率最大的节点的离心率 $\max(e_i)$ 定义为产业网络直径 $d(N)$ ，则产业网络半径和产业网络直径的计算公式为

$$r(N) = \min(e_i) \tag{2-8}$$

$$d(N) = \max(e_i) \tag{2-9}$$

显然，在产业网络距离相同的情况下，产业网络半径与产业网络直径相差越大，产业间距离越离散，相互影响的速度越不一致。

4. 度中心性、介数中心性、接近中心性、特征向量中心性

产业网络的实际应用中，网络规模的不同导致不同产业网络的度不具有可比性，因此采用度中心性指标进行产业网络分析。度中心性反映了节点位置的重要性，产业度中心性越大意味着该产业具有越重要的位置，对其他产业的影响越大。对于一个具有 n 个节点的产业网络，产业节点的最大度值可能为 $n-1$，因此度为 d_i 的节点的度中心性值为

$$DC_i = \frac{d_i}{n-1} \tag{2-10}$$

介数中心性衡量了产业作为“中介”节点的能力，一个产业位于联通其他产业的最短路径的数量越多，则该产业的介数中心性越大，从而该产业具有越强的控制能力。介数中心性的计算公式为

$$bc_i = \sum_{s \neq i \neq t} \frac{n_{st}^i}{g_{st}} \tag{2-11}$$

其中，$bc_i = \sum_{s \neq i \neq t} n_{st}^i / g_{st}\, g_{st}$ 为节点 s 到节点 t 的最短路径数量，$n_{st}^i\, n_{st}^i$ 为其中经过节点 i 最短路径数量。

接近中心性衡量了产业与其他产业的“亲近”程度，用该产业到其他产业最短路径的距离和的倒数表示，一个产业的接近中心性越大，则该产业与其他产业的距离越近，越容易影响其他产业。接近中心性的计算公式为

$$c\,c_i = \frac{1}{\sum_j d_{ij}} \tag{2-12}$$

其中，d_{ij} 表示节点 i 到节点 j 的最短路径距离。

一个节点的重要性不仅取决于其邻居节点的数量（即该节点的度中心性），也取决于其邻居节点的重要性①，即一个节点的重要性既取决于邻居的数量也取决于邻居的质量。把因邻居节点质量和数量而获得的重要性称为特征向量中心性，记为 x_i 。在产业网络中，产业的特征向量中心性反映了产业通过其邻居节点影响其他产业的能力。其计算公式为

$$x_i = c\sum_{j=1}^{n} a_{ij}x_j \tag{2-13}$$

5. 产业网络聚类系数

产业 i 的聚类系数被定义为它所有相邻节点之间连边的数目占可能的最大连边数目的比例，反映了产业关联结构的聚集程度，其值越大说明其邻居产业间相互影响越密集。产业网络中度为 d_i 的产业的聚类系数为

$$C_i = \frac{E_i}{d_i(d_i - 1)/2} \tag{2-14}$$

其中，E_i 为节点 i 的 d_i 个邻居节点之间实际存在的边数。

6. 产业网络结构洞

产业网络中，某个或某些产业与一些产业存在直接投入产出关系，但不与其他产业存在直接投入产出关系，从而存在无直接关联或关联间断现象，造成产业网络中出现“洞穴”，即为产业网络结构洞。结构洞的存在使得产业网络中处于中间位置的节点具有很强的控制能力，从而具有更大的影响力。图 2-8 是包含四个产业的网络。

图 2-8a）中，产业 3 处于中间位置，产业 1、2、4 均与产业 3 存在投入产出关系，但三个相互之间不存在投入产出关系，这样就形成虚线所示三个“空洞”，即产业 3 具有三个结构洞，产业 3 处于绝对控制地位。图 2-8b）中则不存在这样的结构洞，四个产业近乎具有相同的影响力，没有哪个产业处于绝对控制地位。

在产业网络中，类似图 2-8a）中产业 3 这样处于核心位置的产业具

① 汪小帆等：《网络科学导论》，高等教育出版社 2012 年版，第 165 页。

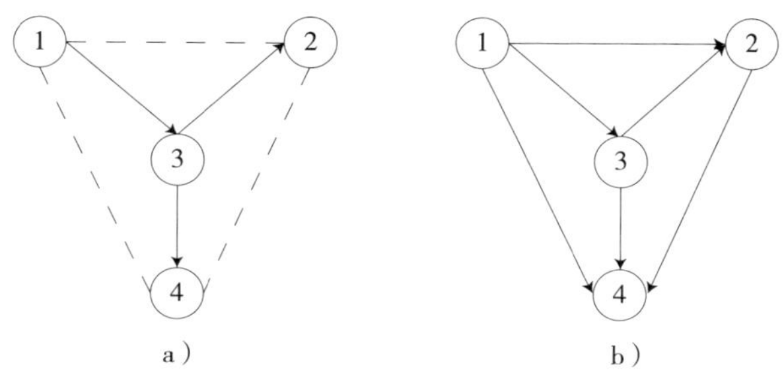

图 2-8　产业网络结构洞

注：作者自制。

有重要战略地位和竞争优势，并具有延伸产业链长度的作用。因此，除了资源禀赋影响产业发展外，产业在产业网络中的位置也是影响其发展的重要因素。

（二）产业网络三大结构

1. 产业网络基础结构

菲德尔·阿罗什（Fidel Aroche-Reyes）①② 首次将最大生成树的概念用于研究产业关联，提出了基本经济结构树的概念，力求描述经济系统中最核心的部分。考虑各产业间连边权重的不同，采用菲德尔·阿罗什构造生成树的"贪心"算法可求得唯一的最大权生成树，以描述经济系统中各产业之间最重要的经济关联。产业网络的最大权生成树因以最少的边刻画了经济系统最重要的关联，被称为基础关联树，以其刻画的结构被称为产业网络基础结构③。

基础关联树上的产业分为根产业、叶产业、主干产业和枝干产业四

① F. Aroche-Reyes, "A Qualitative Input-Output Method to Find Basic Economic Structures", *Regional Science*, Vol. 82, No. 4 (Aprial 2003), pp. 581-590.

② F. Aroche-Reyes, "Trees of the Essential Economic Structures: A Qualitative Input-Output Method", *Journal of Regional Science*, Vol. 46, No. 2 (February 2006), pp. 333-353.

③ 赵炳新等:《产业基础关联树的构建与分析——以山东、江苏两省为例》,《管理评论》2013 年第 2 期。

种类型。加权度最大的产业为基础关联树的根产业，对经济系统具有最大的支撑作用；加权出度或加权入度为零的产业为基础关联树的叶产业，叶产业位于树的终端，支撑作用相对较弱；基础关联树的最长通道（半通道）是反映产业间供需强关联关系的最长链条，是产业间相互影响的关键途径，最长通道（半通道）上除根和叶外其他产业的集合为主干产业，主干产业间具有强烈的双向相互作用；其他产业构成枝干产业。图 2-9 是 2012 年江苏省基础关联树和 2012 年广东省基础关联树。

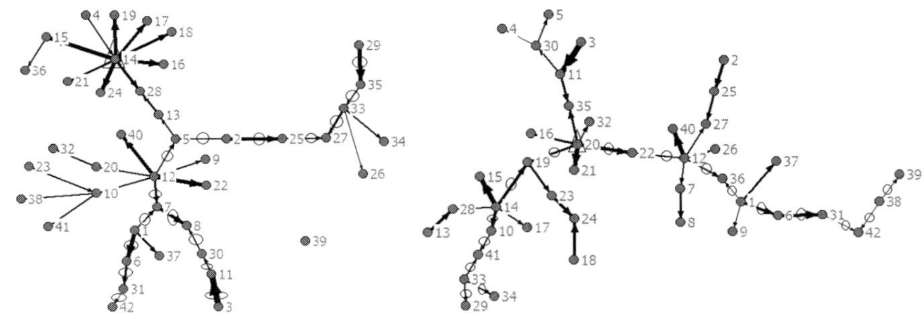

a）2012年江苏省基础关联树　　b）2012年广东省基础关联树

图 2-9　产业网络基础关联树

资料来源：相雪梅：《供给侧结构性改革的产业协同研究》，《安徽行政学院学报》2018 年第 1 期。

2012 年江苏省基础关联树的根产业是 14 号产业——金属冶炼和压延加工品业，2012 年广东省基础关联树的根产业是 20 号产业——通信设备、计算机和其他电子设备制造业，如图 2-9 用三角形标注的产业，主干见图 2-9 用圈标注的通道。

2. 产业网络核结构

把系统的核与核度理论①应用于产业网络，构建产业网络核结构，作

① 许进等：《系统的核与核度（Ⅰ）》，《系统科学与数学》1993 年第 2 期。

为度量和分析产业网络连通性的方法始于赵炳新等（2016）① 的研究，以描述因产业和产业集合受到破坏时，产业系统整体关联结构的稳定性受到不利影响的程度。产业网络的核为对产业系统整体结构破坏性最强，或最能维持产业系统稳定性的产业子图，同时也是产业网络容错性的有效度量，在整个产业系统中的重要性和影响力都非常大。

塞德曼（Seidman）等最早提出 k - 核。k - 核在产业网络中的定义：对于产业网络 $N=(V, E)$ ，节点集合为 $V(N)=\{v_1\ v_2, \ldots, v_n\}$ ，边集 $E(N)=V_i V_j(i, j=1, 2, \cdots, n)$ ，k 为某个自然数，对于任意给定的 $W \subseteq V$ ，$N=(V, E)$ 的子网络 $H_k=(W, E|W)$ 称为 $N=(V, E)$ 的 k - 核，当且仅当 $\delta(H_k) \geqslant k$ ，且 H_k 为具有这一特征的点极大子网络，其中 $\delta(H_k)$ 表示导出子网络 H_k 的最小度，k 又称为 k - 核值。

产业网络是有向网络，因此可基于度求得其核结构，也可以基于入度和出度分别求得产业网络的入核结构和出核结构。计算步骤：

第一，除去度（入、出）度 $k(k_{in}/k_o)=0$ 的孤立节点。

第二，除去入（出）度 $k(k_{in}/k_o)=1$ 的节点及其邻边，则可能出现新的 $k(k_{in}/k_o)=1$ 的节点，除去新出现的 $k(k_{in}/k_o)=1$ 的节点及其邻边，直到网络中不存在 $k(k_{in}/k_o)=1$ 的节点为止。那么，所有 $k(k_{in}/k_o)=1$ 的节点及其邻边构成网络的 1-（入、出）壳。

第三，采用相同方法获得网络的 2-（入、出）壳、3-（入、出）壳等，直到网络中的节点都被划归到相应的 k -（入、出）壳中，且把网络中 $k(k_{in}/k_o)=0$ 的所有节点作为 0-（入、出）壳，则获得产业网络 k - 壳（需求、供给）结构。

第四，把所有 $k_s \geqslant k$ 的 k -（入、出）壳的并集作为产业网络的 k -（入、出）核。

---

① 赵炳新等：《产业集群的核结构与指标体系》，《系统工程理论与实践》2016 年第 1 期。

因此，k - 核是产业网络中所有度值不小于 k 的节点及其连边组成。一般地，k 越小，产业网络的连通程度越高；k 最大的子网络称为主核，是产业网络中关联最密集的子网络。图 2-10 给出了 2012 年山东省产业网络核结构。

由图 2-10 的可知，2012 年山东省产业网络核结构可分为 0—核、1—核、2—核、3—核、4—核和 5—核。显然，最大核值是 5，5—核也是 2012 年山东省产业网络的主核，核内产业间关联最密集，相互作用也最强，对山东省产业系统的稳定性具有最大的作用。入核结构的主核为 2—核，出核结构的主核为 1—核。

3. 产业网络循环结构

作为有向网络的产业网络中存在由有向路径构成的圈，由圈刻画的结构称为产业网络的循环结构。赵炳新等（2014）提出用圈度、相对圈度、圈度分布等概念对产业网络循环结构进行量化。

产业网络中的圈是指由 3 个或者 3 个以上产业节点构成的一种闭合的网络结构。经过产业 i 的所有圈的数目称为产业 i 的圈度，记为 $c(i)$ 。$c(i)$ 越大表明经过产业 i 的圈越多，产业 i 参与的循环越多。在实际应用中，网络规模的不同导致不同产业网络的圈度不具有可比性，因此用相对圈度 $dc(i)$ 进行产业网络分析，具体定义为

$$dc(i) = \frac{c(i)}{c(N)} \tag{2-15}$$

其中，$c(N)$ 表示产业网络 N 中所有圈的数目。显然 $dc(i)$ 越大，产业 i 循环性越强。

与赵炳新等（2014）不同的是，这里用相对圈度分布的概念表示圈度分布，即产业网络中产业节点的相对圈度的概率分布或频率分布称为产业网络圈度分布，记为 $pd\ c_i$ ，表示网络中随机选择一个产业节点其相对圈度为 $dc(i)$ 的概率。计算公式为

$$pd\ c_i = \frac{n_{dc(i)}}{n} \tag{2-16}$$

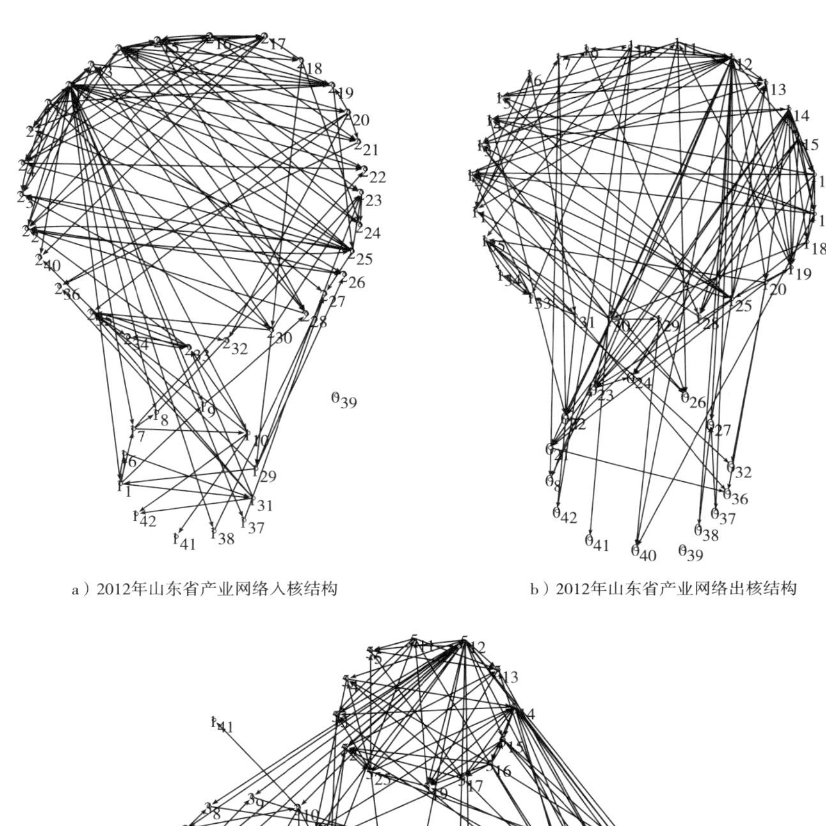

a）2012年山东省产业网络入核结构

b）2012年山东省产业网络出核结构

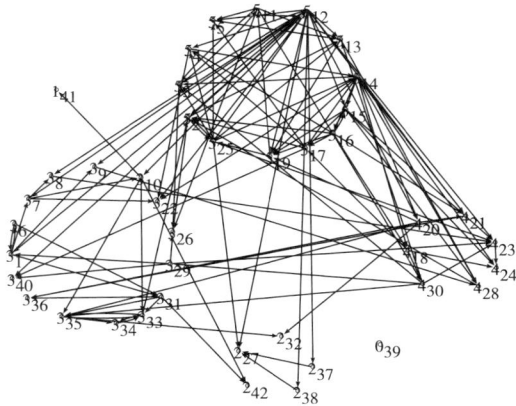

c）2012年山东省产业网络核结构

图 2-10 山东省产业网络核结构图

注：作者自制。

其中，n 表示产业网络的节点数，$n_{dc(i)}$ 表示产业网络中相对圈度为 $dc(i)$ 的节点数。产业网络圈度分布越离散，表明不同产业参与循环的程度越不一致，体现了产业网络的整体特征。

第二节 网络级联理论

一、大数定律与波动扩散

在概率论中，大数定律（law of large numbers）是指一种描述当试验次数很大时所呈现的概率性质的定律。此处，大数定律是指因经济系统中存在大量产业部门，一个部门的生产率波动就像把石子扔进大海，激不起大的浪花，即单个部门的生产率波动被众多部门分散掉了，“分散化观点”得以产生。其实，分散化观点应用在投资、经营等多个方面，比如基于詹姆斯·托宾（James Tobin）的投资组合选择理论，产生了分散化投资，即“不把鸡蛋放在同一个篮子里”。

因为“分散化观点”，长期以来学者们都忽视了单个产业部门发展波动的扩散会导致总量波动问题，即忽视了总量波动可能来源于微观企业或中观产业的发展波动这一事实。美国经济学家卢卡斯（Lucas）在“Understanding Business Cycle”（1977）一文中指出，在部门高度分散的情况下，单个部门的冲击会被众多部门平均掉，从而产生可以忽略的总量效应。从而单个部门的发展波动对其他部门以及总量波动产生不了“可观”的影响。

二、经济关联与波动扩散

Lucas（1977）的观点没有考虑产业关联的存在。事实上，微观企业间及中观产业间存在密切的经济关联，比如企业间供需关联、产业间投入产出关联，这些关联提供了微观企业发展波动和中观发展产业波动在单一经济系统内或开放的经济系统间扩散的机制。

一些学者逐渐意识到了这一问题，开始关注经济关联对波动扩散的影响。比如，约万诺维奇（Jovanovic，1987）和杜尔劳夫（Durlauf，1993）基于企业之间的强战略互补关联构建模型，证明了这些互补关联可以把企业产出波动扩散出去，从而导致总量波动；加贝克斯（Gabaix，2011）研究发现若企业规模服从重尾分布，则企业产出波动会因为企业关联传播扩散，导致总量波动。企业规模越大，其波动对总量波动的影响也越大。在包含 n 个企业的经济系统中，总量波动衰退的速率是 $n^{\alpha}(\alpha < 1/2)$ ，小于 Lucas（1977）不考虑关联时的 $\sqrt{n}$ 。谢伊（Shea，2002）认为产业间互补关联可以使得单个部门的产出波动在部门间扩散，从而导致产业间联动。

朗、普罗索（Long，Plossor，1983）构建了部门间投入产出矩阵，认为投入产出矩阵的具体结构决定了因部门产出波动的扩散导致的总量波动的大小。霍瓦特（Horvath，1998）研究发现大数定律适用的比例，不是取决于投入产出矩阵总行数增长的速率，而是取决于投入使用矩阵满行数增加的速率。他采用美国投入产出矩阵进行实证分析，证明了在部门分散的经济系统中，投入产出矩阵满行数的增长速率远小于总行数的增长速率，部门产出波动衰退的速率小于 $\sqrt{n}/2$，这不同于 Lucas（1977）基于大数定律得出的、部门产出波动以 $\sqrt{n}$ 的速率衰减的结论（ n 为部门数），认为单个部门的较小波动可以在部门间扩散，导致相当大的总量波动。通俗意义上讲，大数定律是否发挥作用不是因为产业部门总数是否众多，而是产业部门之间是否完全关联。杜波尔（Dupor，1999）的研究表明，具有相同二阶矩（方差）特性的广泛类别的投入产出结构会引起积聚，但该类结构却提供了贫乏的产业发展波动传播、放大的机制。Dupor（1999）与 Horvath（1998）产生分歧的根源是投入产出结构的不同，Dupor（1999）的结论基于对称的投入产出结构，而 Horvath（1998，2000）的结论基于非对称的投入产出结构。非对称的投入产出结构提供了产业发展波动在经济系统传播扩散的机制。

卡尔瓦洛等（Carvalho，et al.，2010）分析了美国1972—2002年的产业网络结构，发现部门作为供应商角色是不同质的，很多部门成为整个经济系统的供应枢纽，证明了供应枢纽通过耦合部门间的生产决策影响其他部门，从而其生产率波动能够导致其他部门的生产率波动，并引起总量波动。

由此可见，经济关联为产业发展波动的扩散提供了可能，能否扩散以及扩散效应的大小则取决于经济关联的结构。

三、网络级联理论

2012年9月，以杰出经济学家、卡拉克奖得主达龙·阿西莫格鲁为首位作者，在经济学顶尖杂志 *Econometrica* 第80卷第5期上发表论文"The Network Origins of Aggregate Fluctuations"，提出了高阶关联（higher-order interconnections）可能会产生级联效应（cascade effects），从而单个产业部门的生产率波动不仅可以传播给直接下游部门，而且会扩散到整个经济系统。韦倩等（2013）基于经济波动理论视角称其为网络级联周期理论。本书从产业发展波动扩散视角提炼出的理论为网络级联理论。所谓级联，是指每一部门因与其邻接部门相互作用而产生的多部门串联形式。

（一）一阶级联与波动扩散

所谓一阶级联，是指产业部门与其邻居节点的相互关联。图2-11给出了五种一阶级联结构。其中，图2-11a）无关联结构是指产业之间无投入产出关联，每个产业只与自身存在投入产出关联，不考虑自身关联，其度指标见式（2-17）；图2-11b）完全关联结构是指任意两个产业之间都存在双向的投入产出关系，不考虑自身关联，其度指标见式（2-18）；图2-11c）环形结构是指产业间单向的投入产出关联连结成一个环形，不考虑自身关联，其度指标见式（2-19）；图2-11d）二叉树结构是指每个产业均与其1个供给产业和2个需求产业存在投入产出关联，不考虑自身关联，其度指标见式（2-20）；图2-11e）星状结构是指一个产业扮演供应

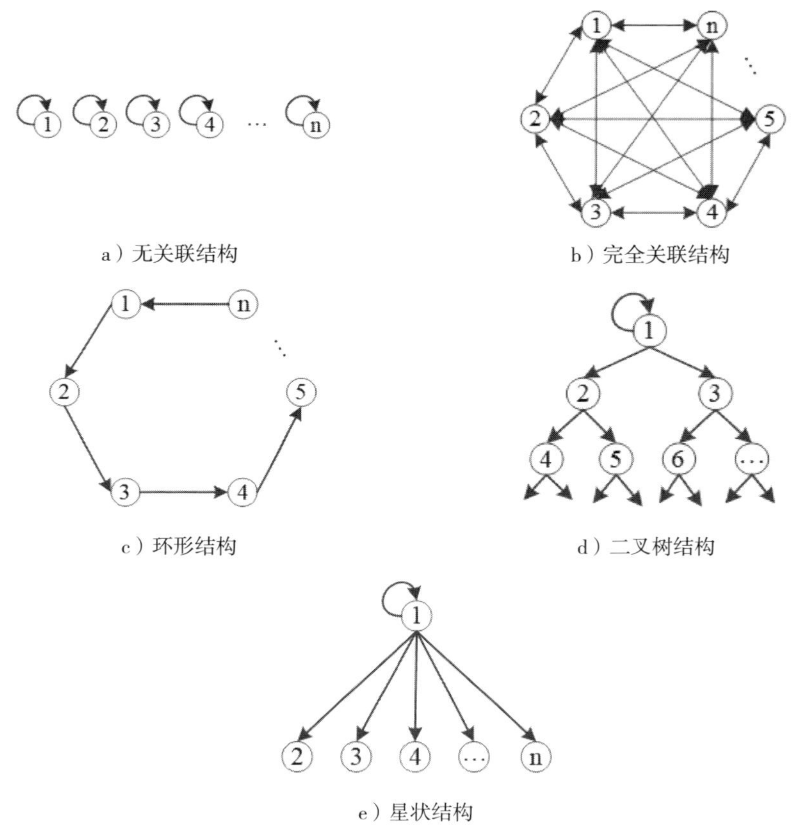

图 2-11　产业网络一阶级联结构

注：参考 D. Acemoglu，et al.，"The Network Origins of Aggregate Fluctuations"，*Econometrica*，Vol. 80，No. 5（2012），pp. 1977-2016。

枢纽，为其他产业提供中间投入，其他产业间不存在关联，不考虑自身关联，其度指标见式（2-21）。

$$I\,d_i^{a)} = 0;\ O\,d_i^{a)} = 0\ D_i^{a)} = I\,d_i^{a)} + O\,d_i^{a)} = 0 \tag{2-17}$$

$$I\,d_i^{b)} = n-1;\ O\,d_i^{b)} = n-1\ D_i^{b)} = I\,d_i^{b)} + O\,d_i^{b)} = 2n-2 \tag{2-18}$$

$$I\,d_i^{c)} = 1;\ O\,d_i^{c)} = 1\ D_i^{c)} = I\,d_i^{c)} + O\,d_i^{c)} = 2 \tag{2-19}$$

$$I\,d_{i(i=1)}^{d)} = 0;\ O\,d_{i(i=1)}^{d)} = 2\ D_{i(i=1)}^{d)} = I\,d_{i(i=1)}^{d)} + O\,d_{i(i=1)}^{d)} = 2I\,d_{i(i=1)}^{d)} =$$

$$1;\ Id^{d)}_{i(i=1)} = 2D^{d)}_{i(i\neq 1)} = Id^{d)}_{i(i=1)} + Id^{d)}_{i(i=1)} = 3 \quad (2-20)$$

$$Id^{e)}_{i(i=1)} = 0;\ Od^{e)}_{i(i=1)} = n-1\ D^{e)}_{i(i=1)} = Id^{e)}_{i(i=1)} + Od^{e)}_{i(i=1)} = n-1I$$

$$d^{e)}_{i(i\neq 1)} = 1;\ Od^{e)}_{i(i\neq 1)} = 0\ D^{e)}_{i(i\neq 1)} = Id_i + Od_i = 1 \quad (2-21)$$

若产业网络结构处于图 2-11a）状态，则任一产业的发展波动对其他产业都不存在影响，即无关联结构没能提供产业发展波动在产业间扩散的机制。随着网络规模的增加，基于“分散化观点”，单个产业的发展波动以 $\sqrt{n}$ 的速率被快速平均掉，引不起总量的显著波动。

若产业网络结构处于图 2-11b）状态，此时虽然产业关联提供了产业发展波动在产业间扩散的路径，但对称的网络结构意味着波动扩散的结果相互对冲抵消。随着网络规模的增加，基于“分散化观点”，单个产业的发展波动也会以 $\sqrt{n}$ 的速率被快速平均掉，导致不了总量的显著波动。

若产业网络结构处于图 2-11c）或图 2-11d）状态，此时称其为均衡关联结构，产业间虽然存在发展波动的传播扩散，但波动也会以 $\sqrt{n}$ 的速率快速衰退掉，对总量波动的影响很小。

若产业网络结构处于图 2-11e）状态，此时产业网络结构是非对称的，节点出度序列服从幂律分布，即经济体中存在少数出度较大的供应枢纽产业，为多数产业提供中间投入。设 $\hat{\beta}$ 是采用普通最小二乘法在对数坐标下对加权出度的反累积分布函数进行回归分析求得的形状参数，则单个产业的发展波动会以 $n^{(\beta^{\wedge}-1)/\beta^{\wedge}}$ 的速率衰退，即使网络规模很大，产业 1 这样的供应枢纽的发展波动也会通过中间供应强烈影响其下游部门，导致经济系统发生总量波动。经济系统总量波动的显著程度取决于产业网络结构的非对称程度，$\hat{\beta}$ 越小，产业网络结构的非对称程度越大，产业发展波动的扩散越迅猛，总量波动的程度越显著。

（二）二阶级联与波动扩散

产业网络节点出度序列相同的两个经济体是否具有相同的扩散产业发展波动的能力？图 2-12 中 a）与 b）具有相同的出度序列，即产业 1 的出

度为 d^n ，产业 2 到产业 d^n 的出度均为 d'^n ，其他产业的出度为 0。但显然两者结构是不同的，图 2-12a）中产业 2- d^n 共享产业 1 这一供应枢纽；图 2-12b）中则没有这样的结构特征。在不考虑自环情况下，图 2-12 中各产业的二阶度见式（2-22）和式（2-23）。

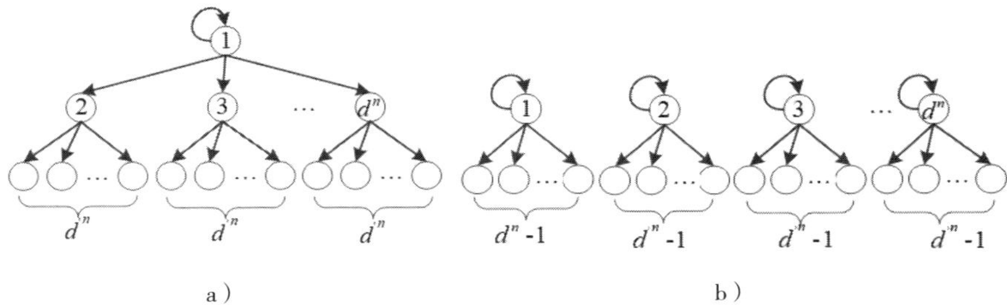

图 2-12 产业网络二阶级联结构

注：参考 D. Acemoglu, et al.,"The Network Origins of Aggregate Fluctuations", *Econometrica*, Vol. 80, No. 5（2012）, pp. 1977-2016。

$I\ d^{2a)}_{i(i=1)} = 0$；$O\ d^{2a)}_{i(i=1)} = d'^n(d^n - 1)\ d^{2a)}_{i(i=1)} = I\ d^{2a)}_{i(i=1)} + O\ d^{2a)}_{i(i=1)} = d'^n(d^n - 1)\ I\ d^{2a)}_{i(i=2,\dots,d^n)} = 0$；$O\ d^{2a)}_{i(i=2,\dots,d^n)} = 0\ d^{2a)}_{i(i=2,\dots,d^n)} = I\ d^{2a)}_{i(i=2,\dots,d^n)} + O\ d^{2a)}_{i(i=2,\dots,d^n)} = 0 I\ d^{2a)}_{i(d^n+1,\dots,n)} = 1$；$O\ d^{2a)}_{i(d^n+1,\dots,n)} = 0\ d^{2a)}_{i(d^n+1,\dots,n)} = I\ d^{2a)}_{i(d^n+1,\dots,n)} + O\ d^{2a)}_{i(d^n+1,\dots,n)} = 1$　　（2-22）

$I\ d^{2b)}_i = 0$；$O\ d^{2b)}_i = 0\ d^{2b)}_i = I\ d^{2b)}_i + O\ d^{2b)}_i = 0$　　（2-23）

图 2-12a）中的产业 1 具有较大的二阶出度，是供应枢纽 2，3，…，d^n 的共同供应商，称其为二阶供应枢纽。因此，图 2-12a）和 b）虽然具有相同的出度序列，但二阶出度序列却不同，且节点二阶出度序列服从幂律分布，即经济体中存在少数二阶出度较大的供应枢纽产业，为多数产业提供中间投入。设 $\hat{\zeta}$ 是采用普通最小二乘法在对数坐标下对二阶加权出度的反累积分布函数进行回归分析求得的形状参数，则单个产业的发展波动会以 $n^{(\zeta^{\wedge}-1)/\zeta^{\wedge}}$ 的速率衰退，即使网络规模很大，产业 1 这样的二阶供应枢纽的发展波动也会通过给供应枢纽提供中间投入影响其下游部门，导致经

济系统发生总量波动。经济系统总量波动的显著程度取决于产业网络结构的非对称程度，$\hat{\zeta}$ 越小，产业网络结构的非对称程度越大，产业发展波动的扩散越迅猛，总量波动的程度越显著。

（三）高阶级联与波动扩散

产业网络中存在更高阶的星状关联结构，见图 2-13 所示。

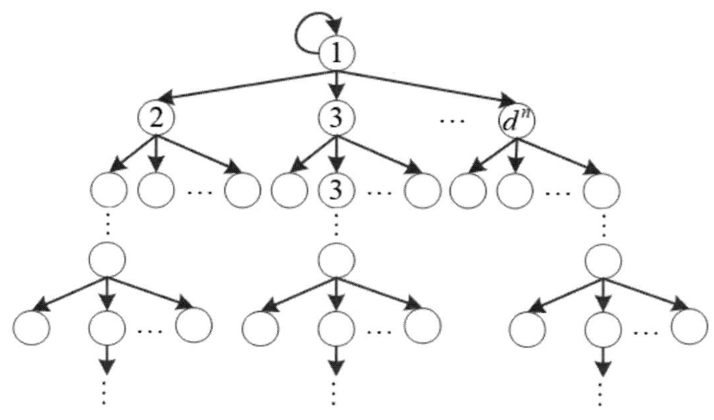

图 2-13　产业网络高阶级联结构

注：参考 D. Acemoglu，et al.，"The Network Origins of Aggregate Fluctuations"，*Econometrica*，Vol. 80，No. 5（2012），pp. 1977-2016。

在图 2-13 中，产业 1 的发展波动会因为中间供给梯次扩散到下游大量产业，产生像瀑布一样的高阶级联效应，引起下游大量产业的发展波动，并最终导致总量波动。设 $\hat{\delta}$ 为采用普通最小二乘法在对数坐标下对 k - 阶加权出度的反累积分布函数进行回归分析求得的形状参数，则产业发展波动衰退的速率取决于 $\hat{\delta}$ 的大小，$\hat{\delta}$ 越小，产业发展波动扩散越快，衰退越慢。

如何衡量各产业扩散发展波动的能力呢？可以用产业节点影响力系数 FC 来定量描述。对于包含 n 个节点的产业网络 $N = (V, E, W)$，$W = (w_{ij})_{n \times n}$ 为连边权重矩阵，则产业 i 的 k 阶影响力系数 $k - FC_i$ 为

$$k-FC_i=\frac{\sum_{t=1}^{Id_i}\cdots\sum_{m=1}^{Id_s}\sum_{l=1}^{Id_m}\overbrace{w_{lm}\,w_{ms}\cdots\,w_{ti}}^{k}}{\frac{1}{n}\sum_{i=1}^{n}\sum_{t=1}^{Idi}\cdots\sum_{m=1}^{Id_s}\sum_{l=1}^{Id_m}w_{lm}\,w_{ms}\cdots\,w_{ti}}$$

其中，k 为产业 i 影响阶数，Id_i 表示产业 i 的关联入度，Od_i 表示产业 i 的关联出度，$t\in\{i,\ j,\dots,\ m\}$ 。权重矩阵 $W=(w_{ij})_{n\times n}$ 可为直接消耗系数矩阵、直接分配系数矩阵、Leontief 逆矩阵或 Ghosh 逆矩阵等。当赋权矩阵为 Leontief 逆矩阵时，产业 i 的 $1-FC_i$ 为投入产出关联分析中的影响力系数。

总之，供应枢纽的存在导致了产业网络中星状结构的存在，造成了产业网络结构的不对称性，非对称的产业网络结构提供了产业发展波动在经济系统中传播、扩散的机制。

（四）基于美国数据的实证分析

2012 年，以美国麻省理工学院教授达龙·阿西莫格鲁为首的研究团队基于美国经济分析局（BEA）公布的 1972—2002 年美国实物型投入产出表，以 2012 年生产者价格为标准形成 1972 年、1977 年、1982 年、1987 年、1992 年、1997 年、2002 年价值型投入产出表，并以投入份额为基准构建 1972—2002 年的产业网络，然后利用其研究团队提出产业网络一阶供给结构与总量波动的关系的数学模型、二阶供给结构与总量波动的关系的数学模型进行了实证分析，证明了不对称的一阶供给结构、二阶供给结构延缓了波动衰退的速率，放大并汇聚了产业波动形成总量波动的结论。① 具体实证过程如下：

第一，产业网络需求结构分析。加权入度分布刻画了产业网络的需求结构。采用 OLS 回归分析方法对一阶加权入度的经验密度进行非参数估计，并用高斯核函数对数据进行处理，绘制图 2-14。发现 1972—2002 年

① D. Acemoglu, et al., "The Network Origins of Aggregate Fluctuations", *Econometrica*, Vol. 80, No. 5 (2012), pp. 1977-2016.

美国分年度产业网络的加权入度序列服从正态分布，均值最小值出现在1987年，为0.52，均值最最大值出现在2002年，为0.58，7年份正态分布的均值为0.55，且大多数产业集中在均值周围，平均来看，71%的产业分布在一个标准差范围内。这说明1972—2002年美国各年份产业网络的一阶需求结构是对称的，大多数产业的需求相对均衡。

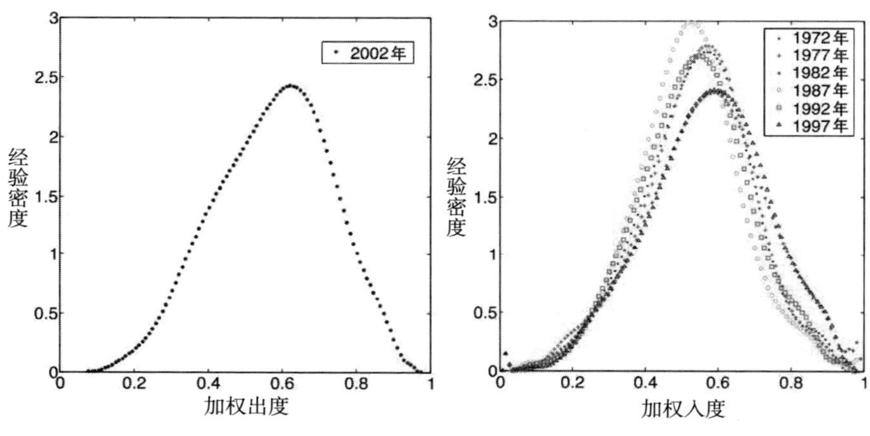

图 2-14　美国加权入度—经验密度

第二，产业网络供给结构分析。加权出度分布刻画了产业网络的供给结构。采用OLS回归分析方法对一阶加权出度、二阶加权出度的经验密度进行非参数估计，并用高斯核函数对数据进行处理，绘制图2-15。发现一阶加权出度及二阶加权出度的经验分布均呈现显著偏态，并出现右侧重尾，意味着存在一阶加权出度和二阶加权出度较大的产业节点，少数产业作为供应枢纽和二阶供应枢纽为多数产业提供中间投入，符合幂律分布特征。

为进一步刻画出度的重尾特征，在双对数坐标下用Nadaraya-Watson核估计求一阶加权出度、二阶加权出度的反累积分布函数，绘制图2-16和图2-17。结果显示，加权出度、二阶加权出度反累积分布的尾部都近似线性关系，意味着该分布近似为幂律分布，少数产业承担整个经济的大

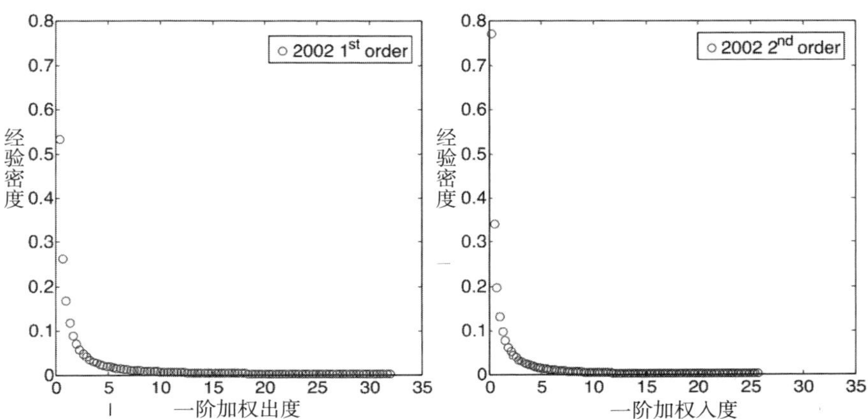

图 2-15　美国一阶加权出度—经验密度和二阶加权出度—经验密度

部分直接或间接供应任务，产业网络的供给结构是不对称的。

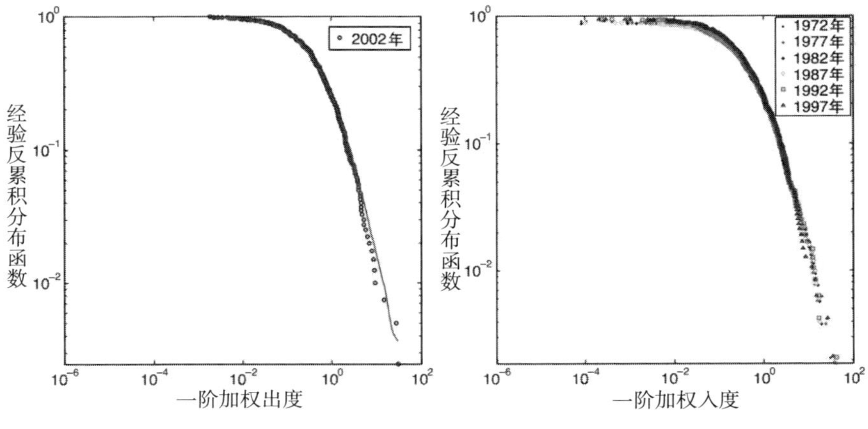

图 2-16　美国一阶加权出度—反累积分布函数

第三，供给结构对产业波动衰减速率的影响分析。采用 OLS 法在双对数坐标下对一阶加权出度和二阶加权出度的反累积分布函数进行回归分析，求得一阶和二阶加权出度的形状参数，见表 2-2，以量化产业网络供给结构对波动衰减速率的影响。

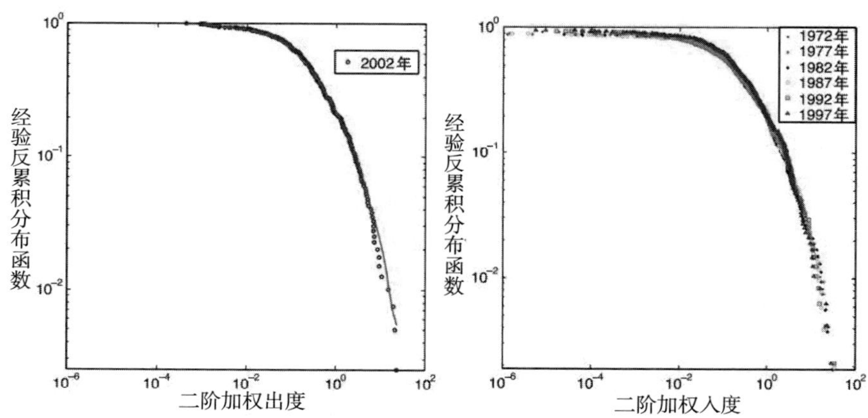

图 2-17　美国二阶加权出度—反累积分布函数

表 2-3　美国一阶加权出度、二阶加权出度形状参数

年份	1972	1977	1982	1987	1992	1997	2002
$\hat{\beta}$	1.38 (0.20；97)	1.38 (0.19；105)	1.35 (0.18；106)	1.37 (0.19；102)	1.32 (0.19；95)	1.43 (0.21；95)	1.46 (0.23；83)
$\hat{\zeta}$	1.14 (0.16；97)	1.15 (0.16；105)	1.10 (0.15；106)	1.14 (0.16；106)	1.15 (0.17；95)	1.27 (0.18；95)	1.30 (0.20；83)
n	483	524	529	510	476	474	417

注：$\hat{\beta}$ 表示一阶加权出度形状参数，$\hat{\zeta}$ 表示二阶加权出度形状参数，n 为相应年度产业数，括号内数字前者为相关标准误，后者为用于估计形状参数的观测数。

由表 2-3 可知，对于每一年度，一阶加权出度的形状参数总大于二阶加权出度的形状参数，且 7 年份一阶加权出度形状参数均值约 1.38，二阶加权出度形状参数均值约 1.18。以 2002 年为例，基于加权出度形状参数计算产业波动衰退速率为 $417^{(1.46-1)/1.46} \approx 6.69$，基于二阶加权出度形状参数计算产业波动衰退速率为 $417^{(1.30-1)/1.30} \approx 4.02$，小于 Lucas（1977）不考虑关联时的速率 $\sqrt{417} \approx 20.42$。且 Acemoglu 等（2012）认为，产业波动衰退速率取决于 $\min(\hat{\beta},\ \hat{\zeta})$，从美国数据看，产业网络二阶级联对产业波动衰退速率的影响大于一阶级联对产业波动衰退速率的影响。

第四，供给结构对产业波动转化比例的影响分析。达龙·阿西莫格鲁研究团队继续研究了不对称的产业网络供给结构对产业波动转化为总量波动的比例的影响，基于部分数据计算整理成表 2-4。

表 2-4　美国波动转化比例的比较

年份	1972	1977	1982	1987	1992	1997	2002
$\|v_n\|_2$	0. 098	0. 091	0. 088	0. 088	0. 093	0. 090	0. 094
$1/\sqrt{n}$	0. 046	0. 044	0. 043	0. 044	0. 046	0. 046	0. 049
$\|v_n\|_2/(1/\sqrt{n})$	2. 13	2. 07	2. 05	2	2. 02	1. 96	1. 92

注：$\|v_n\|_2$ 表示不对称的产业网络结构把产业波动转化为总量波动的比例，$1/\sqrt{n}$ 表示 Lucas（1977）基于大数定律不考虑产业关联求得的产业波动转化为总量波动的比例。

显然，不对称的产业网络供给结构提高了产业波动转化为总量波动的比例，为 Lucas（1977）基于大数定律不考虑产业关联求得的产业波动转化为总量波动的比例的两倍左右。

（五）基于中国数据的实证分析

2016 年，赵炳新研究团队选用国家统计局公布的中国 2009 年版 2002 年 122 部门、2012 年版 2007 年 144 部门和 2016 年版 2012 年 139 部门投入产出数据，根据赵炳新、张江华（2013）构建产业网络的方法，以直接消耗系数赋权，构建三年份产业赋权网络，并利用 Acemoglu 等（2012）的模型方法进行了实证分析。结果表明中国产业网络一阶供给结构、二阶供给结构是不对称的，不对称的产业网络结构提供了产业发展波动在产业间传播扩散的机制，并通过放大汇聚单个产业的波动形成总量波动①。具体实证过程如下：

① 相雪梅等：《产业网络结构对总产出波动的影响研究》,《山东大学学报（哲学社会科学版)》2016 年第 2 期。

第一，产业网络需求结构分析。采用 OLS 回归分析方法对 2002 年、2007 年、2012 年产业网络的加权入度的经验密度进行非参数估计，并用高斯核函数对数据进行处理绘制图 2-18。发现无论是 2002 年、2007 年还是 2012 年，加权入度均近似服从正态分布，因而 3 年份中国产业网络需求结构都是对称的。2002 年加权入度的均值为 0.38，标准差为 0.15，2007 年分别为 0.34 和 0.19，2012 年分别为 0.40 和 0.15。2002 年 77%的产业部门的加权入度的经验密度分布在一个标准差范围内，2007 年和 2012 年这一数据均为 67%，说明了虽然有些产业部门对上游部门的需求依赖较大，如 2002 年的 36 号石油及核燃料加工业，2007 年的 57 号炼铁业，2012 年的 31 号纺织服装服饰业，但大多数产业部门对上游产业的依赖比较均衡，即产业在需求方面是同质的。

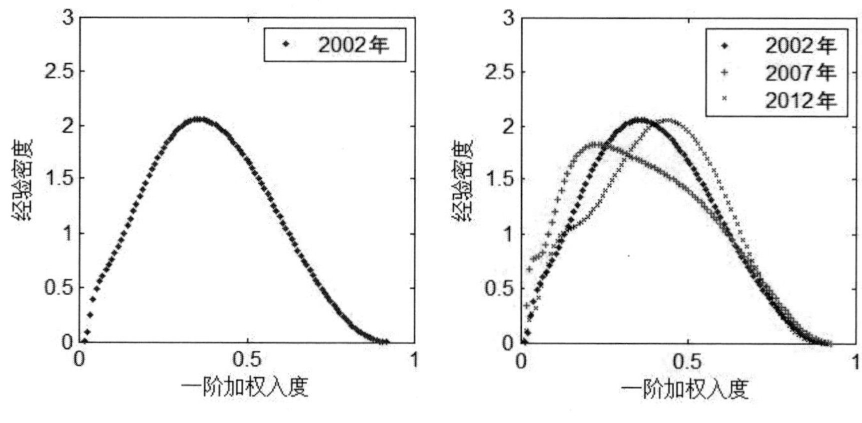

图 2-18　中国加权入度—经验密度

第二，产业网络供给结构分析。采用同样的方法对 2002 年、2007 年和 2012 年产业网络的一阶加权出度和二阶加权出度的经验密度分别进行非参数估计，采用高斯核函数进行处理后绘制图 2-19 和图 2-20，描述产业网络的一阶供给结构和二阶供给结构。

由图 2-19 和图 2-20 可知，无论是一阶加权出度的经验分布，还是

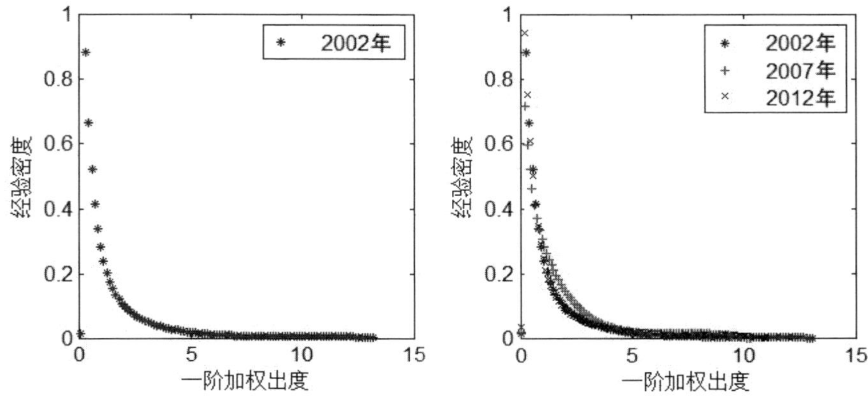

图 2-19 中国一阶加权出度—经验密度

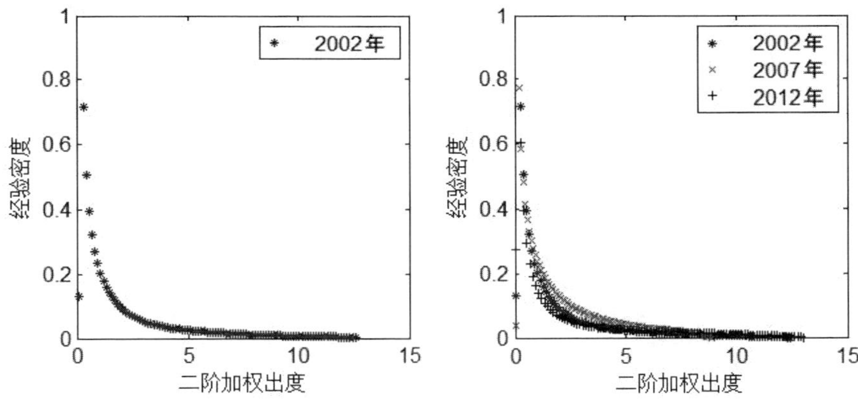

图 2-20 中国二阶加权出度—经验密度

二阶加权出度的经验分布均呈现显著偏态，并出现右侧重尾，说明少数产业作为“供应商”给多数产业提供中间投入，直接或间接控制着多数产业的中间需求，符合幂律分布特征，3 年份一阶供给结构和二阶供给结构都是不对称的。

为进一步刻画一阶、二阶加权出度的重尾特征，在双对数坐标下用 Nadaraya-Watson 核回归方法求一阶、二阶加权出度的反累积分布函数

（图 2-21、图 2-22）。

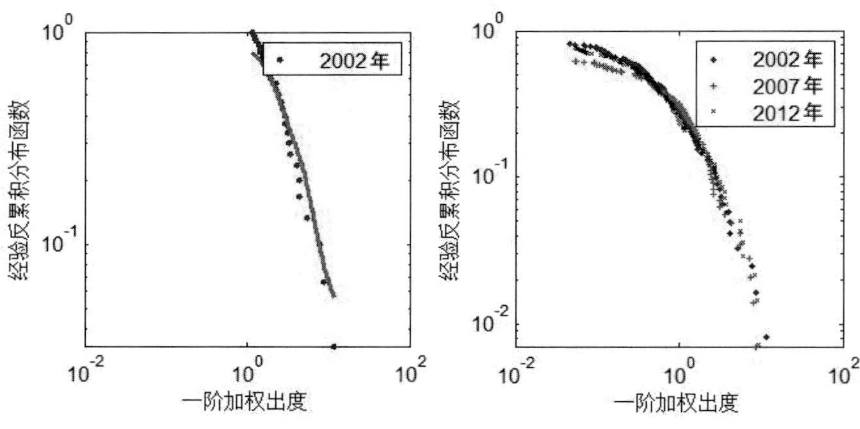

图 2-21　中国一阶加权出度—反累积分布函数图

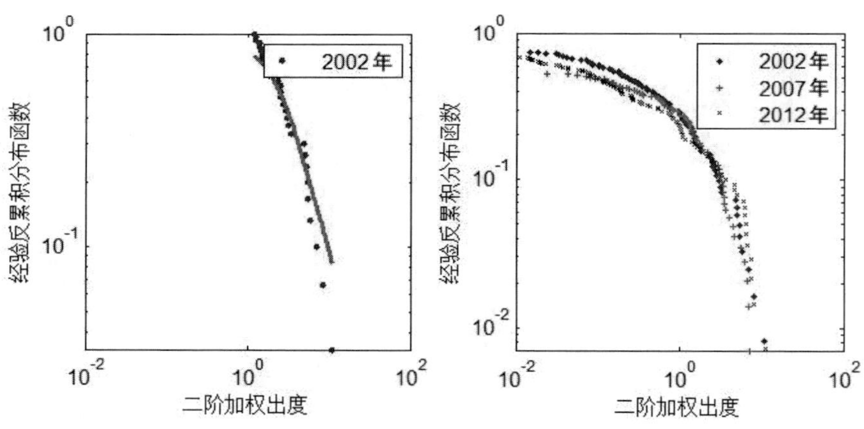

图 2-22　中国二阶加权出度—反累积分布函数图

结果显示，不管是一阶还是二阶加权出度，其分布的尾部都近似线性关系，意味着其分布近似为幂律分布，说明仅少数产业承担整个经济的大部分直接或间接供应任务，产业网络的一阶和二阶供给结构都是不对称的。

第三，供给结构对产业波动衰退速率的影响分析。采用 OLS 法在双对数坐标下对一阶加权出度和二阶加权出度的反累积分布函数进行回归分析，求得一阶和二阶加权出度的形状参数，见表 2-5，以量化不对称的供给结构对产业波动衰退速率的影响。

表 2-5　中国一阶加权出度、二阶加权出度形状参数

年份	2002	2007	2012
$\hat{\beta}$	1.64（0.47；25）	1.78（0.47；29）	1.59（0.42；28）
$\hat{\zeta}$	1.55（0.45；25）	1.84（0.48；29）	1.18（0.31；28）
n	122	144	139

注：$\hat{\beta}$ 为一阶加权出度形状参数，$\hat{\zeta}$ 为二阶加权出度的形状，n 为相应年度产业数，括号内数字前者为相关标准误，后者为用于估计形状参数的观测数。

由表 2-5 可知，与 2012 年相比，2002 年和 2007 年一阶加权出度、二阶加权出度的形状参数更小了，说明产业网络结构的不对称程度更大了，尤其是二阶级联的不对称程度。对于每一年度，与美国一样，加权出度的形状参数总大于二阶加权出度的形状参数，且 3 年份加权出度形状参数均值约 1.67，二阶加权出度形状参数均值约 1.52。以 2002 年为例，基于加权出度形状参数计算单个产业波动衰退速率为 $122^{(1.64-1)/1.64} \approx 6.52$，基于二阶加权出度形状参数计算单个产业波动衰退速率为 $122^{(1.55-1)/1.55} \approx 5.50$，小于 Lucas（1977）不考虑关联时的速率 $\sqrt{122} \approx 11.05$。

第四，供给结构对产业波动转化比例的影响分析。计算 2002 年、2007 年和 2012 年 $\|v\|_2$ 值，及大数定律预测的产业波动对总产出波动的影响系数 $1/\sqrt{n}$，见表 2-6，发现不管是 2002 年、2007 年还是 2012 年，$\|v\|_2/(1/\sqrt{n})$ 均大于 1，意味着不对称的产业网络供给结构放大了产业波动的扩散，2007 年相比 2002 年放大倍数减小，2012 年又增大，甚至超过 2002 年放大倍数。美国 2002 年 $\|v\|_2/(1/\sqrt{n})$ 为 1.92，大于中国相应

值，说明美国供给结构对产业波动的扩散相比中国具有更大的影响。

表 2-6　中国波动转化比例的比较

年份	$\|v\|_2$	$1/\sqrt{n}$	$\|v\|_2/(1/\sqrt{n})$
2002	0. 1364	0. 0905	1. 5072
2007	0. 1025	0. 0833	1. 2305
2012	0. 1356	0. 0848	1. 5991

注：$\|v_n\|_2$ 表示不对称的产业网络结构把产业波动转化为总量波动的比例，$1/\sqrt{n}$ 表示 Lucas（1977）基于大数定律不考虑产业关联求得的产业波动转化为总量波动的比例。

小　结

产业关联包括产品关联和组织关联，因为产品关联是建立组织关联的基础，所以通常基于产品关联描述产业关联，从而构建描述产业间复杂经济技术联系的产业网络。产业网络结构通常是非均衡的，可以用各种结构指标来度量。产业网络存在三大基本结构：基础结构、核结构和循环结构。因产业网络结构的非对称性，产业网络存在级联效应，产业波动得以在网络中扩散，引起其他产业的波动和总量波动。

第 三 章

研究创新点与研究意义

产业发展波动产生的根源是技术创新，产业发展波动区域间扩散的根源是产业关联。产业关联形成产业网络，产业网络结构的不对称导致了级联效应的存在，产业发展波动就是因级联效应在区域间产业网络上传播扩散，从而导致其他区域相关产业的发展波动的。产业是由产品生产载体企业聚类形成的，区域间企业存在母子公司、供需、互补合作、人员流动等广泛的经济联系，产业发展波动归根到底是通过微观企业关联在区域间扩散的，因此，产业发展波动的区域间扩散本质上是通过“企业—产业—区域”超网络实现的。

第一节　研究现状与创新点

一、研究现状

（一）围绕产业发展波动的研究

以“产业发展波动”为关键词进行中英文检索，尚未发现存在相关研究。基于产业发展波动的定义（把技术进步等供给冲击引起的诸如产业全要素生产率的波动、产业萌生与消亡定义为产业发展波动），用“部门冲击”“产业波动”进行检索，总结了三大视角的相关研究。

1. 投入产出视角

投入产出方法是研究产业波动扩散、部门冲击传播的传统方法，主要是基于动态投入产出模型（IO 模型），通过计算影响力系数、感应度系数等指标，衡量产业之间的感应程度和带动程度，研究某一产业波动对其他产业波动和总量波动的影响；或基于全局向量自回归模型（GVAR 模型），分析冲击的传导路径及冲击对价格、产出等的影响。

IO 模型是里昂惕夫（Leontief）于 1936 年最早提出的。典型研究如：秦学志等（2010）基于 IO 模型构建了静态局部均衡模型，通过计算敏感度系数、感应度系数和影响力系数等指标，量化经济系统处于均衡时，各部门增加相同比例政府投资对各产业产量的影响及对 GDP 增长的贡献，并计算了各部门等额政府投资对 GDP 各构成部分的拉动效果；陈昌才（2013）认为不能把带动总产出的多少作为评判某一产业影响力大小的标准，他考虑了产业关联，改进了影响力系数的传统测算公式，用某一产业最终产出间接带动的增加值的多少作为产业影响力大小的衡量标准，测度了某一产业由于产业关联对 GDP 的拉动作用。

GVAR 模型自 2004 年由佩萨兰（Pesaran）、舒尔曼（Schuermann）和韦纳（Weiner）提出后，主要用于全球性宏观经济分析。如 Pesaran 等（2004）应用含有向量误差修正项（VEC）的 GVAR 模型分析全球 26 个国家和经济体的产出、通货膨胀、利率、汇率与资产价格之间的相互联系，以及石油价格波动带来的外生冲击的影响。迪斯等（Dees，et al.，2006）对 GVAR 模型做出了改进，提出了全局结构向量自回归模型（structural GVAR），并用来分析全球 33 个国家和经济体的宏观经济的相互联系与外生冲击的影响。耿鹏、赵昕东（2010）独辟蹊径，把 GVAR 模型用于产业分析，考虑产业之间的相互影响后，发现外生冲击对各个产业的影响是沿着内生联系构成的固定路径传导的，而产业链是其中一种内生传导路径。苏梽芳等（2015）构建了反映中国 33 个工业部门间内在联系的 GVAR 模型，分析了国际资源价格波动对我国工业部门的价格和产出的影响及其传导路径，发现国际资源价格波动沿着产业链内在联系构成的固定路径进行传导。

2. 宏观分析框架视角

采用宏观分析框架分析产业波动的扩散主要是基于动态随机一般均衡模型的研究。动态随机一般均衡模型（Dynamic Stochastic General Equilibrium Model，DSGE 模型）最早由基德兰德、普雷斯科特（Kydland，Prescott）于 1982 年在“Time to Build and Aggregate Fluctuations”一文中提出。该模型用于在完全竞争市场假设下，在一般均衡框架内，以及市场参与者理性预期和跨期最优选择下，研究实际冲击（如技术冲击、货币政策冲击、偏好冲击）如何在经济体系内部传导以及如何导致经济波动，搭建起了沟通宏观经济理论和微观经济理论的桥梁，成为国际上主流的宏观分析框架。

1983 年 Long 和 Plosser 在“Real Business Cycles”一文中首次构建了多部门动态随机一般均衡模型，随后大量实证研究用之分析宏观冲击和部门冲击对产出波动的贡献比率。Horvath 进一步修改完善了多部门 DSGE 模型，认为部门间贸易提供了产业波动的同步机制，强化了部门增加值的联动，从而导致大数定律在总增加值变异方面适用性的延迟，使得单个产业的波动能够形成总量波动。

王佳等（2013）则把 DSGE 模型引入投入产出分析领域，构建了改进的 7 部门 DSGE 模型（引入两种资本品不可替代、劳动投入不完全替代和整体冲击），采用脉冲响应方法分析了冲击沿部门的传导机制以及各部门产出波动对其他部门产出和总产出的影响。指出传导机制分为推动作用、拉动作用和替代作用，推动作用是指当一个部门产出增加时，可以为其他部门生产提供更多的要素投入，从而推动其他部门的生产；拉动作用是指当一个部门生产技术提高后，增加了各种要素投入的边际产出，从而对各种要素投入产生了更高的需求，并拉动了这些要素生产部门的产出；替代作用则包括生产过程中当期与跨期的要素替代、效用函数中消费和休闲的当期和跨期替代。

陈利锋（2014）基于封闭经济的动态随机一般均衡—结构动态因子

模型，考察构成中国 CPI 的 8 大部门的部门供给冲击与总供给冲击对于整体通货膨胀的影响。脉冲响应结果显示食品部门供给冲击对整体通货膨胀冲击效应最大；更重要的，部门冲击与整体冲击对于整体通货膨胀具有不同的冲击效应。进一步采用条件方差分解的方法考察不同部门的外生供给冲击与总供给冲击在推动整体通货膨胀波动过程中的作用，发现食品部门冲击、衣着部门冲击和总供给冲击在推动整体通货膨胀波动过程中扮演着非常重要的角色；而其余部门冲击对于整体通货膨胀波动的影响相对较小，但却具有较强的持续性。说明不同部门产出波动的扩散导致不同程度的总量效应。

3. 产业网络视角

国民经济各部门间广泛存在的关联关系可以用产业网络描述。基于投入产出表以相同阈值构建的产业网络与投入产出矩阵间存在近似对应关系。投入产出矩阵的结构若不同，产业网络结构也不同。Long 和 Plossor（1983）和 Horvath（1998，2000）基于产业间投入产出关联构建模型，认为投入产出矩阵的具体结构决定了部门冲击在产业间扩散转化为总量波动的程度。Shea（2002）认为产业间互补关联提供了部门冲击在产业间扩散的机制，从而导致产业间出现短期联动。Carvalho 等（2008）分析了美国 1972—2002 年产业网络的结构，发现产业作为供应商是不同质的，少数产业为其他多数产业提供中间投入，成为整个经济系统的供应枢纽。供应枢纽的生产率波动能够在经济系统中扩散，导致其他产业的生产率波动和总量波动。Acemoglu 等（2012）研究认为，供应枢纽的存在导致了产业网络结构的不对称性，不对称的产业网络结构提供了产业波动在经济系统中传播、扩散的机制，引起大量产业出现波动并汇聚形成总量波动。

投入产出视角和宏观分析框架视角虽然从部门或产业层面研究了波动或冲击的传播路径、波动或冲击对宏观经济的影响，但大多未能从结构层面揭示波动或冲击传播扩散的机理与根本动力。采用产业网络视角的研究能够从产业关联结构层面解释产业波动或部门冲击何以能够在经济系统中扩散，导致其他产业的波动，并汇聚形成总量波动。产业关联及其结构是产业波动传播扩散的根源。

赵炳新研究团队基于 Acemoglu 等（2012）的研究框架和结论开展了一系列关于产业波动区域间扩散的研究。比如，赵炳新（2017）用一阶出度、二阶出度刻画产业网络供给结构，经过产业波动区域间扩散机理分析，发现供应枢纽产业的存在是产业波动在区域间扩散的关键，从而基于一区域供应枢纽与其他区域产业关联的数量，建立了区域赋权影响基础网络，以量化因产业波动的区域间扩散导致的区域间经济的相互影响，并采用由日本贸易振兴机构亚洲经济研究所（IDE-JETRO）官网① 2013 年发布的最新一期亚洲国际投入产出表（贸易表）② 为数据，构建了中国大陆、美国、日本、韩国、印度尼西亚、马来西亚、菲律宾、新加坡、泰国、中国台湾 10 个国家和地区的区域赋权影响基础网络，见图 3-1，量化了基于产业波动区域间扩散的 10 个国家（地区）经济的相互影响。

博格霍尔索夫等（Borge-Holthoefe，et al.，2012）和田中等（Tanaka，et al.，2012）认为与关联度关系密切的度中心性仅能反映产业网络局域关联信息。基萨克等（Kitsak，et al.，2010）认为最有效的传播者不一定是度最大的节点，而是位于网络最大核内的节点。加拉等（Garas，et al.，2010）构造了公司所有权网络（CON）和世界贸易网络（ITN），然后采用 SIR 模拟仿真分析了两者 k - 壳结构对经济波动传播的影响，认为具有最大核度值的节点具有传播波动的最大能力。随后，卡斯泰拉诺、帕斯特、萨托拉斯（Castellano，Pastor-Satorras，2012），斐、马克塞（Pei，Makse，2013）的研究也普遍使用核数来量化节点在传播过程中的重要性。付（Fu，2015）则用 k - 壳分解方法获得网络的全局节点信息，用 k - 壳熵计算节点 k - 壳值，度量网络节点影响的网络层数，得

① http：//www. ide. go. jp/English/.

② http：//www. ide. go. jp/English/Data/Io/index. html.

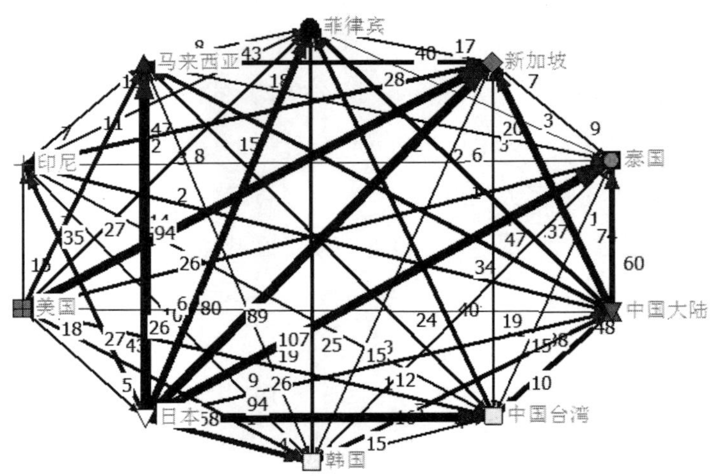

图 3-1　10 个国家（地区）区域赋权影响基础网络

出节点 k - 壳熵越大，传播范围越广的结论。

为反映产业网络全局关联信息对产业波动扩散结果的影响，相雪梅、赵炳新（2018）考虑区域间产业供给和需求，首先对区域间产业网络进行 k - 壳分解，然后基于 k - 壳熵，根据 k - 壳熵越大的产业关联到区域间产业网络各 k - 壳层程度越大的结论，构建了区域赋权影响 k - 壳供给网络和 k - 壳需求网络，以量化因区域间产业波动扩散导致的区域经济的相互影响，并采用中国统计出版社于 2014 年出版的中国 30 个省区市区域间投入产出表进行了实例分析，见图 3-2，验证了模型有效性。

相雪梅（2016）又综合考虑局域关联信息与全局关联信息对产业波动区域间扩散的影响，基于关联度、二阶关联度和 k - 壳熵构建了区域赋权影响综合网络模型，并以（IDE-JETRO）官网① 2013 年发布的最新一期亚洲国际投入产出表（贸易表）② 为数据进行了实例分析，见图 3-3。

赵炳新研究团队把基于产业网络视角的产业波动的扩散扩展到区域间

① http：//www. ide. go. jp/English/.

② http：//www. ide. go. jp/English/Data/Io/index. html.

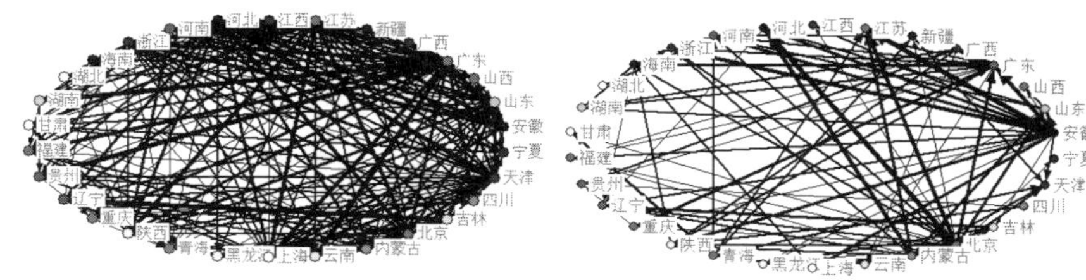

a）30个省区市区域赋权影响k–壳供给网络　　b）30个省区市区域赋权影响k–壳需求网络

图 3–2　中国 30 个省区市区域赋权影响 k – 壳网络

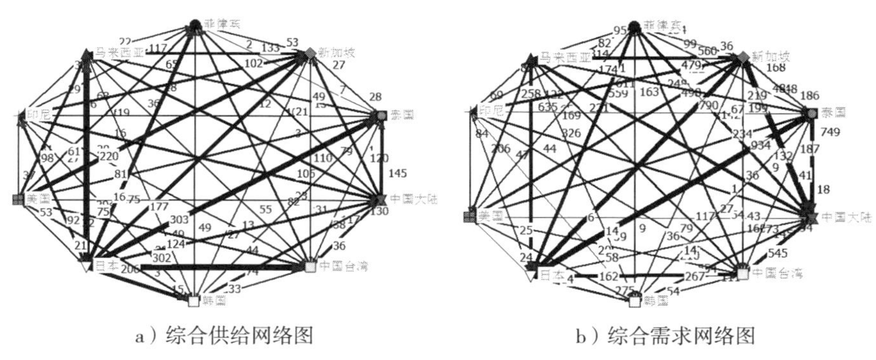

a）综合供给网络图　　b）综合需求网络图

图 3–3　10 个国家（地区）区域赋权影响综合网络

层面，证明了区域间经济的相互影响很大程度上是由区域间产业网络结构决定的。程惠芳、岑丽君（2010）采用最小二乘法对 1990—2008 年中国与其 27 个主要贸易伙伴国家的面板数据进行的相关检验，也证明双边贸易强度和 FDI 强度是国家间经济波动协动性的重要因素，但 FDI、贸易等仅是外在的作用方式，本质上则表现为国家间产业关联及其结构。

（二）围绕技术扩散的研究

又有学者基于技术扩散研究了产业内、产业间的技术扩散。

产业内技术扩散主要围绕产业转移工业园、贸易、FDI、新企业的衍生、企业网络等方面。比如，吴汉贤、邝国良（2010）建立了产业内技术扩散外溢效应的数理模型，指出伴随产业转移工业园的技术扩散虽然可能造成过度竞争和拥挤效应，但能够降低企业生产成本，提高社会效益。吴庆艳（2016）基于中日两国1995—2012年制造业10个行业数据的研究表明，中日两国双边产业内贸易存在正的技术溢出效应。陈欢、邝国良（2009）认为投资国和东道国政府和企业在不同方面影响着产业集群的技术扩散，如外商投资企业的产业关联度不高制约FDI的技术扩散。王缉慈等（2001）《创新的空间》研究了国内大量产业集群的发展历程，认为偶然的创新被大量模仿即技术邻近扩散是多数集群形成的原因。徐国军、刘澄（2020）利用解剖麻雀方法实地调查研究了郑州超硬材料集群中的部分企业，发现技术扩散衍生的新企业在空间分布上呈现邻近效应的集聚性、中近距离的颠覆创新和逆邻近效应的并存，在时间距离上呈现同一集聚区内的邻近性和不同集聚区之间的离散性，在社会距离上呈现邻近性。孙耀吾、卫英平（2010）的研究证实了联盟网络的路径会直接影响知识获取的时效和可信度。古勒尔（Guler，2012）则发现聚集型的网络关系不利于创新的有效传播。弗里奇等（Fritsch，et al.，2010）研究认为企业间网络关系越紧密，越利于其创新资源的共享和流动。吕一博等（2020）借助层次回归分析模型和网络分析模型的研究发现，技术主体结构嵌入会直接影响创新扩散，而技术群体的内部凝聚性和外部桥接关系正向调节着这一影响。

产业间技术扩散主要基于投入产出理论、生产函数、产业链理论、网络分析、空间计量等方法进行研究。比如，邓建高等（2015）基于投入产出理论构造了后向、前向*R&D*流量系数矩阵，测算了2000年、2007年、2012年江苏省高技术产业间技术吸收、溢出效应。潘文卿（2011）等采用中国1997年、2002年、2007年投入产出表，构建了35个工业部门的产业间技术溢出指标并把它引入生产函数，经过分析发现产业间技术溢出对中国工业部门劳动生产率有着显著的正面影响，并且具有类似投入产出结构的行业，比如黑色金属行业和有色金属行业，会主动或者被动相互学习并进行创新，从而具有更大的技术溢出效应。綦良群、刘淑华

（2010）研究发现“共性”和“势差”是高新技术产业对装备制造业技术溢出的原因。王琳（2005）认为产业链联系是国际间技术扩散的主要通道，“拓展的飞地”型产业链联系是外资企业与发达地区企业间技术扩散的新型通道。莱翁奇尼等（Leoncini，et al.，1996）首次用网络分析法对意大利和德国的产业间技术关联机制进行了对比分析。蒙特雷索、马尔泽蒂（Montresor，Marzett，2008）运用网络分析方法对15个经济合作与发展组织（OECD）国家创新集群的形成原因进行了探讨。杨龙志、刘霞（2014）运用空间计量方法，采用2000—2011年省际面板数据，实证研究了我国省际技术转移的驱动机制，发现省际技术转移呈现“强者愈强、弱者愈弱”的“马太效应”特征。

理论上讲，无论是产业内技术扩散还是产业间技术扩散，区域间技术扩散必然导致产业发展波动的区域间扩散。发达国家向发展中国家的产业转移，沿海先行省份向内陆后发展省份的产业转移，上海向长三角其他城市的产业转移，等等，伴随产业转移的技术扩散必然带来产业发展波动的区域间扩散。因技术扩散带来的其他区域新企业的衍生与聚集，如广东大沥铝型材产业集群因技术扩散使得山东临朐铝型材产业集群得以形成并发展，也必然伴随区域间产业发展波动的扩散。改革开放后，广东借助区位、政策等优势大规模吸引外资实现了快速崛起，而后通过劳动力、产业双转移促进了粤东西北地区的发展。中国加入WTO后，外商对上海浦东的直接投资，使得浦东快速形成亚太地区资源配置中心、技术研发中心和跨国公司营运中心的雏形，为浦东乃至上海的发展奠定了基础。区域间技术扩散与区域间产业发展波动的扩散是相辅相成相伴而生的。

（三）产业关联及其结构是产业发展波动区域间扩散的关键

李静娴、陈安平（2010）考虑距离因素，把省份产出变量引入扩展的SOLOW增长模型中，测度了我国29个省份之间经济增长的溢出效应，分析了产业关联、劳动力流动和技术扩散三大渠道对溢出效应的影响，发现沿海各省份对其他省份具有正向溢出效应，而中、西部各省对其他省份具有负向溢出效应，且产业关联和劳动力流动是溢出效应的主要传输渠道。

回顾围绕产业发展波动扩散的研究可知，产业网络视角的研究从产业关联结构层面解释了产业波动或部门冲击在经济系统中传播扩散，导致其他产业的波动，并汇聚形成总量波动的原因，产业关联及其结构是产业波动区域间扩散的根源。

回顾围绕产业内技术扩散的研究可知，第一，产业转移工业园的建立实现了产业发展波动从转移源区域向转移接收区域的扩散，转移接收区域的产业升级依赖于转移源区域关联产业的发展，比如苏州制造业与上海科创产业的紧密配套发展。第二，作为技术扩散依托载体之一的区域间贸易本质上是产业关联驱动的，比如芯片产业的设计主要在美国、生产制造主要在荷兰，以芯片为重要部件的其他产品的生产分布在包括中国的全球各地，从而产生国际贸易。第三，FDI 的背后离不开产业关联，比如东南亚一些国家基础设施建设水平低下已经成为制约其制造业发展的重大瓶颈，考虑到债务压力，东南亚国家若接受基础设施领域的投资必然是基于吸引制造业投资发展制造业的前提。第四，技术扩散带来的新企业的衍生因与上下游企业甚至互补企业存在关联才有推动力与生命力。比如山东临朐型材产业集群之所以能够形成并发展，一是因为自 20 世纪 80 年代临朐就出现了大量经销大沥生产的铝型材的经销业户，即存在与下游企业的关联；二是邻近的山东铝业公司可以为临朐铝型材企业提供原料，即存在上游企业的关联。第五，企业网络本身隐藏着主体间经济关联。

回顾围绕产业间技术扩散的研究可知，投入产出理论描述了产业间“投入”与“产出”的数量关系；产业链是价值链、企业链、供需链和空间链在相互对接的均衡中形成的，反映了产业间关联关系；把投入产出数据与研发数据相结合，获得产业间技术溢出量值，将其带入生产函数，确定产业间技术溢出对部门劳动生产率的影响，必然是基于产业关联强度的；基于投入产出与社会网络分析方法研究产业间技术扩散也脱离不了产业关联结构这个根源。总而言之，产业关联强度影响着产业间的技术溢出效应，具有较强产业关联的产业之间不仅能够因“强关联”而被动实现技术进步，而且可以因“高便利”主动模仿对方的新技术，并受对方创新思想的启迪而促成自身创新。

因此，从现有研究看，无论是严格的产业发展波动视角还是相关的技术扩散视角，产业关联及其结构都是产业发展波动区域间的关键。

二、研究创新点

产业是由产品生产载体企业聚类形成的，因多元化特征，一家企业可能归属多个产业。随着全球分工的日益精细化，区域间企业关联越来越密切，产业发展波动的区域间扩散归根到底是通过跨区域的企业关联实现的。比如，中国是全球抗生素等药物关键原料的生产大国，印度是全球仿制药生产大国，中国疫情严重时，关键药物原料行业出现了剧烈的发展波动，因印度原材料的70%都依赖中国的出口，印度制药业也随之发生了剧烈的发展波动。而中国关键药物原料行业的发展波动来源于关键药物原料企业的生产中断，印度制药业的发展波动来源于印度制药企业的生产中断。因此有必要深入微观企业层面探讨产业发展波动的区域间扩散。

然而，目前学术界缺乏深入微观企业层面对产业发展波动区域间扩散的研究。肖雯雯（2018）在综述超网络方法形成与发展过程基础上，结合实际研究需要，构建了产业超网络，并做了进一步研究，从而超网络方法被用于研究中微观经济主体间的复杂关系，为研究产业发展波动的区域间扩散提供了启迪。于是，相雪梅（2020）在机理分析基础上，构建了“要素—企业—产业—区域”超网络概念模型，然而因为要素层数据的不可得性，本书舍弃要素层，基于构建的“企业—产业—区域”超网络研究产业发展波动的区域间扩散。

因此，本书的创新点为：

第一，基于投入产出视角和宏观分析框架视角研究产业发展波动的区域间扩散，未能从结构层面揭示波动或冲击传播扩散的机理与根本动力，基于产业网络视角的研究弥补了这一缺憾，但仅局限于中观产业或部门层面，未能深入微观层面进行探究。超网络方法描述了不同属性、不同层面、不同维度多元主体间的复杂关联关系，把超网络方法引入对产业发展波动的区域间扩散研究中，契合产业发展波动区域间扩散的本质，理清了产业发展波动区域间扩散的机理，填补了研究空白。

第二，本书基于事实观察，首先阐明了技术创新是产业发展波动区域间扩散的根源，产业关联是产业发展波动区域间扩散的根源；然后基于理论研究，阐述了产业关联及其结构，精确而言是不对称的产业网络结构，提供了产业发展波动区域间扩散的根本动力或机制；在此基础上，回顾并分析了产业发展波动扩散的研究现状及与之相关的技术扩散的研究现状，进一步证明了产业关联及其结构是产业发展波动区域间扩散的关键。这种基于事实与理论引出研究问题，通过现状分析强调研究问题的思路，实现了理论与事实的结合，兼具学术性和趣味性。

第二节　理论意义与实践价值

本书在深刻认识产业发展波动区域间扩散的本质、深入分析相关研究现状、基于应用多领域分析超网络模型的基础上，选择超网络这一能够刻画产业发展波动区域间扩散本质的模型方法，基于产业发展波动区域间扩散机理分析，构建了“企业—产业—区域”超网络模型，并选择、设计层内指标和层间指标度量异质节点传播扩散产业发展波动的能力、产业发展波动区域间扩散的路径，以及产业发展波动区域间扩散导致的区域间经济发展的相互影响，具有重要的理论意义和实践价值。

一、理论意义

基于产业发展波动区域间扩散的本质，把微观企业纳入产业发展波动区域间扩散的分析框架，弥补了仅局限中观产业研究产业波动扩散的不足，强调了微观企业载体在产业发展波动区域间扩散中的作用。

基于产业发展波动区域间扩散的机理，构建了“企业—产业—区域”超网络模型，以复杂系统思维多层面、多属性、多维度搭建了产业发展波动区域间扩散的网络架构，研究产业发展波动在超网络上的传播扩散，是 Acemoglu 等（2012）及其他基于产业网络结构研究产业发展波动扩散的一大飞跃，凸显了产业发展波动区域间扩散的系统性。

基于“企业—产业—区域”超网络，选择设计了层内指标和层间指标度量异质节点传播扩散产业发展波动的能力、产业发展波动区域间扩散的路径，以及产业发展波动区域间扩散导致的区域间经济发展的相互影响，是 Acemoglu 等（2012）、相雪梅（2016）、相雪梅等（2018）仅围绕产业层或区域层展开相关量化研究的一大突破，不仅能够度量异质节点的局域影响力、全局影响力，还能量化异质节点在多区域经济大系统中的作用。

二、实践价值

基于超网络视角研究产业发展波动的区域间扩散，不仅能够量化企业节点、产业节点传播扩散发展波动的能力，明确产业发展波动在区域间扩散的路径，而且可以量化因产业发展波动的区域间扩散导致的区域间经济发展的相互影响，明确各区域在多区域经济大系统中的地位和作用，在第四次科技革命呼啸而来的今天，一方面对于各国通过产业政策、贸易政策制定，加强区域经济竞合，推动本国经济发展，具有重要意义；另一方面对于国内打造增长极，推行城市群战略，促进区域经济协调发展具有重要价值。

特别地，某一区域的经济下行，也会因为跨区域的产业、企业关联，影响其他区域的经济稳定与发展。因而，从宏观层面看，本书为深入分析不同国家（地区）间经济波动的相互影响提供了可行方案，在疫情绵延不绝的国际背景下，对于各国（地区）维护本国（地区）经济稳定发展具有重要意义。

小 结

投入产出视角和宏观分析框架视角研究产业发展波动的扩散虽然从部门或产业层面研究了波动或冲击的传播路径、波动或冲击对宏观经济的影响，但大多未能从结构层面揭示波动或冲击传播扩散的机理与根本动力。采用产业网络视角的研究能够从产业关联结构层面解释产业波动或部门冲击何以能够在经济系统中扩散，导致其他产业的波动，并汇聚形成总量波动。产业关联及其结构是产业波动传播扩散的根源。

产业是由产品生产载体企业聚类形成的，因多元化特征，一家企业可能归属多个产业。随着全球分工的日益精细化，区域间企业关联越来越密切，产业发展波动的区域间扩散归根到底是通过跨区域的企业关联实现的。超网络方法描述了不同属性、不同层面、不同维度多元主体间的复杂关联关系，把超网络方法引入到对产业发展波动的区域间扩散研究中，契合产业发展波动区域间扩散的本质，理清了产业发展波动区域间扩散的机理，填补了研究空白，且具有重要的现实意义。

第 二 篇

机　　制

第 四 章

复杂系统与超网络

真实世界的系统通常由多个子系统构成，这些子系统间存在强度不同的相互依赖和相互影响，形成分层的结构，且子系统内与子系统间相互作用方式与结果均不同，它不是要素数目特少的简单系统，也不是要素数目众多的随机系统，而是介于两者间的复杂系统。本章谈到的城市交通系统、复杂产品系统、创新生态系统等都是复杂系统。因复杂系统的分层性、多维性、动态性等，简单网络难以清晰刻画其结构，从而用“高于而又超于现存网络的网络”（above and beyond existing networks）或“包含网络的网络”——超网络来描述。

第一节 城市交通系统与超网络

一、城市交通系统的概念与特点

在北京从天安门到清华大学有多种可选方案，可以先步行 977 米至天安门东站，然后乘坐公交 1 路/52 路到西单路口东站，随后步行至西单站换乘地铁 4 号线大兴线到圆明园站，最后步行至清华大学；也可以步行至天安门东站乘坐地铁 1 号线，到西单站后站内换乘地铁 4 号线大兴线到圆明园站，随后步行至清华大学；也可以驾车沿西长安街向西，经复兴门内大街—复兴门北大街—西二环—西直门北大街—西土城路—学院路—北四环中路辅路—北四环西路辅路—中关村东路，到达清华大学；还可以沿天安门西向西骑行，经北长街—文津街辅路—西什库大街—德胜门内大街—新街口外大街辅路—北三环中路辅路—北三环西路辅路—中关村东路辅路，到达目的地；等等。从天安门到清华大学的过程触及城市交通系统的多个子系统，涉及行人、小汽车、公交车、地铁、电瓶车、共享单车、高架桥、信号灯、路牌等多个要素。

那么，什么是城市交通系统？鲁丛林、谭跃进（2005）认为城市交通系统包括四个子系统，分别是行动者、路网、交通控制系统和交通诱导系统。因此，城市交通系统就是由行动者、路网、交通控制系统和交通诱导系统四个子系统构成的复杂系统。其中行动者包括行人和车辆两类，而行人又包括上下班往返族、休闲旅游族、购物族等具有不同特征的细类，车辆包括公交车、小汽车、出租车、货车等；城市路网包括道路、高架桥、桥梁、立交桥、人行天桥、隧道、地铁、过街地道等形式；基于控制范围，交通控制系统划分为单交叉口点控制、干道线控制和区域控制，他们认为一个城市往往设有数百处交通信号灯，而城市的交通控制系统一般通过区域联控实现降低通行成本、提高通行效率的目的；交通诱导系统包括广播电台、路边公告牌等多种形式，与交通控制系统一样，交通诱导系统也只能按区域划分层次。

高自友等（2006）认为城市交通系统包括道路系统、流量系统和管理系统等三个子系统，是由这三个子系统组成的一个典型的、开放的复杂巨系统。卢守峰等（2006）认为城市交通系统是由人、车、路、环境组成的高度开放的复杂巨系统，拥有以百万计的变量数目。其子系统有：由人—车组成的交通流子系统、道路网子系统、冲突交通流子系统间的协同作用导致的交通信号控制子系统、同向交通流子系统与道路网络子系统间的协同作用导致的交通流诱导子系统等。冲突交通流子系统、交通信号控制子系统、同向交通流子系统、道路网络子系统、交通流诱导子系统间的协同作用，形成了交通系统时间结构、空间结构、功能结构。

综合以上观点，城市交通系统是一个由多个相互影响相互作用的子系统构成的复杂巨系统，包括交通流子系统、路网子系统、交通控制子系统、交通诱导子系统等，见图 4-1。

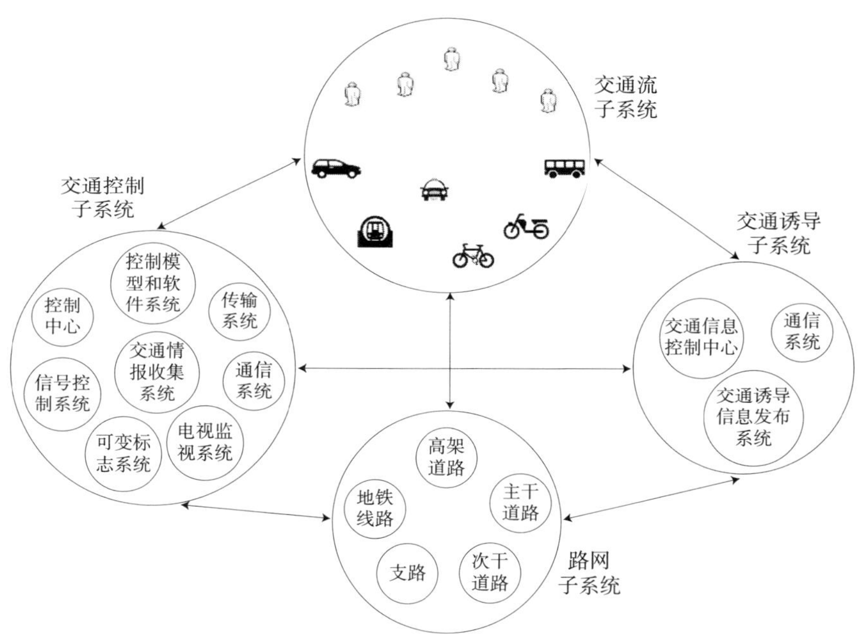

图 4-1　城市交通系统

注：作者自制。

城市交通系统作为复杂巨系统有哪些特点呢？

第一，复杂性。作为复杂系统的城市交通系统，其特点之一就是复杂性。交通流子系统的有效运行是行人和车辆对路网子系统、交通控制子系统、交通诱导子系统科学运用的结果，正如鲁丛林、谭跃进（2005）所言，出行者（行人和车辆）是自主的智能体，在选择出行时间和出行路线时，会接受诱导系统发出的诱导信息，并结合自身经验做出决策，这一过程显然是非线性的、动态的、时变的、模糊的，从而形成不同的交通流，导致交通流是不确定的、动态的、时变的。反过来，交通控制子系统和交通诱导子系统无法获得出行者（行人和车辆）的完全信息，因此，交通控制策略和交通诱导信息的制定、形成和发布，都具有非线性、不确定性、模糊性、动态性的特征。虽然路网子系统短期看具有确定性和稳定性，但长期看其规划等都要受交通流子系统、交通控制子系统和交通诱导子系统的影响，交通控制子系统和交通诱导子系统等也受路网子系统的影响。因此城市交通系统的四个子系统间关联方式及关联关系极为复杂，导致城市交通系统在结构、功能、行为和演化等方面的高度复杂性。

第二，开放性。城市交通系统作为城市复杂巨系统的一员，其发展与运行受到城市复杂巨系统中其他子系统的影响，同时也影响其他子系统的发展。从时间维度看，中华人民共和国成立以来，特别是改革开放以来，我国经济、社会、政治、生态、文化等各方面都取得了长足发展，城市交通系统也出现了翻天覆地的变化，现代路网的毛细血管延伸到了城市每个角落，智能交通系统成为未来发展趋势，城市交通更为实时、准确而高效。反之，城市交通系统的发展与运行质量也影响着城市经济社会等各方面发展，便捷的交通成为优化营商环境的关键因素之一、吸引人才的重要因素之一、改善民生的重要因素之一等。从空间维度看，城市交通系统的开放性还体现在交通流的流入和流出上，从而导致城市交通系统的行人和车辆处于动态变化中，增加了城市交通系统的动态性。

第三，随机性。城市交通系统在一定程度上属于公共品，在不堵车的情况下，具有非竞争性和非排他性，正因如此，城市交通系统具有随机性特点。行人在使用城市交通系统的时间上和方式上高度随机，无法准确预测其出行时间及出行方式。行人的随机、出行时间的随机和出行方式的随机相互交叉，导致城市交通系统的管理难度非常大，出现成本较高、效率较低、效果较差的局面。

第四，可控性。无论是出行者的产生及其时空分布，还是交通流的流向和路径选择，以及出行方式组合，等等，均有不同程度的可控性。比如，虽然出行量和货运发生量等交通基本需求量可调节程度较低，但其派生的客货运周转量、道路车流量及其时空分布的可调程度稍高一些。基于大数据管理，早晚上班、上学高峰也具有一定的可预测性和可控制，从而着眼交通诱导子系统管理，开通了逆向可变车道、潮汐车道等提高流通效率。

第五，分层性。城市交通系统是由四个子系统构成的复杂系统，每一子系统处于一个层次，且子系统又可进一步细分成更低一级的系统，比如城市交通流子系统又包含行人和车辆两类低层次系统，从而城市交通网络具有分层性特征。

第六，多维性。城市交通系统的要素是多维的，比如车辆要素包含地铁、公交、出租车、私家车、电瓶车、单车多种方式，行人要素包括上班族、上学族、旅游者、购物群体、休闲运动群体等多种类别，交通控制子系统的信号灯分类多样，交通诱导子系统包含路牌、GPS、马路线等多种引导信号。

随机性、分层性与多维性是造成城市交通系统复杂性的原因，同时也是城市交通系统的重要特点之一。此外，城市交通系统还具有自适应性和协同性等。所有这些特点导致了城市交通系统不能用简单网络来描述，而必须用超网络来刻画。

二、城市交通系统的超网络表示

美国学者谢菲（Sheffi）在其著作《城市交通网络》中最早提出超网络的概念，用其描述多维运输系统。基于城市运输系统的复杂性，难以用一个超网络将其完整呈现，因此学者们通常基于研究需要侧重某一角度进行超网络描述。

比如，为了对出行需求进行预测，基于出行者出行可以构建活动—行为超网络结构模型，根据李青（2020）的梳理，这类模型主要有时空扩展超网络（space-time expanded network，STEM）、考虑混合出行系统的时空—状态增强多模式网络（activity-time-space-state-augmented multi-modal network，ATS-SAM）以及多状态超网络（multi-state super-network，MSN）。下面以 MSN 为例进行说明，见图 4-2。

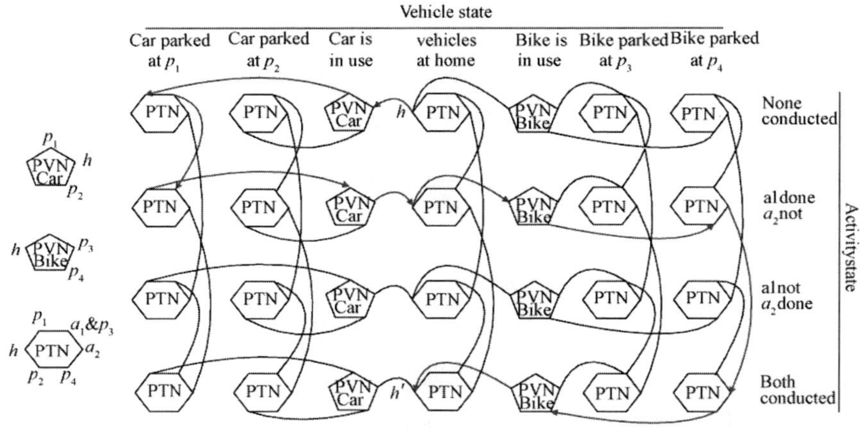

图 4-2　MSN 示例

注：自来 T. Arentze，H. Timmermans，“Multistate Supernetwork Approach to Modelling Multi-activity，Multimodal Trip Chains”，*International Journal of Geographical Information Science*，Vol. 18，No. 7（2004），pp. 631-651。

图 4-2 中，左侧三个多边形为超网络的节点，其中六边形 PTN 表示公共交通网络（public transport network，PTN），五边形 PVN Bike 表示私家车自行车网络（private vehicle network of bike，PVNB），五边形 PVN Car 表示私家车小汽车网络（private vehicle network of car，PVNC）。超网络节点上的 h 表示家，a 表示活动地点，p 表示停车地点，出行路径包含在网络节点内部，因此，三个网络都包含着活动地点、停车地点、出行路径与出行方式等信息。vehicle state 栏表示车辆状态，其中横向表示车辆使用状态：小汽车停在某个停车地点或家里、小汽车在使用中、自行车在使用中、自行车停在某个地方；纵向是网络节点在时间上的扩展，表示活动

参与状态：公交车在使用，小汽车在使用，自行车在使用等。横向连接不同节点的路段表示出行者停车/取车/或上/下车的行为；纵向连接不同节点的线段表示活动参与的过程。比如，红线所示箭线表示一条活动—出行路径，出行者启动小汽车从 h 处出发，到达 p_1 停车进行活动 a_1 ，a_1 结束后取车回家，改用自行车出行，将自行车停于 p_4 处进行活动 a_2 ，a_2 结束后回 p_4 骑自行车回家。

MSN 中一条完整的活动—出行路径包含出发时间、出行方式、出行路径、停车场、活动序列、活动时长与活动地点等内容，它将活动与出行进行了分层次、分维度的处理，在出行方式维度和出行路径维度等方面均具有较强的层次性，其网络结构也具有较强的包容性与可扩展性，但当网络规模较大时，存在难以生成所有可行的活动—出行路径的问题。

再比如，为了对多种交通方式间如何换乘进行研究，汪勤政、四兵锋（2017）构建了可换乘多方式出行超网络，见图 4-3。

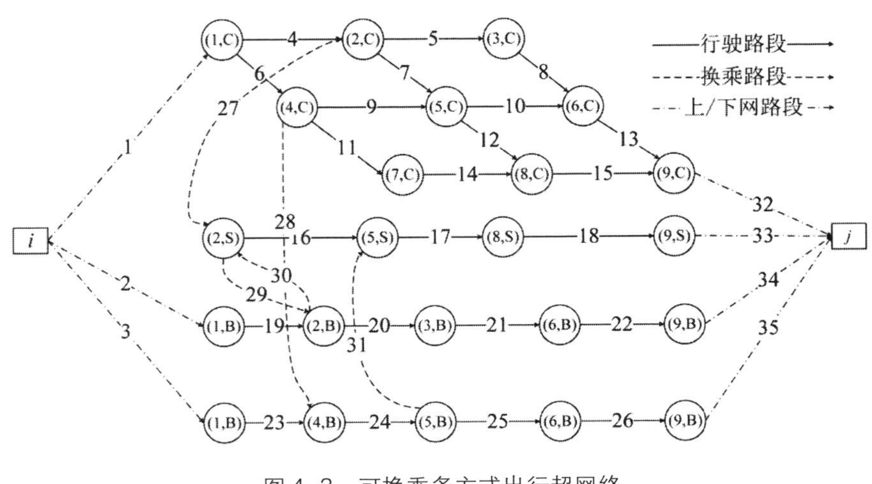

图 4-3　可换乘多方式出行超网络

在图 4-3 所示超网络中，i 表示起点，j 表示终点，从起点到终点的路径称为超路径。每种交通方式均被描述为一个单模式子网，即 C 表示私家车子网，S 表示地铁子网，B 表示公交车子网，不同子网之间通过换乘节点进行连接。出行者从起点到终点的整个过程分为上网、行驶、换乘和下网四个阶段，分别用点划线、实线、虚线、点划线表示。基于图 4-3 超网络模型，可以很容易地将换乘约束下的城市交通系统分配问题转化为普通网络交通分配问题，有助于通过多方式交通系统流量分配模型搜索可行超路径和有效超路径，利于城市交通优化。

因此，城市交通超网络具有节点异质性、动态性、分层性、多维性、随机性等特点。以超网络描述城市交通系统，并基于城市交通各类超网络建立相应模型设计各类算法，可帮助优化城市交通，对解决城市拥堵问题具有一定意义。

第二节　复杂产品系统与超网络

一、复杂产品系统的概念与特点

汉森、拉秆（Hansen，Rush，1998）和霍布迪（Hobday，1998）最早提出复杂产品系统（complex product and system，CoPS）的概念，将研发成本高、工程及信息技术密集、含有大量子系统、用户定制类的大型产品系统定义为复杂产品系统。典型的复杂产品系统如航空航天飞行器、移动通信系统、大型石化裂解设备、高速铁路系统、大型电信系统、智能大厦、高铁、港口造船业等。复杂产品系统的提出是在与传统的可大规模量产的产品的对比下提出来的，与大规模制造产品相比，复杂产品系统具有高成本、高度定制、以项目或小批量的方式进行生产、用户的高度直接参等特点。表 4-1 列出了复杂产品系统与非复杂产品系统的区别。

表 4-1　复杂产品系统与大规模制造产品的比较①

	复杂产品系统	大规模制造产品
研发成本	高	不高
生产要素	技术密集型（多领域）	资本/劳动力密集型
子系统	众多	少或无
生产类型	高度定制	存量生产
生产数量	单件/小批量生产	规模化生产
组织	跨企业	单一企业
用户卷入度	高	无
创新过程	协同创新	个体创新

复杂产品系统也是一个复杂系统，原因在于：

第一，复杂产品系统的研制以项目方式进行组织，需要与之相关的多个组织的参与，如集成商、承包商、供应商、客户、合作伙伴、科研机构等。因此，复杂产品系统的组织子系统是由相互依赖相互影响的集成商、承包商、供应商、客户、合作伙伴、科研机构等构成。

第二，复杂产品系统的研制涉及多个领域的技术和知识，构成技术（知识）子系统。随着技术的发展，技术（知识）子系统内各要素，即各类知识和技术，处于动态变化中，决定着复杂产品系统的研制成效，甚至成败。

第三，复杂产品系统往往是由模块和模块子系统等组件组成，这些模块或模块子系统本身往往也具有复杂性，存在“系统中的系统”，模块的组合方式也是复杂的，因此复杂产品系统的组件（模块）子系统本身就是复杂系统。

因此，复杂产品系统是一个由多个子系统构成的具有层次性、多维

① 陈占夺等：《价值网络视角的复杂产品系统企业竞争优势研究——一个双案例的探索性研究》,《管理世界》2013 年第 10 期。

性、动态性、协同性的复杂系统。

以大飞机为例，大飞机是机体、发动机、机载设备及其他标准件总装而成，其制造产业链囊括材料、机械制造、电子信息、石油化工、钢铁合金等众多产业，相应地，大飞机的研发设计也涉及众多产业、众多组件。甚至每个组件，比如机身、机翼等也都由集成商、承包商、供应商、客户、合作伙伴、科研机构等协作完成，每个组件的研发设计制造都涉及组织子系统、技术（知识）子系统和组件（模块）子系统，见图 4-4。

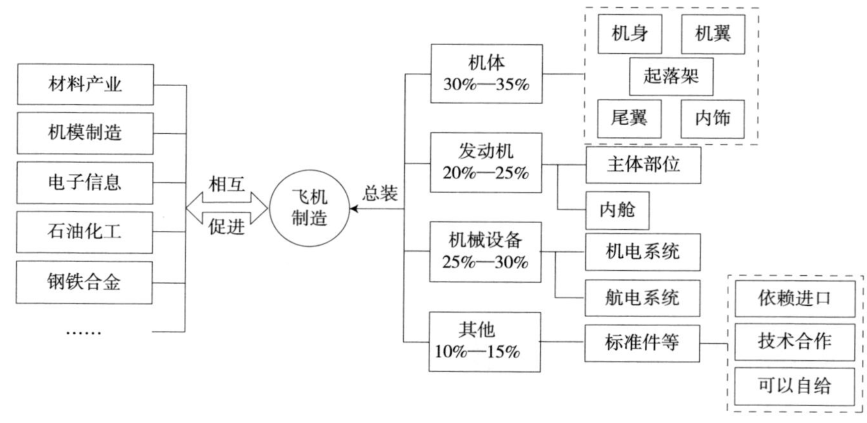

图 4-4　大飞机制造产业链

数据来源：赛迪智库。

赵广信、李文辉（2019）研究了陕西大飞机研发制造配套产业链（见表 4-2），陕西大飞机研发制造配套产业链尚不完善，不具备自主研发制造大飞机的能力，且各配套单位发展不均，整机设计、机体制造与铸造锻压、复合材料研制、3D 打印增材技术研制等方面能力较强，机发动机设计与制造、电子材料研制、高端数控机床研制等方面能力较弱。因此，从某种程度上说，大飞机研制是个跨区域的复杂系统。

表 4-2　陕西大飞机配套产业链发展现状

<table>
<tr><td rowspan="10">研发设计</td><td>飞机整体研发设计</td><td colspan="2">中国航空工业第一飞机设计研究院与中航飞机研发中心
西北工业大学、西安电子科技大学、西安交通大学等高等院校的科研院所</td></tr>
<tr><td rowspan="7">飞机系统研发设计</td><td>大型客机飞控系统</td><td>西安飞行自动控制研究所</td></tr>
<tr><td>电源系统的发电配电系统</td><td>庆安公司</td></tr>
<tr><td>飞机起落架系统设计</td><td>陕西航空电气有限责任公司
陕西燎原航空机械制造公司</td></tr>
<tr><td>内饰系统中的设备、厨房装饰等设计工作</td><td>中航飞机公司收购企业
江苏新美龙汽车软装有限公司</td></tr>
<tr><td>机电系统</td><td>中航工业机电系统股份有限公司
陕西参与单位有庆安集团有限公司、陕西航空电气有限责任公司、陕西燎原航空机械制造公司等</td></tr>
<tr><td>航空电子系统</td><td>中航工业航空电子系统股份有限公司
陕西参与单位有西安飞行自动控制研究所、西安航空计算技术研究所、陕西华燕航空仪表有限公司、陕西宝成航空仪表有限公司、陕西千山航空仪表有限公司、中航电测仪器股份有限公司等</td></tr>
<tr><td>发动机研发</td><td colspan="2">西安航空发动机有限公司、西安航空动力控制公司、陕西航空电气有限责任公司，以及西北工业大学动力与能源学院、西安交通大学航空发动机研究所、陕西空天动力研究院、西安空天能源动力智能制造研究院等</td></tr>
<tr><td>材料研发</td><td colspan="2">西安航天复合材料研究所、陶瓷基复合材料制造技术国家工程研究中心、西北有色金属研究院及西北工业大学、西安交通大学、西安电子科技大学等大学下设的材料科学与工程学院等</td></tr>
</table>

续表

<table>
<tr><td rowspan="11">飞机制造</td><td>整机制造</td><td colspan="2">西安飞机工业（集团）有限责任公司与陕西飞机工业（集团）有限公司</td></tr>
<tr><td>飞机发动机制造</td><td colspan="2">西安航空发动机有限公司
西安航空动力控制公司</td></tr>
<tr><td>大型铸件锻造</td><td colspan="2">西安三角防务股份有限公司
陕西宏远航空锻造有限责任公司</td></tr>
<tr><td rowspan="2">飞机起落架与机轮制造</td><td>飞机起落架研发制造</td><td>陕西燎原航空机械制造公司</td></tr>
<tr><td>机轮研发制造</td><td>陕西华兴航空机轮公司</td></tr>
<tr><td rowspan="2">制造设备研制</td><td>增材制造技术研究应用</td><td>西安增材制造国家研究院有限公司、西安铂力特激光成形技术有限公司、西安瑞特快速制造工程研究有限公司、西北工业大学、西安交通大学等</td></tr>
<tr><td>数控机床设备研发制造</td><td>宝鸡机床集团有限公司、秦川机床集团有限公司、汉江机床有限公司、汉中汉川数控机床股份公司等企业</td></tr>
<tr><td>材料制造</td><td colspan="2">宝钛集团有限公司、西部材料公司、西部超导公司、西安超轻材料有限公司、西安康本材料有限公司、西安鑫垚陶瓷复材有限公司、西安宝德粉末冶金有限责任公司等20余家企业</td></tr>
<tr><td>机械零部件制造</td><td colspan="2">陕西天达航空标准件有限公司、西安市康铖制造有限公司、汉中蓝天精密机械有限责任公司等25家企业</td></tr>
<tr><td>电子元器件研制</td><td colspan="2">陕西凌云电器集团有限公司、陕西烽火电子股份有限公司、陕西群力电工有限责任公司、陕西宝成航空仪表有限责任公司、千山电子仪器厂、西京电气总公司等15家企业</td></tr>
<tr><td>工具、模具、量具研制</td><td colspan="2">陕西航空宏峰精密机械工具公司
中航工业陕西航空硬质合金工具公司等</td></tr>
</table>

二、复杂产品系统的超网络表示

目前学术界尚未出现复杂产品系统的超网络表示，根据前述复杂产品系统的概念阐述，本书简单给出复杂产品系统的超网络示意图，见图4-5。

在图4-5中，组织子网络是围绕复杂产品系统的研制而形成的、节点表示组织、节点间连边表示组织间合作关系的网络，这些组织可以是集

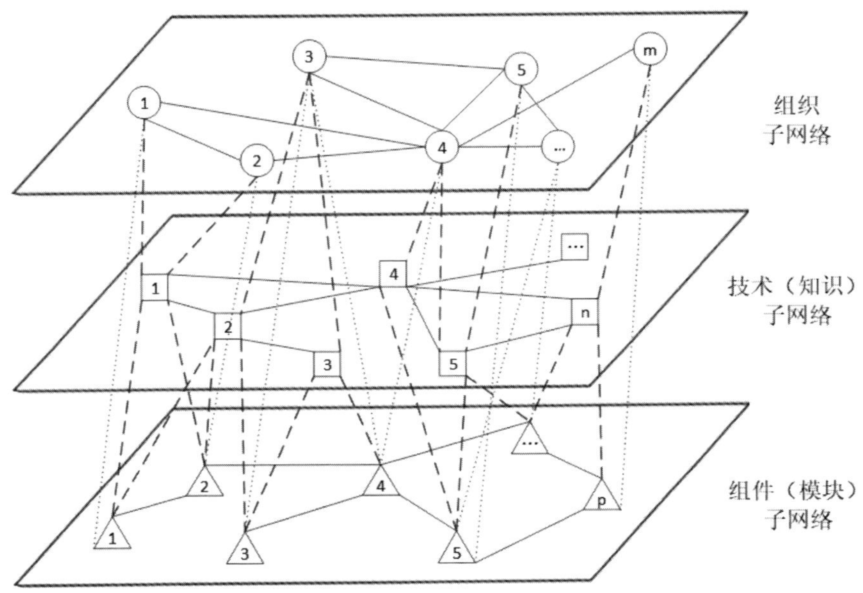

图 4-5　复杂产品系统的超网络示意图

注：作者自制。

成商、承包商、供应商、客户、合作伙伴和科研机构等。技术（知识）子网络是围绕复杂产品系统的研制而形成的、节点表示技术（知识）、节点间连边表示技术（知识）间相互影响相互作用的网络，这是技术（知识）可以是关于产品设计的，也可以是关于产品制造的。组件（模块）子网络是围绕复杂产品系统的研制而形成的、节点表示组件（模块）、节点间连边表示组件（模块）间相互影响相互作用的网络，这些组件（模块）可以是发动机，也可以构成发动机的曲柄连杆机构、配气机构、燃料供给系等部件。

图 4-5 是包含组织、技术（知识）和组件（模块）三类异质节点的复杂产品系统超网络示意图。实际上，正如陕西大飞机研制产业链所示，复杂产品系统往往是跨区域、跨领域的，比如机电系统的研制属于电子信息行业，而起落架属于机械制造行业。因此，复杂产品系统超网络包含了

组织、技术（知识）、组件（模块）、区域、领域等五类异质节点，描述了五层子网络层内和层间关联关系。基于研究需要可以构建包含不同异质节点的复杂产品系统超网络，以利于复杂产品系统的研究。

第三节　创新生态系统与超网络

一、创新生态系统的概念与特点

在经历线性创新 1.0 时代和系统创新 2.0 时代后，创新已进入生态系统创新 3.0 时代。2004 年，美国 PCAST（总统科技顾问委员会）发布的《维护国家创新生态体系、信息技术制造和竞争力》报告正式提出创新生态系统这一术语，指出国家技术和创新的领导地位取决于有活力的、动态的“创新生态系统”，国家经济繁荣和全球领先地位的建立得益于完善的“创新生态系统”。

综合来看，理论界对创新生态系统的研究大致分为宏观（国家）、中观（产业、区域等）和微观（企业）三个层面，张贵等在《创新生态系统：理论与实践》一书中更是突破传统创新研究的局限，系统地构建了企业、产业、区域和国家“四维一体”的创新生态系统内在关联和演进机制。费艳颖、凌莉（2019）研究了美国国家创新生态系统的构建特征。国家创新生态系统的构建对当前我国创新型国家建设也具有重要意义，因此，柳卸林等（2018）研究了如何基于创新生态系统，促进中国建设世界科技强国。

随着美国硅谷、印度班加罗尔等全球性区域创新中心的崛起，对区域层面创新生态系统的研究日益得到理论界和实践界的关注。黄鲁成（2003）把区域创新生态系统定义为，一定时空范围内，创新组织与创新环境间基于物质、能量和信息流动，相互作用、相互依存而形成的系统；埃斯特林（Estrin，2009）认为区域创新生态系统由研究群落、开发群落与应用群落构成，三大群落在与不同支持性结构的互动中获取养分、实现动态平衡；李晓娣、张小燕（2018）强调创新主体协同共生是区域创新生态系统的重要特征。同时新一代信息技术、人工智能、大数据、区块链等的发展推动了学者对产业创新生态系统的研究，王娜、王毅（2013）把产业创新生态系统界定为在一定时空范围内，由产业创新主体及其支撑环境构成的技术经济系统。杨伟等（2020）构建了产业创新生态系统数字转型的试探性治理模型，为传统产业整合利益相关方和多种资源，并依托本土数字技术供应商推动自身数字转型提供了思路。

关于微观企业层面的创新生态系统，阿德纳（Adner，2006）最早将生态学理论与技术创新相结合，指出企业往往需要通过与合作伙伴进行互补性协作才能实现产品创新。阿德纳、卡普尔（Adner，Kapoor，2010）又强调企业不是独立的创新者，而是创新生态系统的参与者，认为创新生态系统提供了各企业“协调一致、面向客户”的协同整合机制。还有学者从网络的角度对创新生态系统进行阐释，弗里曼（Freeman，1989）认为企业间创新协作关系使得创新生态系统具有完整的网络架构。本狄斯、阿梅里卡（Bendis，America，2011）指出，创新生态系统是一种包含创新物种、创新群落并奔涌着人员、信息、资金等流动的协作创新生态网络。田博文、田志龙（2016）认为在高科技企业技术标准化背景下，多方行动者跨越组织边界，实现协同创新，形成了以技术标准化为核心的合作创新生态网络。

因此，创新生态系统是一个包含多个异质主体，且主体间通过协作实现了协同创新、价值共创的复杂系统。其复杂性主要表现为异质主体间的共生、联动与协同，创新系统的开放与演化，系统内来自异质主体要素的奔涌与流动等，同时创新生态系统也是一个由人才子系统、知识子系统、组织子系统、领域子系统构成的开放的“系统的系统”。图 4-6 为一区域创新生态系统协同结构模型。

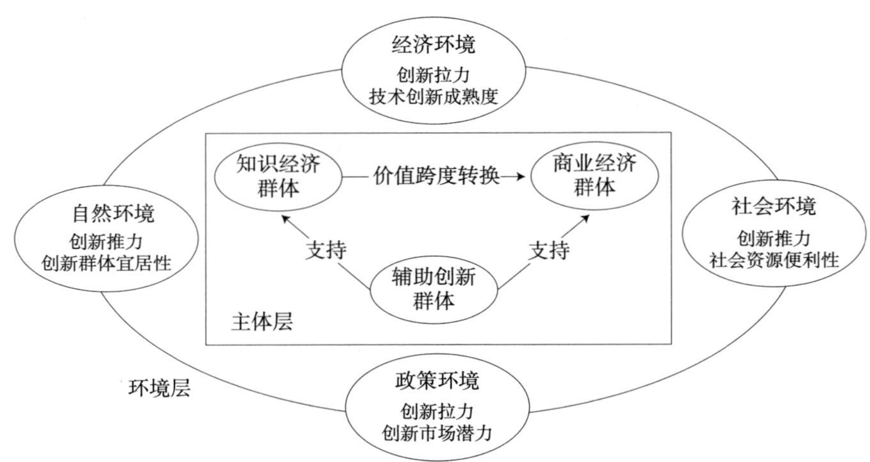

图 4-6　区域创新生态系统协同结构模型

资料来源：吴艳霞等：《区域创新生态系统协同模型构建及实证研究》,《开发研究》2020 年第 6 期。

二、创新生态系统系统的超网络表示

当创新不再局限于企业内部时，企业及与之有关的组织便因协作创新而产生了关联，组织间关联的存在与否与强度大小可以用加权网络表示。即把组织抽象为节点，把组织间正式或非正式的合作创新关系抽线为边，组织间存在一定强度的合作关系则连边，强度大小用边权体现，这就是基于创新关联而形成的以组织为主体的创新网络。创新网络难以反映组织内部知识、人才等实现创新的关键要素，不能完整描述创新生态系统，因此很多学者用超网络理论来研究创新生态系统。

比如，裘江南等（2011）基于超网络理论，提出了创新超网络的概念，指出创新超网络是指各个不同的组织基于共同的技术创新目标形成的多维网络，它把组织及其拥有的人才、知识等资源有效的联系在一起，旨在对组织间合作创新系统结构进行网络描述，以促进创新结合。接着，依据创新生态系统的复杂构成和整体结构，构建了创新超网络模型

（ISNM），认为创新超网络模型包含了组织合作网络、人才网络、领域网络、知识网络等四层网络，见图 4-7。

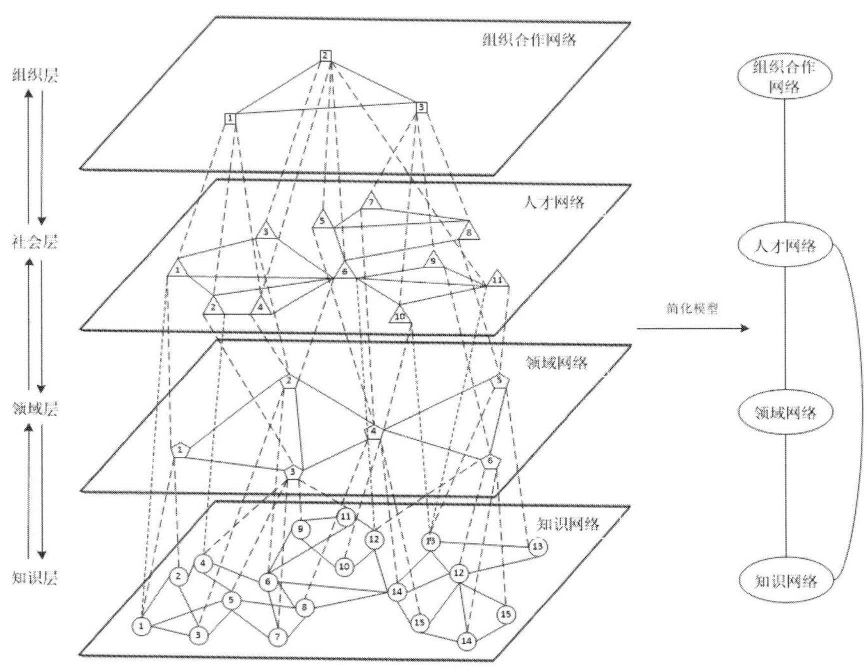

图 4-7　创新超网络模型（ISNM）

由图 4-7 可见，创新超网络包含了组织、人才、领域、知识四类异质主体，由组织合作网络、人才网络、领域网络、知识网络等四层网络耦合形成。组织合作网络体现了在创新过程中组织间的协作关系，由参与创新的组织和组织间关联关系构成，组织既可以是整个组织，也可以是组织中的创新团体；人才网络体现了在创新过程中不同组织中人才的合作关系，节点是人才，连边反映了人才间合作创新的有无；领域网络体现了创新所涉及领域间的关联关系，通常基于知识归属构建，如知识 2 属于领域 1，知识 3 属于领域 2，若知识 1 与知识 2 存在合作关联，则领域 1 与领域 2 存在关联，领域节点既可以是大的技术领域，也可以是知识节点聚类形成的主题；知识网络体现了创新所涉及知识元间的关联关系，知识元是指具有完备知识表达的知识单位，是显性知识的可控单位①，知识节点的粒度也是可大可小的。创新超网络层间关联往往基于映射关联建立。人才 i 属于组织 i ，则人才 i 与组织 i 间连边；人才 i 属于领域 i ，则人才 i 与领域 i 间连边；知识 i 属于领域 i ，则知识 i 与领域 i 间连边；人才 i 掌握知识 i ，则人才 i 与知识 i 间连边。

当然，可以基于节点间关联频率建立节点间关联强度，从而形成加权创新超网络，也可以考虑关联方向构建有向创新网络。值得注意的是，创新超网络是一个动态网络，随着组织间创新合作的动态变化，新的节点会不断进入，旧的节点会不断退出，节点间连边强度也会发生变化，甚至伴随边的消亡与萌生。因此，创新超网络是一个包含四类异质节点、八类关联关系的高度复杂的异质网络，从组织、人才、领域、知识等维度完整、全面呈现了创新生态系统，具有完整性、分层性、多维性、动态演化性、灵活性和复杂性等特点。

第四节　超网络的其他应用

一、信息传播超网络

随着社会系统复杂程度的加深和信息技术发展速度的加快，信息传播也越来越隐蔽、快速。尤其是 21 世纪以来，由于突发事件发生频率不断增高，网络舆情管理成为社会管理的重要内容。因此有必要明确信息在网络中的传播规律，以进行有效引导与控制，避免造成灾难性后果，确保网络信息管理质量和效果。

当前关于信息传播规律、机制、效果等的研究多采用 SIR 传染病模

① 温有奎、徐国华：《知识元链接理论》,《情报学报》2003 年第 6 期。

型、复杂网络、社会网络等。基于超网络理论对信息传播问题的研究也不断出现，比如刘继（2013）基于对网络舆情的分析，将舆情系统映射为舆情事件网络和网民社会网络构成的超网络体系。王艳灵、王恒山（2011）基于韦斯特利—麦克莱恩传播模式，构建了超网络模型上的突发事件的信息传播模式，并提出了突发事件的应对策略。武澎等（2013）基于对突发事件信息传播系统构成及关系的分析，构建了突发事件信息传播超网络模型。图 4-8 是刘继（2013）构建的网络舆情超网络。

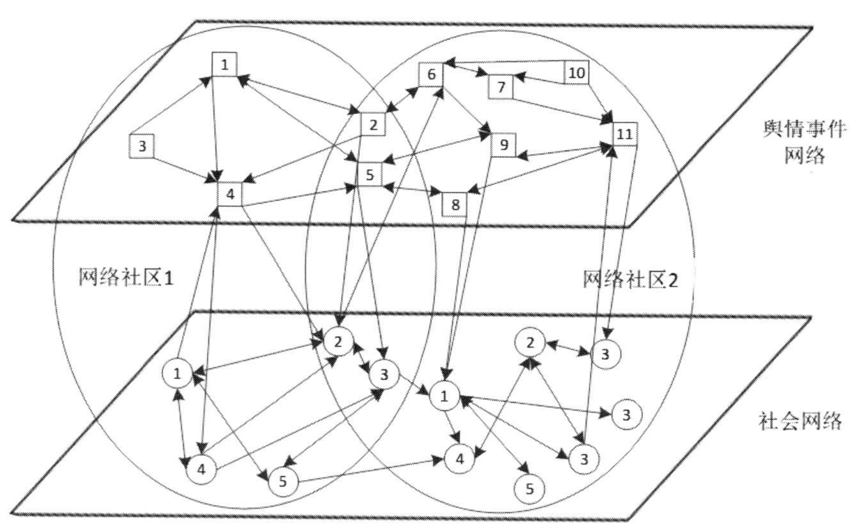

图 4-8　网络舆情超网络

在图 4-8 中，各种网络事件因发生背景、时间、主体等存在关联而形成舆情事件网络，超链接是把网络事件的网页关联起来的主要形式。网民通过各种信息载体，如互联网信息载体（包括网站、微博、论坛帖吧、博客、QQ、微信等形式）、手机、电子邮件等，相互交互形成复杂的社会网络。网民对事件信息的阅读和评论形成网民与网络事件间的关联关系。因此，舆情事件网络的节点是网络事件，社会网络的节点是网民，网络舆情超网络是包含两类异质节点，反映两类异质节点间关联关系的网络模型。基于传播动力学，以网络舆情超网络为基础，刘继（2013）就层内网络和层间网络对舆情信息的传播进行详细分析，并提出关于舆情传播控制的一些建议，比如加强网络链接度最大的舆情事件的控制和链接度最大的网民之间的链接，从而有效减低谣言的传播能力。

武澎等（2013）在众多信息传播载体中，选择了人、手机、互联网这三种最有活力最具代表性的载体，分别针对人、手机、互联网建立了三类信息传播网络，并基于三者间关联关系耦合为信息传播超网络（emergencies information dissemination supernetwork，EIDSN），其示意图见图 4-7。

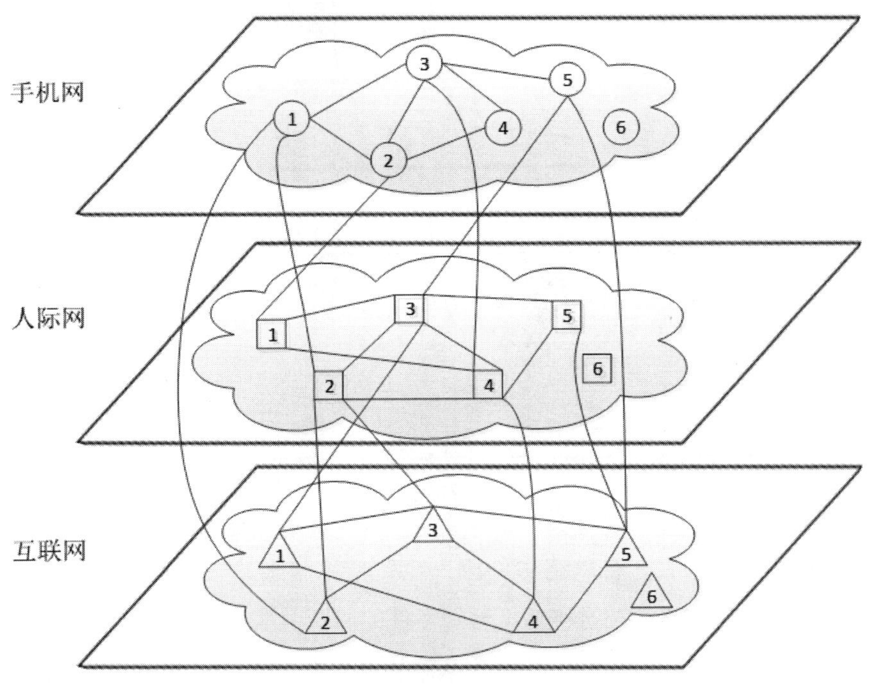

图 4-9　信息传播超网络示意图

图 4-9 中，手机网的节点为手机，节点间连边表示手机间存在信息网络和交互。人际网的节点为人际社会网络中的人员，节点间连边表示人员间存在信息往来和交互。互联网是基于互联网信息载体所构建的网络，

如基于网站关联、微博互动、论坛帖吧、博客等构建的网络，其节点为人各类信息载体，节点间连边表示信息载体间的信息往来和交互。层间连边根据手机、人员、互联网信息载体三类异质节点间映射关系建立。手机与人员的映射指的是，哪些人通过哪些手机收发信息；互联网信息载体与手机的映射指的是，哪些互联网信息载体与手机存在信息交互；人与互联网信息载体的映射指的是，哪些人通过哪些互联网载体收发信息。因此，该信息传播超网络是包含手机、人员、互联网信息载体三类异质主体的超网络模型，描述了人使用手机通过互联网信息载体实现交互的过程，从而可以设计或选择相应指标全面、合理的判定信息传播过程中的枢纽节点，便于对突发事件的信息传播过程进行预警、干预或控制。

二、资源调配超网络

在资源调配中，对应急资源的调配是自然灾害应急管理中最基本、最重要的问题之一，它主要涉及如何有效分配救援机构的应急资源，以应对突发事件，减少人员伤亡和经济损失。

当前对应急资源调配的研究主要基于线性网络流模型①、动态组合优化模型②、复杂网络理论③、随机库存控制模型④、两阶段随机规划

① A. Haghani & S. C. Oh, "Formulation and Solution of a Multi-commodity, Multi-modal Network Flow Model for Disaster Relief Operations", *Transportation Research Part A*, Vol. 30, No. 3 (1996), pp. 231-250.

② F. Fiedrich, et al., "Optimized Resource Allocation for Emergency Response After Earthquake Disasters", *Safety Science*, Vol. 35, No. 1-3 (2000), pp. 41-57.

③ D. Helbing & C. Kühnert, "Assessing Interaction Networks with Applications to Catastrophe Dynamics and Disaster Management", *Physica A*, Vol. 328, No. 3-4 (2003), pp. 584-606.

④ B. M. Beamon & S. A. Kotleba, "Inventory Modelling for Complex Emergencies in Humanitarian Relief Operations", *International Journal of Logistics: Research and Applications*, Vol. 9, No. 1 (2006), pp. 1-18.

模型①、多目标优化模型②、混合模糊聚类方法③、马尔科夫预测方法④、DCSP 方法⑤、纳什均衡⑥、网络扩展模型和 Arc Engine 技术⑦、亚当斯的公平分配理论和遗传算法原理⑧等。比如，Du Lin（2019）基于排队论建立了应急物资准备与调度模型，并建立了基于 petri 网的应急物资准备、调度与调度工作流系统，形成了一个高效的应急物资准备与调度仿真系统框架。进一步地，设计了一个决策支持平台，集成了所提出的算法和原理。能够有效协调应急物资准备和调度的工作流程，有助于缩短应急物资准备、调度和运输的总时间。Zhaopin Su、Guofu Zhang 和 Yang Liu 等（2016）提出了一个多重约束的整数线性规划模型，并开发了一个基于差异进化算法和启发式算法的探索并发事件的重叠灾害响应的联盟。对比实验结果表明，在技术上并发事件应急资源的并行分配比传统的串行分配更为经济有效。

然而现有多数成果很难体现灾害事件实时变化（如扩散、迁移）与应急资源调配之间存在的交互影响，使得这些成果不能直接应用于现实应急场景。也有聚焦受灾害影响的“多出救点、多受灾点”场景下，“资源

---

① H. O. Mete & Z. B. Zabinsky, “Stochastic Optimization of Medical Supply Location and Distribution in Disaster Management”, *International Journal of Production Economics*, Vol. 126, No. 1（2010）, pp. 76-84.

② 代颖等:《突发公共事件应急系统中的模糊多目标定位——路径问题研究》,《管理评论》2010 年第 1 期。

③ J. B. Sheu, “Dynamic Relief-demand Management for Emergency Logistics Operations Under Large-scale Disasters”, *Transportation Research Part E*, Vol. 46, No. 1（2010）, pp. 1-17.

④ 王炜等:《基于马尔科夫决策过程的应急资源调度方案的动态优化》,《南开大学学报（自然科学版）》2010 年第 3 期。

⑤ 李卫等:《基于 DCSP 的煤矿应急救援资源调配方法》,《计算机科学》2011 年第 5 期。

⑥ 张婧等:《基于偏好序的多事故应急资源调配博弈模型》,《清华大学学报（自然科学版）》2007 年第 12 期。

⑦ 孙勇:《基于网络模型的应急资源优化调配》,《计算机工程》2011 年第 1 期。

⑧ 吕伟等:《考虑资源和时间窗约束的应急物资调配模型》,《中国安全科学学报》2019 年第 12 期。

布局配置”和“资源调度路径优化”等方面的研究出现①，但同样没有考虑灾害事件变化与应急资源调配间的交互，导致应用性较弱。而朱莉、曹杰（2012）基于超网络理论，考虑了灾害风险演变与应急资源调配间的交互影响，以及应急网络中主体的异质性，构建了一个包含出救点、分发中心和受灾点三类异质节点的、以灾害风险度和资源调配量为网络流的超网络模型（见图4-10），进一步基于变分不等式理论推导出模型最优求解定理，并设计算例求得对资源调配决策优化有重要影响得关键参数，是关于应急资源调配领域的一大突破。

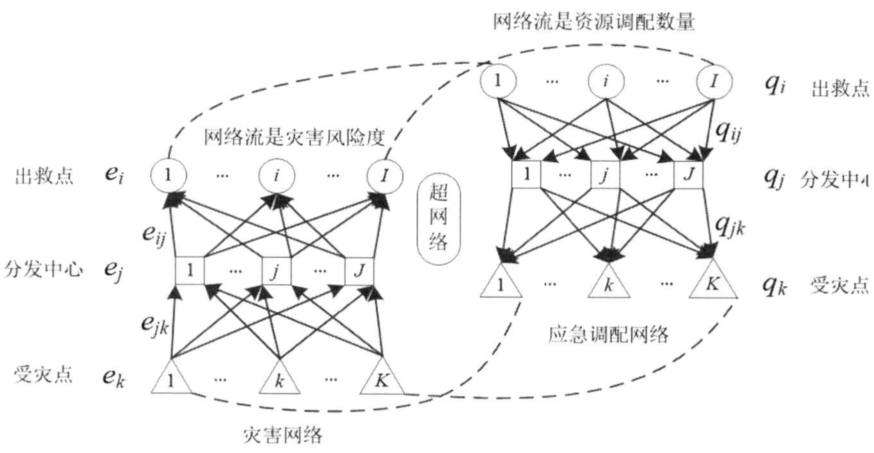

图4-10 面向灾害的应急资源调配超网络模型

图4-10中，出救点表示资源供应点，分发中心表示资源储备点，受灾点表示资源需求点，因此，图4-8超网络是包含I个资源供应点、J个资源储备点和K个资源需求点的三层应急调配网络。层间网络流有两类，右侧应急调配网络的网络流为上下层节点间的资源调配数量，其中，q_{ij}表

① 何建敏等：《应急管理与应急系统——选址、调度与算法》，科学出版社2005年版。

示出救点 i 将 q_{ij} 数量的应急资源配送至分发中心 j 进行临时储备；q_{jk} 表示经统筹安排后，分发中心 j 将 q_{jk} 数量的应急资源配送至受灾点 k，而 q_i、q_j 和 q_k 分别表示出救点 i、分发中心 j、受灾点 k 的应急资源数量。左侧灾害网络的网络流为上下层节点间灾害强度，其中 e_{ij} 表示出救点 i 与分发中心 j 间的灾害强度；e_{jk} 表示分发中心 j 与受灾点 k 间的灾害强度，而 e_i、e_j 和 e_k 分别表示出救点 i、分发中心 j、受灾点 k 处的灾害强度。另外，层内网络节点存在横向竞争关系，比如从哪个出救点或哪个分发中心调配资源去救助哪个受灾点？而连接两个网络的虚线则表示灾害变化与资源调配间的交互作用。

如此，面向灾害的应急资源调配超网络模型完整刻画了灾害变化与资源调配间交互作用下的应急资源调配问题，便于基于现实应用探索最优应急资源调配方案。

三、海关监管超网络

总体上看，海关监管涉及海关和企业两类主体，监管过程也是双方博弈的过程。企业群体是由特征各异的企业个体构成的，从而企业群体具有异质性。因此要明确海关监管的关键、提高海关监管的质量，必须深入剖析海关监管系统构成，明确海关监管作用机理，而超网络提供了刻画海关监管系统的可行方法。廖日卿（2018）基于超网络方法构建了包含海关监管实施方、货物和货物载体三类异质主体的海关监管超网络（见图4-11），以模拟海关监管的实际关系，并基于此对海关监管异质群体演化博弈进行了仿真。

图4-11海关监管超网络由海关监管实施方子网络、货物节点子网络和货物载体子网络耦合而成。其中，海关监管子网络的节点是海关实施方，比如通关监管处、监管处等，甚至可以具体到关员，根据节点间业务联系或归属关系进行连边，比如两位关员同属一个部门，则关员间连边，两处存在业务联系，则两处间连边。货物子网络的节点是不同种类的货

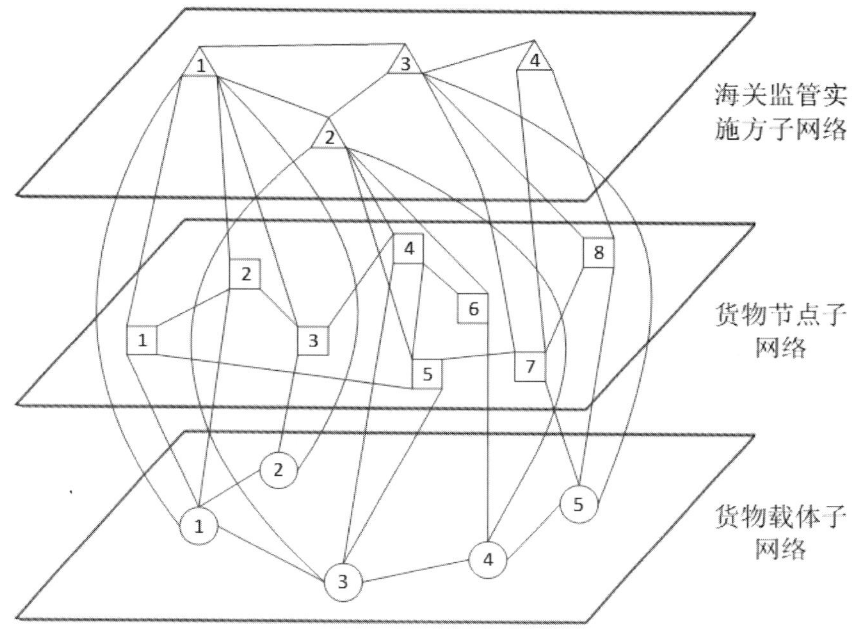

图 4-11　海关监管超网络

物，根据货物间关联关系进行连边，比如两货物在同一张报关单中申报或由同一家企业申报，则两货物间连边。货物载体子网络的节点是货物载体，比如通关申报企业、货运代理企业、货主企业或运输工具等，根据货物载体间关联关系进行连边，比如两企业进口同一货物，则两企业连边，两企业有业务合作，则两企业连边。

另外，海关监管子网络与货物子网络的层间连边清楚给出了哪些货物成为海关监管的对象；海关监管子网络与货物载体子网络的层间连边清楚展示了哪些货物载体成为海关监管的对象；货物载体子网络与货物子网络的层间连边清楚给出了哪些货物由哪些载体承载。

因此，海关监管超网络用三类异质节点和六种关联关系，清楚完整呈现了海关监管系统中，海关与企业通过货物形成的相互交织、实物和信息虚实互动的动态关系。进一步地，可以基于海关监管超网络的 NW 小世界网络性质、BA 无标度网络性质和社团性质，建立海关监管超网络异质群体演化博弈模型并进行仿真，以提供提高海关监管质量措施及其依据。

小　结

超网络是描述多主体、多维度、多层次、多属性复杂系统的有效方法，除了可用于研究城市交通系统、复杂产品系统、创新生态系统等包含多个子系统的复杂系统外，还可用于多渠道的信息传播、多中心的资源调配、多主体的海关监管等问题的研究，是“高于而又超于现存网络的网络”或“包含网络的网络”。

第五章
产业发展波动区域间扩散的超网络模型

产业发展波动的区域间扩散涉及中观产业、微观企业，甚至更为微观的项目、人才、技术等经济要素，是一个复杂经济系统。系统内产业间、企业间、产业与企业间，甚至项目层、技术层、人才层等的层内和层间均存在密切关联关系，需要用超网络来刻画。

第一节　产业发展波动区域间扩散的机理

一、区域间经济系统是个复杂系统

中国是全球抗生素等药物关键原料的生产大国，而印度作为全球仿制药生产大国，其原材料的70%都依赖中国的出口，2020年中国新冠肺炎疫情严重时关键药物原料企业的生产中断，导致印度仿制药企业生产受阻，引起印度制药业的波动。湖北省是世界汽车零部件产品的生产和运输中枢，湖北新冠肺炎疫情暴发后，疫情防控要求湖北汽车制造企业停工停产，导致湖北汽车制造业停滞，并影响到原材料、劳动力、投资等领域，且这种停滞随汽车制造全球供应链扩散到其他国家的相应企业，引起其他国家汽车制造业的波动。2008年9月15日，美国第四大投资银行雷曼兄弟控股公司申请破产，美国金融危机爆发，并引起其他产业的剧烈波动，汽车三巨头通用、福特和克莱斯勒一度面临破产。美国产业发展波动一方面通过金融关联传播到其他国家，另一方面通过实体经济间关联波及其他国家产业，引起其他国家的金融危机和其他产业发展波动。因产业结构和产业关联的不同，不同国家受美国金融危机影响的方面和程度也各异。比如，相比金融业中国实体经济受美国的影响更大。因此，在经济全球化的今天，世界各国构成一个复杂经济系统。

把视线拉回国内，改革开放以来，邓小平同志在区域经济发展上坚持非均衡协调发展战略，在空间上秉承“两个大局”，在时间上遵循“两步走”，通过东部优先发展、东部带动西部，实现国民经济的快速飞跃。此后，我国各届党中央一方面鼓励先行区域发展，一方面实施西部大开发、振兴东北老工业基地、中部崛起等战略，这是非均衡协调发展战略的继承与发展。新时代，习近平总书记基于破解当前社会主要矛盾的需要，提出了京津冀协同发展、粤港澳大湾区建设、长江经济带发展、雄安新区和自由贸易港建设等战略，旨在通过非均衡协调发展，达到充分、平衡发展的目的。相应地，学术界先后提出了“TYIS 字型”生产布局①、“菱形”发展战略②、网络开发模式③、“中心开花论”④ 等非均衡协调发展理论。无论是战略实践还是理论模式，其提出无不基于我国区域经济是个复杂经济系统的事实。

在多区域经济系统中，先行发展区域通过中观产业关联、微观企业关联，甚至项目合作、人才流动、技术转移与扩散、产业转移等，带动后发展区域经济发展，最终实现区域经济协调发展。实际上，佩鲁的增长极理论、赫希曼的不平衡增长理论、缪尔达尔的循环累积因果理论、产业集群理论等，都体现着复杂经济系统中因经济关联导致的发展波动区域间扩散

① 陈传康：《陇海—兰新线与连云港》,《开发研究》1987 年第 4 期。

② 刘宪法：《中国区域经济发展新构想——菱形发展战略》,《开放导报》1997 年第 Z1 期。

③ 魏后凯：《跨世纪我国区域经济发展与制度创新》,《财经问题研究》1998 年第 12 期。

④ 张培刚：《牛犊子理论》,《决策》2005 年第 1 期。

的思想。比如，佩鲁在《经济空间理论与应用》（1950）① 一文中明确指出，一些主导部门和具有创新能力的行业集中于一些地区，以较快的速度优先得到发展，形成“发展极”，再通过其吸引力和扩散力不断增大自身规模并对所在部门和地区产生支配作用，从而不仅使所在部门和地区迅速发展，也可以带动其他部门和地区的发展。又如，赫希曼在《经济发展战略》（1958）② 一书中明确指出，要优先发展那些具有显著前向联系和后向联系的产业，从而利用“关联效应”带动其他产业部门的发展；可想而知，若存在关联效应的产业是跨区域分布的，则必然导致区域间产业发展的相互影响。再如，缪尔达尔在《经济发展与不发达地区》（1957）③ 一书中基于经济联系提出两类效应——极化效应和扩散效应，其中跨区域的扩散效应推动了先行发展区域对后发展区域的带动作用。

因此，无论是世界经济系统还是我国区域经济系统，区域间经济系统都是包含产业层、企业层、要素层等经济关联的复杂系统，因为系统内各主体间复杂的区域间经济关系，导致了产业发展波动的区域间扩散，使得区域间存在经济发展的相互影响。

二、区域间经济系统的超网络表示

区域间复杂经济系统内充斥着各种经济关联，项目、人才、技术等经济要素之间的关联，生产产品的企业之间的关联，由生产相同或相似产品的企业聚类而成的产业之间的关联，进一步地，因经济要素间、企业间和产业间跨区域的合作、流动、供需关系和投入产出关系，而形成的区域之间的经济关联。不平衡增长理论、增长极理论、循环累积因果理论、中

① F. Perroux, “Economic Space: The theory and Under Application”, *Quarterly Journal of Economics*, Vol. 64, No. 1 (1950), pp. 89-104.

② A. Hirschman, *The Strategy of Economic Development*, New Haven: Yale University Press, 1958, pp. 380-387.

③ G. Myrdal, *Economic Theory and Under-Developed Regions*, London: Duckworth, 1957, p. 26.

心—外围理论、中心辐射理论、城市圈域理论等，其机理分析均绕不开区域间复杂经济系统内的这些经济关联。因这些经济关联的存在，经济要素间、企业间、产业间乃至区域间会形成要素网络、企业网络、产业网络和区域网络；因经济要素、企业、产业、区域相互间存在映射关系，这四类网络之间又存在相互交织、相互影响，从而形成“高于而又超于现存网络（above and beyond existing networks）的网络”——超网络①。从某种意义上讲，区域间复杂经济系统的技术创新、生产率提高就是在单层网络内和多层网络间蔓延的，从而新产业、新业态、新模式由星星之火成燎原之势，往往也是沿着多层超网络上的条条链路扩散的。

图 5-1 是一个包括两个区域的“要素—企业—产业—区域”超网络。

在图 5-1 中，三角形节点表示技术，圆形节点表示人才，正方形节点表示项目，五边形表示企业，六边形表示产业，虚线椭圆表示区域。则区域 1 包含 4 个产业，其中产业 1 包含企业 1 和企业 2，产业 2 包含企业 2 和企业 4，产业 3 包含企业 3 和企业 4，产业 4 只有企业 5。区域 2 包含 4 个产业，其中产业 1 包含企业 6，产业 2 包含企业 7 和企业 9，产业 3 包含企业 8 和企业 9，产业 4 包含企业 8 和企业 10。企业 1、企业 6 和企业 7 进一步细化为技术、人才、项目等关键经济要素间关联。基于可视化要求，其他企业未做细化处理。

需要说明的是，在图 5-1 中，企业间关联关系的构建不仅限于基于经济要素间关联，不可忽视建立企业间关联的其他依据，比如供需关联、母子公司关联、互补关联等。另外，产业间关联关系基于产业间投入产出关联构建；区域间关联基于区域间企业关联、产业关联、经济要素间关联构建。此外，图 5-1 还隐含着层间关联的思想，即要素层、企业层、产业层和区域层间的关联，这些层间关联是基于异质节点映射关系建立的，

① A. Nagurney & J. Dong, *Supernetworks: Decision-Making for the Information Age*, Elgar, Edward Publishing, Incorporated, 2002.

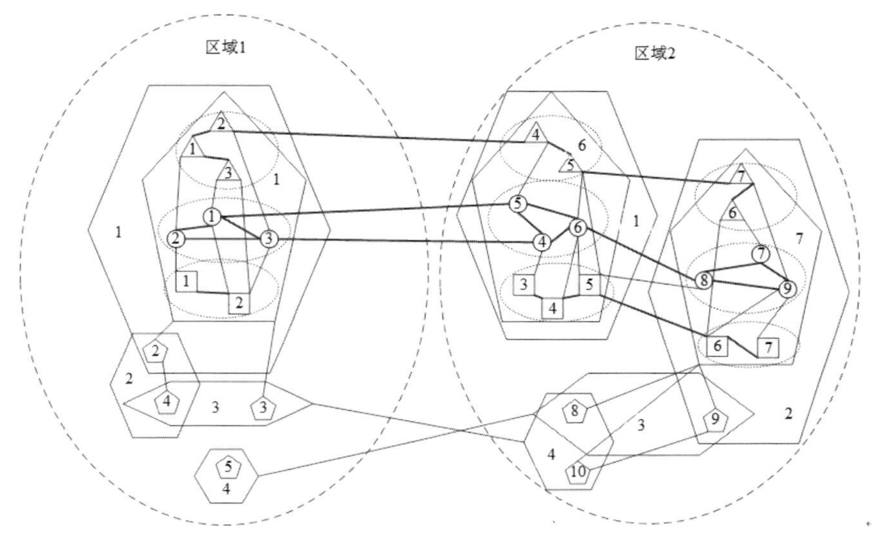

图 5-1　“要素—企业—产业—区域”超网络

资料来源：相雪梅：《超网络视角的区域经济发展研究——一个内生发展的理论框架》，《理论建设》2020 年第 2 期。

比如产业 1 包含企业 1 和企业 2，则产业 1 与企业 1、企业 2 建立关联。

图 5-2 是图 5-1 中企业 1、企业 6 和企业 7 因技术、人才、项目关联形成的要素超网络。

区域经济系统包含人才、技术、知识、信息、资金、政策、自然资源、硬件环境等多种经济要素，这些经济要素间存在关联关系，形成要素网络。图 5-2 所示要素超网络仅包含技术、人才和项目，说明如下：

第一，创新是区域经济发展的第一动力，人才是创新的主体，因而人才是推动区域经济发展的关键要素。人才因工作关系、经验交流、技术合作、候鸟专家等形成人才网络；若人才关联跨越了企业边界，则形成企业间人才网络。

第二，技术、知识、信息既是创新的结果又是创新的基础，技术、知识、信息因在区域经济发展中具有相似作用，故用技术指代。因技术更新

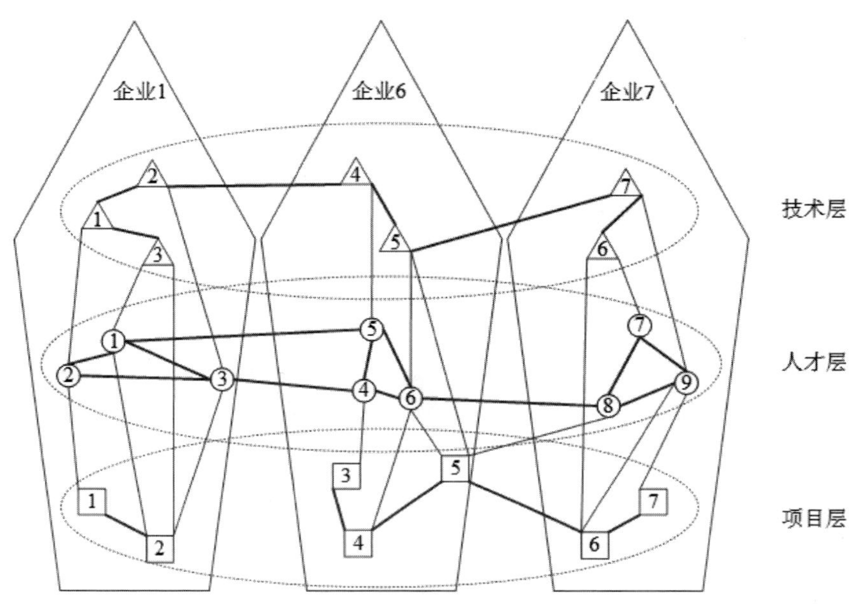

图 5-2 “技术—人才—项目”要素超网络

资料来源：相雪梅：《超网络视角的区域经济发展研究——一个内生发展的理论框架》,《理论建设》2020 年第 2 期。

与转让等形成技术网络，因技术转让多发生在不同企业间，故形成企业间技术网络。

第三，资金往往与项目相伴，项目往往与创新相关联，是区域经济发展的重要推动力，如产业扶贫项目、乡村振兴项目、新旧动能转换项目。因项目更新与项目合作形成项目网络，如不同企业间存在项目合作，则形成企业间项目网络。

第四，技术创新是由人才完成的，技术创新的结果是新技术以及新产品的出现与原有产品的升级，产品生产也是由人实现的，因而由技术更新、转让等形成的技术网络与人才网络、产品网络间存在交互，形成“技术—人才—产品”超网络。项目开发由人才实现，项目的顺利完成往往需要应用一定技术，项目完成后或交付产品或收获技术，因此，项目网络与人才网络、产品网络、技术网络存在交互，形成“技术—人才—项目—产品”超网络。

第五，政策与制度是区域经济发展最基础的要素，人才的引进、培育、激励，项目库的建设，技术的引进、创新，基础设施的改造、升级，公共服务的提供，所有这些都需要高质量的政策环境。自然资源有其显著的地域特色，是区域经济发展的重要基础。

第六，因产品不属于经济要素，政策与制度、自然资源与环境是硬件条件，故本研究仅基于技术、人才、项目构建要素网络。因不同企业技术、人才、项目间存在相互联系，如高校教授参与企业项目或技术研发，从而技术、人才、项目形成纵横关联的“技术—人才—项目”要素超网络。

第七，技术层、人才层和项目层的层间关联原则为，若人才 i 研发、掌握或使用技术 i，则人才 i 与技术 i 间连边；若人才 i 主持或参与项目 i，则人才 i 与项目 i 间连边；若项目 i 研发或应用了技术 i，则项目 i 与技术 i 间连边。

因此，“要素—企业—产业—区域”超网络包含了要素、企业、产业、区域四类异质节点，节点间相互关联，四层子网络相互交织，提供了产业发展波动区域间扩散的路径。

图 5-1 和图 5-2 是异质节点混杂在一起的超网络模型，能够反映区域间复杂经济系统内要素构成及要素关联，但相对比较复杂。图 5-3 是一个包含三个区域的“要素—企业—产业—区域”超网络，其中，区域 1 内布局了产业 1、2 和 3 以及企业 1、2 和 3，区域 2 内布局了产业 4、5 和 6 以及企业 4、5、6 和 7，区域 3 内布局了产业 7、8 和 9 以及企业 8、9、10。且企业 1 归属产业 1、企业 2 归属产业 2，企业 3 归属产业 2 和 3；企业 4 归属产业 4，企业 5 归属产业 4，企业 6 归属产业 4、5 和 6；企业 7 归属产业 6；企业 8 归属产业 9，企业 9 归属产业 7 和 8，企业 10 归属产业 8 和 9。另外，基于可视化要求，要素层项目、技术、人才三类异质节

点整合为要素节点，且要素 1 属于企业 1 和 3，要素 2 属于企业 2 和 3，要素 3 和要素 4 均属于企业 4，要素 5 属于企业 5，要素 6 属于企业 6 和 7，要素 7 属于企业 8 和 9，要素 8 属于企业 8 和 10。基于企业与产业，企业与区域间映射关系，自然可得要素与产业、要素与区域间映射关系。图 5-3 所示超网络是一个分层的“要素—企业—产业—区域”超网络，不仅展示了层内同质节点间关联关系，而且给出了层间异质节点间映射关系，清晰表达了区域间复杂经济系统的内部结构。

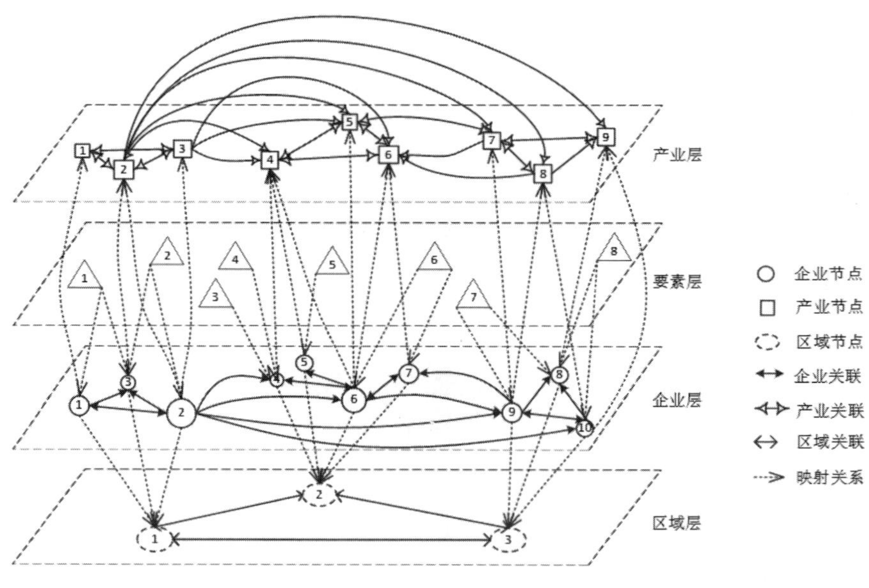

图 5-3 “要素—企业—产业—区域”超网络分层结构

注：作者自制。

三、产业发展波动区域间扩散的机理

（一）产业发展波动的单区域扩散

企业内人才要素的成长，如人才的引进、培育、激励、发展等，使得人才网络中节点的数量和质量发生变化，进而通过人才间相互作用，推动企业的人才升级。技术要素的成长，比如技术研发、引进、转让、更替等，项目要素的成长，比如项目引进、项目合作、项目开发及其他项目库建设方案，也会使得技术网络和项目网络中节点的数量和质量发生变化，从而通过技术网络和项目网络推动整个企业的技术升级和项目升级。人才升级、技术升级和项目升级进一步通过企业内“技术—人才—项目”超网络相互促进，实现提升企业经济要素的目的。经济要素通过人才网络、技术网络、项目网络以及“技术—人才—项目”超网络实现数量及质量的升级，不仅发生在单一企业内，也通过跨企业的“技术—人才—项目”超网络，发生在具有直接关联的多个企业间，进一步通过间接关联，蔓延至单区域经济系统。深圳市的快速成长从某种程度上也是得益于经济要素在企业内和企业间的相互影响、相互促进。

人才、技术、项目等经济要素的升级不仅推动了原企业的发展，而且促生了新企业，导致企业网络上节点数量和质量的变化，这种变化因为企业间存在的经济联系而在企业网络中扩散，带动相关企业的升级、单区域企业网络的升级和区域经济发展。同理，人才、技术、项目等经济要素的升级以及企业升级或者推动原产业的升级，或者促生新产业，而后一个产业的变化会通过产业网络推动其他产业的升级，最终达到单区域经济发展的目的。人才、技术、项目等要素的升级、企业升级、产业升级，借由错综复杂的多层超网络关系，形成一次又一次的脉冲，循环往复，推动了新技术、新产业、新模式、新业态的涌现，实现了单区域经济的良好发展。

同理，单区域某些经济要素的升级会通过该区域“技术—人才—项目”超网络相互作用，推动单区域经济要素的整体升级，并进一步促进该区域企业升级和产业升级，最终达到区域经济发展的目的。

因此产业发展波动的单区域扩散，是借由“要素—企业—产业”超网络以及单区域“技术—人才—项目”超网络上经济要素间关联、企业关联、产业关联实现的，关联提供了产业发展波动扩散的路径。

（二）产业发展波动的区域间扩散

对于由多个区域构成的区域间经济系统，如县域构成的市域，市域构成的省域，省域构成的国家，某些企业、某个区域或多个区域人才、技术、项目等经济要素的升级，一方面可以通过跨企业、跨产业、跨区域的"技术—人才—项目"超网络，推动多区域经济要素的升级，从而实现企业发展、产业升级和多区域经济发展；另一方面可以通过"要素—企业—产业—区域"超网络，促进企业发展、产业升级、区域发展，并经由跨区域的企业关联、产业关联实现各类升级在区域间复杂经济系统的蔓延扩散，推动其他区域的经济发展，从而实现多区域经济的协同发展。

综上，基于超网络的产业发展波动区域间扩散的机理汇总见图 5-4。

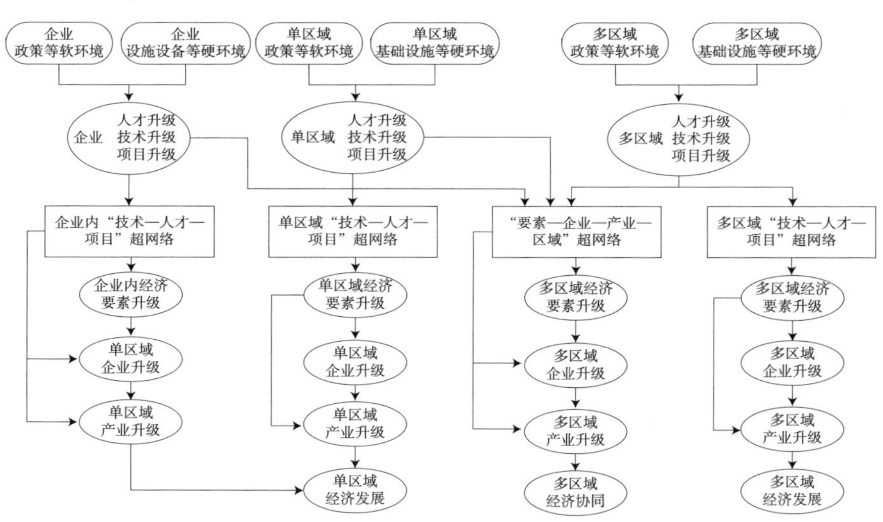

图 5-4 基于超网络的产业发展波动区域间扩散的机理

资料来源：相雪梅：《超网络视角的区域经济发展研究——一个内生发展的理论框架》，《理论建设》2020 年第 2 期。

需要指出的是，处于超网络上不同位置的不同节点对产业发展波动扩散的影响力是不同的。Acemoglu 等（2012）的研究表明，产业网络上节点的出度服从幂律分布，存在少数出度较大的节点——供应枢纽，从而导致产业网络结构是非均衡的，非均衡的网络结构提供了生产率变化等供给冲击在经济系统中快速传播的机制，从而汇总为总量波动。Gabaix（2011）研究发现，企业规模越大，因企业关联的存在，其生产率的提高对总量波动的影响越大。因此超网络上，节点权重越大，节点关联度越大，节点对产业发展波动扩散的影响力也越大，这些节点的升级与发展对区域间经济协同发展具有更大的作用。

第二节 产业发展波动区域间扩散超网络建模

产业发展波动的区域间扩散，必须借由微观企业主体，甚至更为微观的经济要素实现，这是产业发展波动区域间扩散的本质特征。基于这一特征，产业发展波动区域间扩散的超网络模型是由四层子网络——要素网络、企业网络、产业网络和区域网络耦合而成的。

一、层内子网络建模

（一）要素网络建模

区域间复杂经济系统包含的经济要素有人才、技术、项目、资金、信息、知识、基础设施、公共服务、自然资源等。基于人才是创新的主体，技术、信息和知识的本质要求是技术进步，资金与项目相配套，忽略基础设施、公共服务和自然资源等活性较小的要素，本书所构建要素网络仅包含人才、技术和项目三类活性较大的经济要素。所谓活性大小是针对波动扩散的贡献而言的。

人才间因工作关系、经验交流、技术合作、候鸟专家等原因，形成人才网络；技术间因研发、引进与使用等，形成技术网络；项目间因迭代与合作，形成项目网络。人才使用技术并推动技术进步，技术服务于项目，项目使用或催生新技术，项目开展离不开人才。人才、技术、项目间存在关联关系，从而形成“人才—技术—项目”超网络，即要素网络本身就是一个包含三类异质节点的超网络。其建模步骤如下：

1. 人才网络建模

选取特定人才为研究对象，如高层次人才（大师级人才、杰出人才、领军人才、拔尖人才等），确定人才网络节点集合；根据人才间工作关系、交流合作关系等，比如隶属同单位、一部室、工作团队等，建立人才间关联系数矩阵 W_H（若两人才同属 n 个不同工作团队，则关联系数矩阵元素值 w_H 为 n ，其他依此类推），构建以人才为节点、以人才间关联关系为边的人才网络 $N_H=(V_H, E_H, W_H)$（V_H 为人才网络的节点集合，E_H 为人才网络的连边集合，W_H 为人才间关联系数矩阵）。

2. 技术网络建模

选取特定技术为研究对象，如基础研究、高新技术（电子信息、生物与新医药、航空航天、新材料、高技术服务、新能源与节能、资源与环境、先进制造与自动化等）等，确定技术网络节点集合；根据技术更新、技术转移、技术研发与使用等建立技术间关联关系，比如 3D 打印技术是基于数字技术、自动控制技术、智能技术等技术发展而来，3D 打印技术与数字技术、自动控制技术、智能技术等就建立了联系，从而构建以单元为节点、以节点间关联关系为边的技术网络 $N_T=(V_T, E_T, W_T)$（V_T 为技术网络的节点集合，E_T 为技术网络的连边集合，W_T 为技术间关联系数矩阵）。

3. 项目网络建模

选取特定项目为研究对象，如大项目、高新技术项目，确定项目网络节点集合；根据项目间合作和迭代关系，建立项目间关联系数矩阵 W_P（若两项目存在技术或人才的 n 次合作，则关联系数矩阵元素值 w_P 为 n ，其他依此类推），构建以项目为节点、以项目间关联关系为边的项目网络 $N_P=(V_P, E_P, W_P)$（V_P 为项目网络的节点集合，E_P 为项目网络的连边集合，W_P 为项目间关联系数矩阵）。

4. 要素超网络耦合

根据人才、技术、项目间的工作关系，建立人才、技术、项目三类不同属性节点间关联，如人才 i_H 从事技术 i_T 的研发，或人才 i_H 拥有技术 i_T ，则 i_H 与 i_T 间连边，技术 i_T 用于了项目 i_P ，或项目 i_P 研发了技术 i_T ，则 i_T 与 i_P 间连边，从而形成“人才—技术—项目”超网络 N^s_{HTP} =（V_H，V_T，V_P，E_H，E_T，E_P，E_{HT}，E_{HP}，E_{TP}，W_H，W_T，W_P，W_{HT}，W_{HP}，W_{TP}）（其中，V_H，V_T，V_P 分别为人才网络、技术网络、项目网络的节点集合，E_H，E_T，E_P 分别为人才网络、技术网络、项目网络的连边集合，E_{HT} 为 V_H，V_T 间连边集合，E_{HP} 为 V_H，V_P 间连边集合，E_{TP} 为 V_T，V_P 间连边集合，W_H，W_T，W_P 分别是人才、技术、项目的关联系数矩阵，W_{HT} 为人才、技术间关联系数矩阵，W_{HP} 为人才、项目间关联系数矩阵，W_{TP} 为技术、项目间关联系数矩阵）。

（二）企业网络建模

企业作为微观经济主体，是组织经济活动、创造经济价值的最小单位，也是人才、技术、项目所依托的载体。企业间因供需关系、母子公司关系、产品互补、技术研发、项目合作、人才交流等存在广泛的关联，从而形成不同性质的企业网络，如供需关联企业网络、母子关联企业网络、互补关联企业网络、企业合作网络等。供需关联企业网络根据企业间供需关系构建；母子关联企业网络根据母子公司间关系构建；为生产性企业提供互补中间产品的两家企业连边形成互补关联企业网络，存在技术、项目和人才等方面合作的企业形成企业合作网络。本书基于价值链思维，以企业间供需关联为例构建企业网络。因为企业间真实发生的供需关系难以获得，本研究借助相应区域产业间投入产出关联确定企业间供需关联，从而构建企业网络。具体步骤如下：

1. 确定企业网络节点集合 V_F

选取一定标准，结合选定的要素对象，确定特定企业集合 V_F 为研究对象。

2. 明确企业与产业间映射关系

根据企业主营业务，依据国民经济行业分类与代码（GB/T 4754—

2017），确定企业所属行业，进一步根据投入产出表中的产业分类，确定企业所属产业。若企业 F_i 属于产业 I_i，即 $F_i \in I_i$，则企业 F_i 到产业 I_i 的关联矩阵元素 $w_{F_iI_i} = 1$；否则，$w_{F_iI_i} = 0$。

3. 构建企业网络

根据所研究区域投入产出表，计算产业间直接消耗系数 $A_{I_iI_j}$，以某一标准，如平均值确定临界值 $A_{I^\wedge}$，若 $A_{I_iI_j} \geqslant A_{I^\wedge}$，则产业间关联矩阵元素 $w_{I_iI_j} = 1$，表示产业 I_i 与产业 I_j 存在强关联关系；根据产业间强关联关系，确定其包含企业间供需关系，即若 $w_{I_iI_j} = 1$，且 $w_{F_iI_i} = 1$, $w_{F_jI_j} = 1$，则企业关联矩阵元素 $w_{F_iF_j} = 1$，否则 $w_{F_iF_j} = 0$，从而形成企业网络 0—1 矩阵，构建企业网络 $N_F = (V_F, E_F)$ =（V_F 为企业网络的节点集合，E_F 为企业网络的连边集合）。

若考虑边权，则可以根据年营业收入、年利润等对边赋权，构建企业赋权网络。因年营业收入相比年利润更能反映企业间供需关系，因此本书用年营业收入对企业网络的边赋权；且因难以获取企业各产品的具体年营业收入，本书采用平均思想，把年营业收入的产业平均值，即企业年营业收入除以其归属的产业数量，作为基于某一产业关联的企业间供需关联强度单元。设企业 F_i 年营业收入为 R_{F_i}，企业 F_i 归属 x 个产业，企业 F_j 年营业收入为 R_{F_j}，企业 F_j 归属 y 个产业；根据产业间直接消耗系数判断，若 y 个产业中的 m 个产业对 x 个产业中的 m 个产业存在强需求关系，则企业网络中，企业 F_i 到企业 F_j 的关联强度为 $(R_{F_i}/x) \times m$，即企业 F_i 到企业 F_j 的有向边权重为 $(R_{F_i}/x) \times m$。

（三）产业网络建模

产业是提供同类产品的企业的聚类。产业间存在普遍的投入产出关联，从而可以形成以产业为节点，反映产业间关联关系的产业网络。产业网络的构建方法很多，在确定关联系数矩阵时，可以选择直接（完全）消耗系数矩阵、直接（完全）分配系数矩阵或中间流量矩阵；在确定强关联临界值时，可以采用经验值、平均值、内生值等。本书选择直接消耗系数矩阵为关联系数矩阵，采用平均值确定强关联临界值。具体步骤如下：

1. 确定产业网络节点集合 V_I

根据研究需要选定投入产出表，投入产出表所划分的产业构成产业网络的节点集合 V_I 。

2. 构建区域间赋权产业网络

依据投入产出表数据，求得产业间直接消耗系数矩阵 $A_{I_iI_j}$ 作为产业关联系数矩阵。基于产业关联系数矩阵，以均值为临界值 $A_{I^\wedge}$ ，若 $A_{I_iI_j} \geqslant A_{I^\wedge}$ ，则产业间关联矩阵元素 $w_{I_iI_j} = 1$，表示产业 I_i 到产业 I_j 间连边；否则 $w_{I_iI_j} = 0$，表示产业 I_i 到产业 I_j 间不连边，得出产业网络 0—1 矩阵。用直接消耗系数对边赋权，构建产业赋权网络 $N_I = (V_I, E_I, W_I)$ （ V_I 为产业赋权网络的节点集合，E_I 为产业赋权网络的连边集合，W_I 为产业关联权重矩阵）。

（四）区域网络建模

区域间因跨区域的产业、企业、要素关联，存在相互影响，形成区域网络。区域网络可以依据产业关联、企业活动、引力系数、信息流、交通可达性等构建。基于研究目的，本研究基于跨区域的产业关联构建区域网络。具体步骤如下：

1. 确定区域网络节点集合 V_R

根据研究需要，结合区域间投入产出表涉及的区域，确定区域网络的节点集合 V_R 。

2. 求得区域间产业网络关联权重矩阵

根据区域间投入产出表，求得产业间直接消耗系数 $A_{I_i^aI_j^b}$（ $A_{I_i^aI_j^b}$ 表示 b 区域 j 产业对 a 区域 i 产业的直接消耗系数）作为区域间产业关联系数矩阵；基于区域间产业关联系数矩阵，根据选定标准，如平均值确定强关联临界值 $A_{I^\wedge}$ ，若 $A_{I_i^aI_j^b} \geqslant A_{I^\wedge}$ ，则 $w_{I_i^aI_j^b} = 1$，否则 $w_{I_i^aI_j^b} = 0$，求得区域间产业网络 0—1 矩阵；$w_{I_i^aI_j^b} = 1$ 表示 a 区域 i 产业与 b 区域 j 产业间连边，$w_{I_i^aI_j^b} = 0$ 表示两产

业间不连边，并用直接消耗系数对边赋权，求得区域间产业网络产业关联权重矩阵。

3. 构建赋权区域网络

计算 a 区域所有产业到 b 区域所有产业的产业关联权重之和 $\sum_{i,j} A_{I_i^a I_j^b} \times w_{I_i^a I_j^b}$，求得 a 区域对 b 区域的关联权重。依次类推，求得区域网络的区域关联权重矩阵，构建区域赋权网络 $N_R=(V_R, E_R, W_R)$（V_R 为区域赋权网络的节点集合，E_R 为区域赋权网络的连边集合，W_R 为区域关联权重矩阵）。

二、层间子网络耦合

由上述建模步骤可知，本书是基于价值链思维，根据国家间产业关联构建企业网络的，而产业网络和国家网络也是基于国家间产业关联构建的，从而国家间产业关联成为企业网络、产业网络、国家网络的连接纽带，并依据异质节点间映射关系实现三个子网络的耦合。即根据 $w_{F_iI_i}=\begin{cases}1, & F_i \in I_i \\ 0, & 其他\end{cases}$，构建企业与产业间关联；根据 $w_{I_iR_i}=\begin{cases}1, & I_i \in R_i \\ 0, & 其他\end{cases}$，构建产业与区域间关联；根据 $w_{F_iR_i}=\begin{cases}1, & F_i \in R_i \\ 0, & 其他\end{cases}$，构建企业与区域间关联。要素网络与企业网络的耦合则是依据要素归属哪家企业实现的，即若人才 i 属于企业 i，则建立人才 i 与企业 i 的关联，技术、项目与企业间关联的建立与人才类似，如此，四层网络耦合形成图 5-3 所示“要素—企业—产业—区域”超网络。

三、超网络的矩阵表达

“要素—企业—产业—区域”超网络矩阵可以用要素、企业、产业、区域行异质节点和列异质节点表达，但这种表达难以清晰体现层间网络节点间关联关系。因此，本书采用超网络矩阵的惯常表达方式，用行表示异质节点，用列表示包含异质节点的超边。所谓超边，是指从超网络中某一层网络的某一节点出发，覆盖所有层网络的一条通道，且每条超边包含的节点都属于不同层网络。式（5-1）为包含 $m = \sum(m1 + m2 + m3 + m4)$ 个异质节点、n 条超边的“要素—企业—产业—区域”超网络矩阵。其中，$1 - m1$ 行为 $m1$ 个要素节点（为简化表达，把人才、技术、项目合并为要素节点），$(m1 + 1) - (m1 + m2)$ 行为 $m2$ 个企业节点，$(m1 + m2 + 1) - (m1 + m2 + m3)$（$m1 + m2 + 1$）~（$m1 + m2 + m3$）行为 $m3$ 个产业节点，$(m1 + m2 + m3 + 1) - (m1 + m2 + m3 + m4)$ 行为 $m4$ 个区域节点，每一列为一条超边，设共 n 条超边。

$$N^{s}_{YFIR} = \begin{array}{c} Y_1 \\ \vdots \\ Y_{m1} \\ F_1 \\ \vdots \\ F_{m2} \\ I_1 \\ \vdots \\ I_{m3} \\ R_4 \\ \vdots \\ R_{m4} \end{array} \begin{pmatrix} 1 & 0 & 1 & 1 & 0 & 0 & 1 & 1 & 0 & 0 & \cdots & 1 \\ \vdots & \vdots & \vdots & \vdots & \vdots & \vdots & \vdots & \vdots & \vdots & \vdots & \ddots & \vdots \\ 0 & 1 & 0 & 0 & 1 & 1 & 0 & 0 & 1 & 1 & \cdots & 0 \\ 1 & 1 & 0 & 0 & 0 & 0 & 1 & 1 & 1 & 1 & \cdots & 0 \\ \vdots & \vdots & \vdots & \vdots & \vdots & \vdots & \vdots & \vdots & \vdots & \vdots & \ddots & \vdots \\ 0 & 0 & 1 & 1 & 1 & 1 & 0 & 0 & 1 & 1 & \cdots & 1 \\ 0 & 0 & 0 & 0 & 0 & 0 & 1 & 1 & 1 & 1 & \cdots & 1 \\ \vdots & \vdots & \vdots & \vdots & \vdots & \vdots & \vdots & \vdots & \vdots & \vdots & \ddots & \vdots \\ 1 & 1 & 1 & 1 & 1 & 1 & 0 & 0 & 0 & 0 & \cdots & 0 \\ 1 & 1 & 1 & 0 & 0 & 1 & 1 & 0 & 1 & 0 & \cdots & 1 \\ \vdots & \vdots & \vdots & \vdots & \vdots & \vdots & \vdots & \vdots & \vdots & \vdots & \ddots & \vdots \\ 0 & 0 & 0 & 1 & 1 & 0 & 0 & 1 & 1 & 1 & \cdots & 0 \end{pmatrix} \tag{5-1}$$

第三节　产业发展波动区域间扩散超网络模型的特征

一、主体异质性

产业发展波动区域间扩散超网络模型包括四类主体，分别是经济要素、企业、产业和区域，经济要素又主要涵盖人才、技术和项目三类，同质主体内存在关联关系，异质节点间也存在关联关系，这些关联共同刻画了区域间复杂经济系统的内部结构，隐含着产业发展波动区域间扩散的路径和机制。

二、主体多属性

产业发展波动区域间扩散超网络模型的四类异质主体分别具有不同的属性。对于经济要素主体，主要考虑人才关联、项目合作、技术合作与转移扩散等导致对企业发展、产业升级的影响；对于企业主体，主要考虑企业间经济关联导致的单个企业发展波动对其他企业的影响，这些经济关联可能是供需关联、母子公司关联、互补关联；对于产业主体，主要考虑产业间技术经济联系导致的单个产业发展波动对其他产业的影响，投入产出关联是反映产业间技术经济联系的主要方式；对于区域主体，主要考虑区域间经济合作导致的单个区域发展波动对其他区域的影响，区域间经济合作可能是产业链上下游的合作，也可能是协同创新，还可能是产业转移、园区共建、配套产业建设等。

三、网络分层性

产业发展波动区域间扩散超网络模型包含要素、企业、产业、区域四层子网络，同层子网络由同质节点及其连边构成，不同层子网络的异质节点间存在映射关系，从而形成包含异质节点的分层网络。

四、动态演化性

产业发展波动区域间扩散超网络模型在某一时点是相对稳定的，但在某一时段却是动态变化的。首先，因人才流动性、技术扩散性、项目的生命周期性，不仅人才、技术、项目与企业间关联会发生变化，而且人才、技术、项目各节点不仅会萌生，也会消亡，经济要素间连边也会发生变化。其次，新技术带来了新产业、新模式、新业态，相应地，新企业不断涌现，企业规模、产业规模随之发生变化，从而企业节点、产业节点的权重是动态演化的，又因企业间供需关联的变化，导致产业间投入产出关系的变化，企业节点间连边、产业节点间连边以及企业与产业间连边都会发生变化，当然此过程伴随着企业节点、产业节点的萌生与消亡以及边权的变化，甚至连边也会萌生与消亡。最后，区域间经济合作长期来看也会发生变化，主要体现为区域连边权的演化，比如，当苏州通过错位发展成功对接上海，苏州与上海间经济联系加强，其连边权重加大。

小　结

无论是世界经济系统还是我国区域经济系统，区域间经济系统都是包含产业层、企业层、要素层等层次经济关联的复杂系统，因为系统内各主体间复杂的跨区域的经济关联，导致了产业发展波动的区域间扩散，使得区域间存在经济发展的相互影响。基于此，在采用超网络描述区域间经济系统的基础上，分析了产业发展波动区域间扩散的机理，并构建了产业发展波动区域间扩散的超网络模型，进一步分析了产业发展波动区域间扩散超网络模型具有主体异质性、主体多属性、网络分层性和动态演化性等特征。

第 六 章

产业发展波动区域间扩散的效应及其量化

产业发展波动在区域间经济系统的扩散，一方面使得技术创新等带来的正向波动得以扩散，不仅促进了波动源发区域的要素成长、企业发展、产业升级和经济发展，而且不同程度地促进了其他区域的要素成长、企业发展、产业升级、经济发展，推动了区域经济协同发展；另一方面使得创新失败、自然灾害、次贷危机等导致的负向波动得以扩散，不仅影响了波动源发区域要素成长、企业发展、产业升级和经济增长，而且不同程度地阻碍了其他区域的要素发展、企业发展、产业升级和经济增长，引起多个区域经济发展受阻甚至倒退，此谓广义的产业发展波动，拓展了前面章节所述产业发展波动的外延。因此，更有必要对各主体扩散波动的能力或者说各主体发生波动的影响力进行量化，并明确波动的关键扩散路径，以通过人为干预促进正向波动的快速扩散，取得更大积极效应，减小负向波动的扩散速率与范围，尽可能降低其带来的消极效应。

第一节　产业发展波动区域间扩散的效应分析

一、正向波动与负向波动

第一章曾明确给出产业发展波动的定义，即产业发展波动是技术进步等供给冲击引起的诸如产业全要素生产率的波动、产业萌生与消亡等。因此，产业发展正向波动可以理解为产业全要素生产率的提高及新产业的萌生、旧产业的消亡，比如，20世纪70年代，自动化技术在大规模、复杂系统的应用，提高了大型电力系统、交通运输系统、钢铁联合企业等的全要素生产率；数字技术的发展催生了平台产业，并导致了传统媒体业的日渐消失。现实世界中还存在产业发展负向波动，比如，产业全要素生产率的降低及新兴产业发展陷入困局、传统产业转型遇到阻力等；比如，自然灾害导致农业减产；比如，因缺乏LED核心技术，中国LED行业在国际市场遭遇专利技术壁垒，发展陷入困局；再比如，因共性技术供给不足，传统产业转型升级的羁绊日渐凸显。因此有必要拓展产业发展波动的外延，将其分为正向波动和负向波动。类似地，可以得到企业发展正向波动和负向波动的定义。技术、人才、项目等经济要素的正向波动则更多表现为技术的进步、人力资本水平的提高、项目经济效益与社会效益的提升等，负向波动与之相反。

哪些因素影响了企业、产业以及区域的发展波动?

杜康等（2019）基于DEA-Malmquist生产率指数法考察了安徽省大中型工业企业全要素生产率，认为安徽省大中型工业企业全要素生产率的提高主要是由于技术进步的提高引起的，而外商直接投资和企业盈利能力对全要素生产率以及技术进步率都具有正向影响，企业规模和政府资金对全要素生产率和技术进步率都具有负向影响，且行业集中度对技术进步率有负向影响。

王映川（2017）对先进装备制造业全要素生产率的研究发现，人力资本水平、R&D经费投入、宏观经济形势、社会固定资产投资情况、对外贸易依存度以及科技劳动力是对先进装备制造业全要素生产率产生正向显著影响的影响因素。王欢芳等（2020）测算了战略性新兴产业全要素生产率并使用Tobit模型探究了其影响因素，认为政府扶持、专利保护、科技创新、人力资本、企业规模、资源配置效率、管理水平、生产要素的利用效率等以不同途径影响着战略性新兴产业的全要素生产率。田萍、汪制邦（2019）使用 DEA-Malmquist 指数法和 SFA 方法测算了我国 2001—2015 年第三产业全要素生产率并按照南部沿海地区等八大经济区考察了其区域差异，发现第三产业从业人数比重、R&D 投入强度和反腐力度是第三产业全要素生产率的主要影响因素，且 R&D 投入强度的巨大差异是导致第三产业全要素生产率区域差异的主要来源。

孙红军、王胜光（2020）研究了国家高新区全要素生产率的区域差异，认为技术进步差距、技术效率差距、规模效率差距是导致其区域差异的关键因素，另外经济发展水平、研发投入、资本积累、产业结构、科技金融、国际化、市场化和政策支持等因素，或正向或负向影响了东部、中部、西部和东北高新区的全要素生产率。帕纳约蒂斯等（Panagiotis，et al.，2020）实证研究了欧元区国家国内外研发资本对全要素生产率的影响，结果显示外国研发资本对全要素生产率的贡献高于国内研发资本，高等教育研发资本对全要素生产率的影响大于企业和公众的研发资本。

另外还有大量聚焦企业①、行业②、产业③或区域④全要素生产率及其影响因素的研究。在这些研究中，都能看到一些关键词汇，比如技术进步、人力资本提升、资源配置效率、规模经济、研发投入、基础设施改造、科技劳动力、政府支持、专利保护、科技创新、FDI、对外贸易等。此外，还存在一些影响全要素生产率，甚至从根本上影响产业、企业生存与发展的因素，比如经济体制、财政政策、金融政策等。

改革开放以来，我国从计划经济转向市场经济，劳动力、资本、土地等有形生产要素和管理、技术等无形生产要素都得以极大利用和发展，推

---

① 侯志杰、朱承亮：《中国人工智能企业全要素生产率及其影响因素》，《企业经济》2018 年第 11 期。

② 郭春娜：《制造业全要素生产率测算及影响因素研究》，《重庆大学学报（社会科学版）》2019 年第 2 期。

③ 郁葱茏：《物流业全要素生产率及其影响因素分析》，《统计与信息论坛》2018 年第 5 期。

④ 陈明华等：《长江经济带全要素生产率增长的地区差异及影响因素》，《经济社会体制比较》2018 年第 2 期。

动了以效率改善、技术进步和规模经济为主要特征的发展局面的形成，提高了各行业的全要素生产率，特别是轻工业和第三产业的全要素生产率，而改革开放的推进无疑是以项目为载体的，比如四个经济特区的成立，沿海十四个城市的开放。因此，改革开放以来的产业发展正向波动从宏观上讲来源于经济体制变革，从微观上讲，其形成依然离不开技术、人才和项目三个要素。

党的十八大以来，我国推行精准扶贫战略，明确了六个精准的核心要求，制定了“五个一批”的具体措施，从金融扶持、财政支持、责任机制、项目方式、技术扶贫等方面发力，2020 年实现了现行标准下近 1 亿农村贫困人口全部脱贫，832 个贫困县全部摘帽。党的十九大提出乡村振兴战略，随后明确了产业振兴、人才振兴、文化振兴、生态振兴、组织振兴的科学论断，通过推动工商资本下乡、科技下乡、人才下乡等，力求实现乡村振兴与精准脱贫的有效衔接及乡村全面振兴。精准脱贫、乡村振兴既是顶层设计的产物，也是人才、科技与资本密切关联的产业项目等经济要素协同作用的结果。1978—2020 年农村贫困人口数及城乡收入比见图 6-1。

二、积极效应与消极效应

产业发展波动在区域间经济系统的扩散，一方面使得技术创新等带来的正向波动得以扩散，不仅促进了波动源发区域的要素成长、企业发展、产业升级和经济发展，而且不同程度地促进了其他区域的要素成长、企业发展、产业升级、经济发展，推动了区域协同发展；另一方面使得自然灾害、次贷危机等导致的负向波动得以扩散，不仅影响了波动源发区域要素成长、企业发展、产业升级和经济增长，而且不同程度地阻碍了其他区域的要素发展、企业发展、产业升级和经济增长，引起多区域经济发展受阻甚至倒退。前者称之为积极效应，后者称之为消极效应。

第一次工业革命源发区域是英国，第二次工业革命源发区域是德国、美国等先进资本主义国家，第三次工业革命源发区域是美国，第四次工业

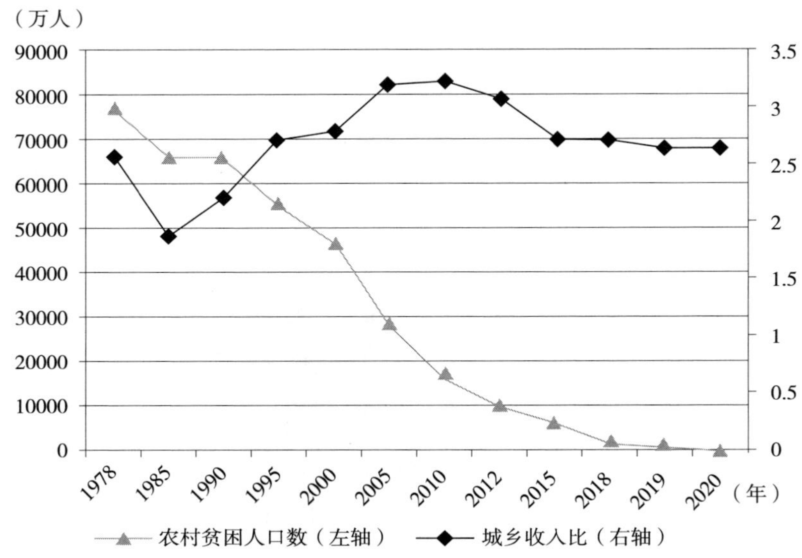

图 6-1　1978—2020 年农村贫困人口数及城乡收入比

数据来源：国家统计局。

革命源发区域是中国、美国、德国、日本、英国等。然而时至今日，铁路建设与蒸汽技术并不局限于英国，其他国家也纷纷经历了机械生产时代；电力技术和自动化生产线也不仅局限于美国和德国，规模化生产传播到了世界多地；半导体技术、计算机与互联网技术、数字技术也不只是美国的专利；基因测序、纳米技术、可再生能源、量子计算、数字制造等技术之花在多国绽放。技术及由之带来的产业发展波动在区域间扩散，推动了多区域的技术进步与产业发展，但扩散的速度和不同区域受其影响的程度是不同的。事实上，在世界上部分地区，前三次工业革命还在进行中，全球仍有 13 亿人无法获得电力供应，40 亿人口仍无法接入互联网，也就是说，仍有 17%的人尚未完整体验第二次工业革命，53%的人尚未完整体验第三次工业革命①。产业发展正向波动的区域间扩散是一个相对缓慢的过

① ［德］克劳斯·施瓦布：《第四次工业革命——转型的力量》，李菁译，中信出版社 2016 年版，第 5 页。

程，纺锤走出欧洲花了大约 120 年，在以快节奏高速度为主要特征的今天，互联网走向世界也花了 10 多年。

相反，消极效应的发生却快得多。以 21 世纪初爆发的世界金融危机为例，2008 年 9 月 25 日雷曼兄弟宣布破产，揭开了全球性金融危机的序幕，随后金融危机迅速传播到全球，影响世界多国。从我国数据看，2008 年金融危机爆发后，首先因美国国内需求下降，抑制了我国外贸出口业的发展（20%的纺织企业出现亏损），导致我国外贸型企业经营困难甚至倒闭；其次因美国金融业下行导致我国股市、汇率、资本市场等明显下跌，我国金融业受到严重冲击，资本市场风险加剧；最后因我国实体经济遭受打击，我国劳动力需求减少，失业人数增多。但各国受美国金融危机的影响程度是不同的，我国是这次危机中受损最小的发展中国家。

第二节　产业发展波动区域间扩散的效应量化

产业发展波动在各区域扩散的效应是不同的，可以采用超网络指标进行量化，一类是层内指标，即量化波动在各层子网络上扩散的指标；另一类是层间指标，即量化波动在不同层子网络上扩散的指标。

一、效应量化层内指标体系

超网络的层内子网络上各节点扩散波动的能力是不同的，这些能力不同的节点相互关联构成不同的扩散路径，因此可以从节点影响力和扩散路径两个层面设置效应量化层内指标体系，前者包括节点度、二阶度、中介中心度、接近中心度和节点核度，后者为基础关联树。这些指标已在第二章第一节第三部分进行了详细说明，图 6-2 是简单汇总。

二、效应量化层间指标体系

超网络的不同层子网络上节点间存在关联，构成包含异质节点的扩散

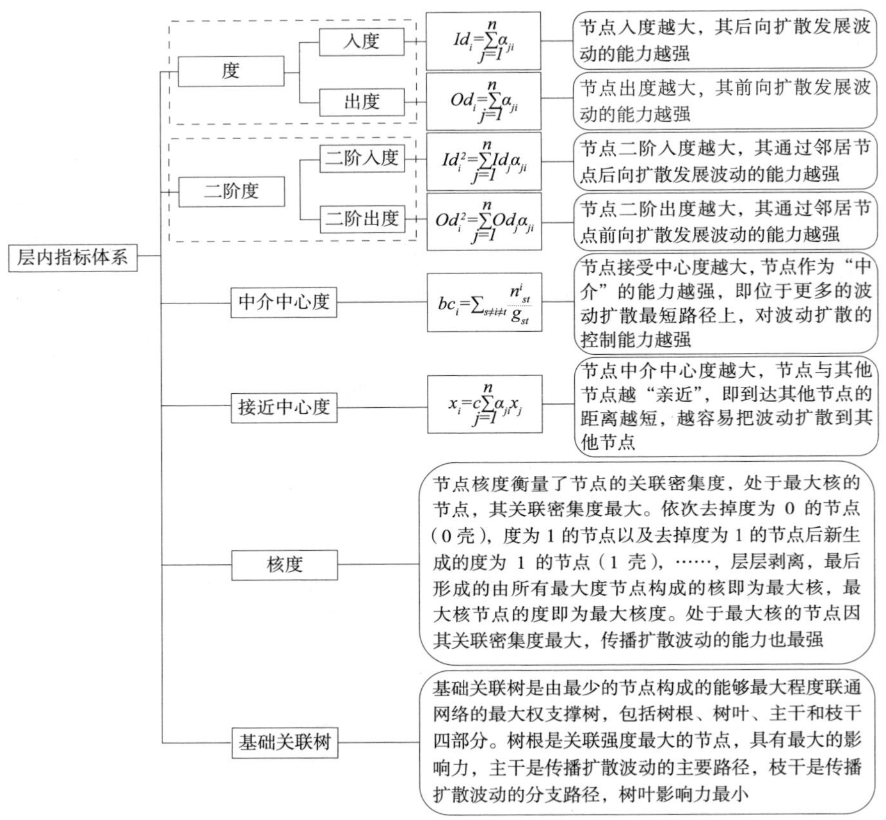

图 6-2　层内指标体系

注：作者自制。

路径，且各节点、各超边扩散波动的能力是不同的。因此，层间指标的设置可以聚焦节点影响力、边影响力和网络影响力考虑。节点影响力的度量指标包括节点超度、二阶超度；边影响力的度量指标包括节点关联桥度、节点关联强度和超边关联度；网络影响力度量指标为超网络密度，见图 6-3。

下面以图 6-4 所示“要素—企业—产业—区域”超网络为例对层间指标进行说明。

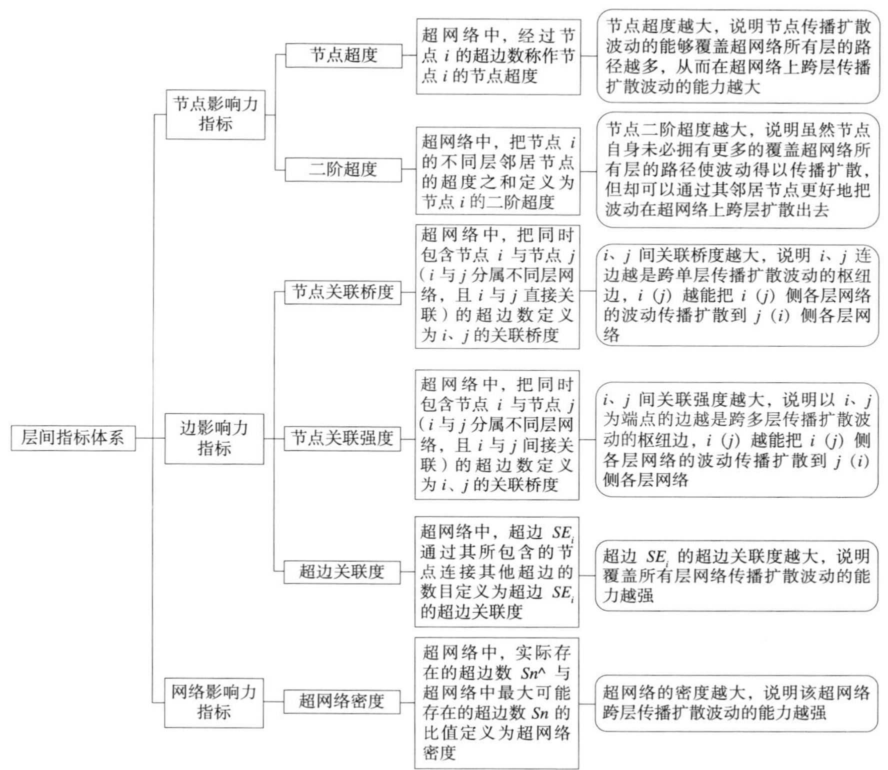

层间指标体系
节点影响力指标
节点超度
超网络中，经过节点 i 的超边数称作节点 i 的节点超度
节点超度越大，说明节点传播扩散波动的能够覆盖超网络所有层的路径越多，从而在超网络上跨层传播扩散波动的能力越大
二阶超度
超网络中，把节点 i 的不同层邻居节点的超度之和定义为节点 i 的二阶超度
节点二阶超度越大，说明虽然节点自身未必拥有更多的覆盖超网络所有层的路径使波动得以传播扩散，但却可以通过其邻居节点更好地把波动在超网络上跨层扩散出去
边影响力指标
节点关联桥度
超网络中，把同时包含节点 i 与节点 j（i 与 j 分属不同层网络，且 i 与 j 直接关联）的超边数定义为 i、j 的关联桥度
i、j 间关联桥度越大，说明 i、j 连边越是跨单层传播扩散波动的枢纽边，i (j) 越能把 i (j) 侧各层网络的波动传播扩散到 j (i) 侧各层网络
节点关联强度
超网络中，把同时包含节点 i 与节点 j（i 与 j 分属不同层网络，且 i 与 j 间接关联）的超边数定义为 i、j 的关联桥度
i、j 间关联强度越大，说明以 i、j 为端点的边越是跨多层传播扩散波动的枢纽边，i (j) 越能把 i (j) 侧各层网络的波动传播扩散到 j (i) 侧各层网络
超边关联度
超网络中，超边 SEi 通过其所包含的节点连接其他超边的数目定义为超边 SEi 的超边关联度
超边 SEi 的超边关联度越大，说明覆盖所有层网络传播扩散波动的能力越强
网络影响力指标
超网络密度
超网络中，实际存在的超边数 Sn^ 与超网络中最大可能存在的超边数 Sn 的比值定义为超网络密度
超网络的密度越大，说明该超网络跨层传播扩散波动的能力越强

图 6-3　层间指标体系

注：作者自制。

（一）节点超度

在图 6-4“要素—企业—产业—区域”超网络中，三角 1—圆圈 1—正方形 1—椭圆 1 构成一条超边，三角 1—圆圈 3—正方形 2—椭圆 1 构成一条超边，等等，因此要素 1 的升级不仅导致企业 1 的成长、产业 1 的升级，区域 1 的经济发展，而且促进了企业 3 的成长，产业 2 的升级，进一步推动了区域 1 的经济发展，从而要素 1 的超度为 2。可见，超度越大的节点关联的超边越多，越能把波动扩散到其他层网络，即超度越大的节点的波动影响到的网络层数越多。

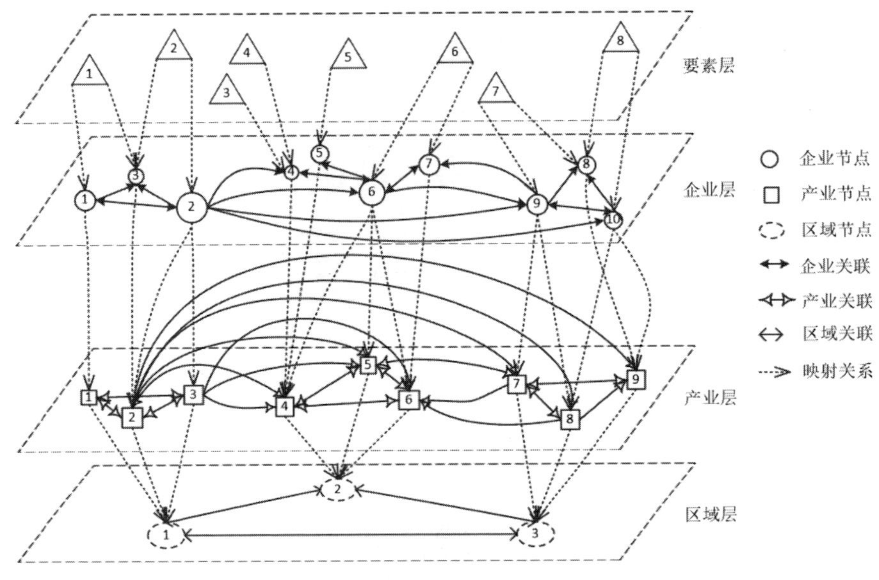

图 6-4 “要素—企业—产业—区域”超网络

注：作者自制。产业 1、4、7 是分属不同区域的同一产业，产业 2、5、8 是分属不同区域的同一产业，产业 3、6、9 是分属不同区域的同一产业。

（二）节点二阶超度

在图 6-4“要素—企业—产业—区域”超网络中，要素 1 的超度为 2，但其不同层邻居节点企业 1 的超度为 1，企业 3 的超度为 2，因此，要素 1 的二阶超度为 3，从而要素 1 的升级不仅能够通过企业 1 促进产业 1 的升级和区域 1 的经济增长，还能通过企业 3 推动要素 2 的升级、产业 2 的升级和区域 1 的经济增长。可见，二阶超度越大的节点，虽然未必位于更多覆盖超网络所有层的路径上，从而波动得以在不同层网络上传播扩散，但却可以通过其邻居节点更好地使波动在超网络上扩散出去。

（三）节点关联桥度

在图 6-4“要素—企业—产业—区域”超网络中，同时包含企业 6 和要素 6 的超边数为 3，即企业 6 和要素 6 位于 3 条波动扩散路径上。可见，两节点关联桥度越大，连接两节点的边越是跨单层传播扩散波动的枢纽边，越能把一侧各层网络的波动传播扩散到另一侧各层网络。

（四）节点关联强度

在图6-4“要素—企业—产业—区域”超网络中，同时包含产业2和要素2的超边数为2，即产业2和要素2位于2条波动扩散路径上。可见，两节点关联强度越大，连接两节点的边越是跨多层传播扩散波动的枢纽边，越能把一侧各层网络的波动传播扩散到另一侧各层网络。

（五）超边关联度

在图6-4“要素—企业—产业—区域”超网络中，超边要素1—企业1—产业1—区域1中，通过要素1关联的超边数为2，通过企业1关联的超边数为1，通过产业关联的超边数为1，通过区域1关联的超边数为1，因此，其超边关联度为5。从而，超边关联度越大的超边覆盖所有层网络传播扩散波动的能力越强。

（六）超网络密度

在图6-4“要素—企业—产业—区域”超网络中，实际存在的超边数为18，超网络中最大可能存在的超边数为84，因此其超网络密度为0.21。超网络密度越大，超网络跨层传播扩散波动的能力越强。

小　结

无论是产业发展波动，还是企业发展波动、要素发展波动，都有正向和负向之分。技术的进步、人力资本水平的提高、项目经济效益与社会效益的提升等推动了企业全要素生产率的提高和企业的演替，导致了产业全要素生产率的提高及新产业的萌生、旧产业的消亡，此谓正向波动；反之，经济要素的不良表现则导致企业全要素生产率的降低和转型升级失败等，使得产业全要素生产率下降、新兴产业发展陷入困局、传统产业转型遇到阻力等。正向波动在单区域经济系统内和多区域经济系统间的扩散导致积极效应；负向波动则导致消极效应。为有效利用放大积极效应，主动规避减缓消极效应，可以选择、设计超网络层内指标和层间指标来量化各节点对波动扩散的影响力，找到波动扩散的关键路径。

第三篇

效　应

第七章

基于大国数据的产业发展波动区域间扩散效应研究

在全球疫情蔓延、世界经济颓靡背景下，2020 年 10 月 29 日闭幕的十九届五中全会再次强调：畅通国内大循环，促进国内国际双循环；实行更高水平开放，推动贸易和投资自由化便利化。我国经济已高度融入世界，不存在封闭的国内大循环，因此长期看我国产业发展波动必然影响他国，我国也必然受他国产业发展波动的影响。明确我国与其他大国间产业发展波动相互影响的路径与强度，在世界经济风云诡谲的今天异常重要。

第一节　研究意义

世界经济风云变幻，大国相争隐匿硝烟。世界经济在各国竞合中发展，各国在世界经济中的地位是变与不变的交响。自 20 世纪末开始，除美国稳坐霸主交椅外，长期来看，其他国家的世界排名均在变化中。

以 1989—2019 年的观察时段为例，见表 7-1，在 2019 年世界 GDP20 强国家中，印度尼西亚 2009 年进入 20 强并一直保持 20 强地位。沙特阿拉伯 2008 年进入 20 强，在 2009 年短暂跌出后，2010 年至今一直位于 20 强之列。土耳其 1997 年进入 20 强，除 2001 年外，未跌出 20 强。俄罗斯除 1999 年外其他年份也在 20 强之列。而其他 16 个国家一直名列世界 GDP 前 20 位，这些国家是美国、中国、日本、德国、印度、英国、法国、意大利、巴西、加拿大、韩国、澳大利亚、西班牙、墨西哥、荷兰、瑞士。也有一些前期属于 20 强后期跌出 20 强的国家，比如奥地利、比利时、瑞典、伊拉克、阿根廷、波兰等。

由表 7-1 可知，在观察时段内，美国 GDP 一直名列世界第 1 位，中国从第 11 位一路攀升，自 2010 年超越日本成为世界 GDP 第二大国，同年日本从第 2 位跌至第 3 位，2007 年德国从第 3 位跌至第 4 位。印度从第 13 位经 4 降 12 升，于 2018 年超越英国成为第 5 强国家，英国从世界第 6 位，经两个名次的小幅波动，2019 年回落至世界第 6 位，法国则由世界第 4 位跌落到世界第 7 位，与法国类似的还有意大利，从世界第 5 位跌至世界第 8 位，巴西则由世界第 9 位，经 7 落 7 升回到世界第 9 位，加拿大由世界第 7 位蜿蜒跌落到世界第 10 位。其他国家的排名也是浮浮沉沉，处于变化中。

表 7-1　1989—2019 年世界 GDP 20 强（按 2019 年排名）排名变化

年份	美国	中国	日本	德国	印度	英国	法国	意大利	巴西	加拿大	俄罗斯	韩国	澳大利亚	西班牙	墨西哥	印度尼西亚	荷兰	沙特阿拉伯	土耳其	瑞士
1989	1	11	2	3	13	6	4	5	9	7	8	15	12	10	15	—	—	—	—	18
1990	1	11	2	3	12	6	4	5	10	7	9	15	14	8	17	—	13	—	—	18
1991	1	11	2	3	17	6	4	5	8	7	10	12	14	9	15	—	—	—	—	18
1992	1	10	2	3	16	6	4	5	11	8	9	14	15	7	12	—	—	—	—	18
1993	1	10	2	3	16	6	4	5	11	7	12	13	15	8	9	—	—	—	—	17
1994	1	8	2	3	15	5	4	6	9	7	13	12	16	10	11	—	—	—	—	17
1995	1	8	2	3	15	5	4	6	7	10	13	11	14	9	16	—	—	—	—	17
1996	1	7	2	3	15	5	4	6	8	10	16	11	14	9	13	—	12	—	—	17
1997	1	7	2	3	15	4	5	6	8	9	16	11	13	10	12	—	14	—	—	18
1998	1	7	2	3	13	4	5	6	8	9	19	15	14	10	11	—	13	—	18	17
1999	1	7	2	3	13	4	5	6	11	8	—	12	15	9	10	—	14	—	20	16
2000	1	6	2	3	13	4	5	7	10	8	20	12	15	11	9	—	14	—	17	18
2001	1	6	2	3	13	4	5	7	11	9	16	12	15	10	8	—	14	—	—	17

续表

年份	美国	中国	日本	德国	印度	英国	法国	意大利	巴西	加拿大	俄罗斯	韩国	澳大利亚	西班牙	墨西哥	印度尼西亚	荷兰	沙特阿拉伯	土耳其	瑞士
2002	1	6	2	3	12	4	5	7	13	9	16	11	15	10	8	—	14	—	20	17
2003	1	6	2	3	12	4	5	7	14	9	16	11	15	8	10	—	13	—	20	17
2004	1	6	2	3	12	4	5	7	13	9	16	10	15	8	11	—	14	—	17	18
2005	1	5	2	3	13	4	6	7	11	8	14	10	15	9	12	—	16	—	17	18
2006	1	4	2	3	14	5	6	7	10	8	12	11	15	9	13	—	16	—	17	18
2007	1	3	2	4	12	5	6	7	10	9	11	13	15	8	14	—	16	—	17	19
2008	1	3	2	4	12	5	6	7	8	11	9	15	14	10	13	—	16	20	17	18
2009	1	3	2	4	11	6	5	7	8	10	12	13	14	9	15	19	16	—	17	18
2010	1	2	3	4	9	6	5	8	7	10	11	14	13	12	15	18	16	20	17	19
2011	1	2	3	4	10	6	5	8	7	11	9	14	13	12	15	17	16	20	18	19
2012	1	2	3	4	11	5	6	9	7	10	8	14	12	13	15	16	18	19	17	20
2013	1	2	3	4	10	6	5	9	7	11	8	13	12	14	15	17	18	19	16	20
2014	1	2	3	4	10	5	6	8	7	11	9	12	13	14	15	18	17	19	16	20
2015	1	2	3	4	7	5	6	8	9	10	12	11	13	14	15	17	18	20	16	19
2016	1	2	3	4	7	5	6	8	9	10	12	11	14	13	15	16	18	20	17	19
2017	1	2	3	4	6	5	7	9	8	10	12	11	13	14	15	16	18	19	17	20
2018	1	2	3	4	7	5	6	8	9	11	12	10	13	14	15	16	17	18	19	20
2019	1	2	3	4	5	6	7	8	9	10	11	12	13	14	15	16	17	18	19	20

注：“—”表示对应年份该国家未进入 TOP20。

排名反映的是相对名次的变化，不能反映经济绝对总量的对比，而经济总量及经济增速是决定当前及未来相对排名的关键。表 7-2 显示了 1989—2019 年世界 GDP20 强（按 2019 年排名）GDP 的变化。由表 7-2 可知，美国经济总量遥遥领先，在多个年份数倍于其他国家，但近些年来与排名第 2 位的中国的差距在逐渐缩小。日本与德国的 GDP 也相对较大。图 7-1 为 2019 年世界 GDP 20 强实际增速。由图 7-1 可知，中国、印度和印度尼西亚相对其他国家增速较大，将深刻影响着三个国家的经济总量和世界排名。

表 7-2　1989—2019 年世界 GDP 20 强（按 2019 年排名）GDP 变化

（单位：万亿美元）

年份	美国	中国	日本	德国	印度	英国	法国	意大利	巴西	加拿大	俄罗斯	韩国	澳大利亚	西班牙	墨西哥	印度尼西亚	荷兰	沙特阿拉伯	土耳其	瑞士
1989	5.64	0.35	3.05	1.40	0.30	0.93	1.40	0.93	0.43	0.57	0.51	0.25	0.30	0.41	0.22	—	0.26	—	—	0.20
1990	5.96	0.36	3.13	1.77	0.32	1.09	1.27	1.18	0.46	0.59	0.52	0.28	0.31	0.54	0.26	—	0.32	—	—	0.26
1991	6.16	0.38	3.58	1.87	0.27	1.14	1.27	1.25	0.60	0.61	0.52	0.33	0.33	0.58	0.31	—	0.33	—	—	0.26
1992	6.52	0.43	3.91	2.13	0.29	1.18	1.40	1.32	0.40	0.59	0.46	0.36	0.32	0.63	0.36	—	0.36	—	—	0.27
1993	6.86	0.44	4.45	2.07	0.28	1.06	1.32	1.06	0.44	0.58	0.44	0.39	0.31	0.53	0.50	—	0.35	—	—	0.26
1994	7.29	0.56	4.91	2.21	0.33	1.14	1.39	1.10	0.56	0.58	0.40	0.46	0.32	0.53	0.53	—	0.38	—	—	0.29
1995	7.64	0.73	5.45	2.59	0.36	1.34	1.60	1.17	0.77	0.60	0.40	0.57	0.37	0.61	0.36	—	0.45	—	—	0.34
1996	8.07	0.86	4.83	2.50	0.39	1.42	1.61	1.31	0.85	0.63	0.39	0.61	0.40	0.64	0.41	—	0.45	—	—	0.33
1997	8.58	0.96	4.41	2.21	0.42	1.56	1.45	1.24	0.88	0.65	0.40	0.57	0.43	0.59	0.50	—	0.42	—	—	0.29
1998	9.06	1.03	4.03	2.24	0.42	1.65	1.50	1.27	0.86	0.63	0.27	0.38	0.40	0.62	0.53	—	0.44	—	0.28	0.30
1999	9.63	1.09	4.56	2.19	0.46	1.68	1.49	1.25	0.60	0.68	—	0.50	0.39	0.63	0.60	—	0.45	—	0.26	0.29
2000	10.25	1.21	4.89	1.94	0.47	1.66	1.36	1.14	0.66	0.74	0.26	0.58	0.42	0.60	0.71	—	0.42	—	0.27	0.27
2001	10.58	1.34	4.30	1.94	0.49	1.64	1.38	1.17	0.56	0.74	0.31	0.55	0.38	0.63	0.76	—	0.43	—	—	0.28
2002	10.94	1.47	4.12	2.07	0.51	1.78	1.49	1.27	0.51	0.76	0.35	0.63	0.39	0.71	0.77	—	0.47	—	0.24	0.30
2003	11.46	1.66	4.45	2.50	0.61	2.05	1.84	1.57	0.56	0.89	0.43	0.70	0.47	0.91	0.73	—	0.58	—	0.31	0.35
2004	12.21	1.96	4.82	2.81	0.71	2.42	2.12	1.80	0.67	1.02	0.59	0.79	0.61	1.07	0.78	—	0.66	—	0.41	0.39

续表

年份	美国	中国	日本	德国	印度	英国	法国	意大利	巴西	加拿大	俄罗斯	韩国	澳大利亚	西班牙	墨西哥	印度尼西亚	荷兰	沙特阿拉伯	土耳其	瑞士
2005	13. 04	2. 29	4. 76	2. 85	0. 82	2. 54	2. 20	1. 86	0. 89	1. 17	0. 76	0. 93	0. 69	1. 15	0. 88	—	0. 69	—	0. 51	0. 41
2006	13. 81	2. 75	4. 53	2. 99	0. 94	2. 71	2. 32	1. 95	1. 11	1. 32	0. 99	1. 05	0. 75	1. 26	0. 98	—	0. 73	—	0. 56	0. 43
2007	14. 45	3. 55	4. 52	3. 42	1. 22	3. 10	2. 66	2. 21	1. 40	1. 46	1. 30	1. 17	0. 85	1. 47	1. 05	—	0. 85	—	0. 68	0. 48
2008	14. 71	4. 59	5. 04	3. 73	1. 20	2. 92	2. 92	2. 40	1. 70	1. 55	1. 66	1. 05	1. 05	1. 63	1. 11	—	0. 95	0. 52	0. 77	0. 55
2009	14. 45	5. 10	5. 23	3. 40	1. 34	2. 41	2. 69	2. 19	1. 67	1. 37	1. 22	0. 94	0. 93	1. 49	0. 90	0. 54	0. 87	—	0. 65	0. 54
2010	14. 99	6. 09	5. 70	3. 40	1. 68	2. 48	2. 64	2. 13	2. 21	1. 61	1. 52	1. 14	1. 15	1. 42	1. 06	0. 76	0. 85	0. 53	0. 78	0. 58
2011	15. 54	7. 55	6. 16	3. 74	1. 82	2. 66	2. 86	2. 29	2. 62	1. 79	2. 05	1. 25	1. 40	1. 48	1. 18	0. 89	0. 90	0. 67	0. 84	0. 70
2012	16. 20	8. 53	6. 20	3. 53	1. 83	2. 70	2. 68	2. 09	2. 47	1. 83	2. 21	1. 28	1. 55	1. 32	1. 20	0. 92	0. 84	0. 74	0. 88	0. 67
2013	16. 78	9. 57	5. 16	3. 73	1. 86	2. 79	2. 81	2. 14	2. 47	1. 85	2. 29	1. 37	1. 58	1. 35	1. 27	0. 91	0. 88	0. 75	0. 96	0. 69
2014	17. 53	10. 48	4. 85	3. 88	2. 04	3. 06	2. 85	2. 16	2. 46	1. 80	2. 06	1. 48	1. 47	1. 37	1. 32	0. 89	0. 89	0. 76	0. 94	0. 71
2015	18. 22	11. 06	4. 39	3. 36	2. 10	2. 93	2. 44	1. 84	1. 80	1. 56	1. 36	1. 47	1. 35	1. 20	1. 17	0. 86	0. 77	0. 65	0. 86	0. 68
2016	18. 71	11. 23	4. 92	3. 47	2. 29	2. 69	2. 47	1. 88	1. 80	1. 53	1. 28	1. 50	1. 21	1. 23	1. 08	0. 93	0. 78	0. 64	0. 87	0. 67
2017	19. 52	12. 31	4. 87	3. 68	2. 65	2. 67	2. 60	1. 96	2. 06	1. 65	1. 57	1. 62	1. 33	1. 31	1. 16	1. 02	0. 83	0. 69	0. 86	0. 68
2018	20. 58	13. 89	4. 95	3. 96	2. 71	2. 86	2. 79	2. 09	1. 89	1. 72	1. 67	1. 72	1. 43	1. 42	1. 22	1. 04	0. 91	0. 79	0. 78	0. 71
2019	21. 43	14. 34	5. 08	3. 86	2. 87	2. 83	2. 72	2. 00	1. 84	1. 74	1. 70	1. 65	1. 40	1. 39	1. 27	1. 12	0. 91	0. 79	0. 76	0. 70

注：“—”表示意义同表 7-1。

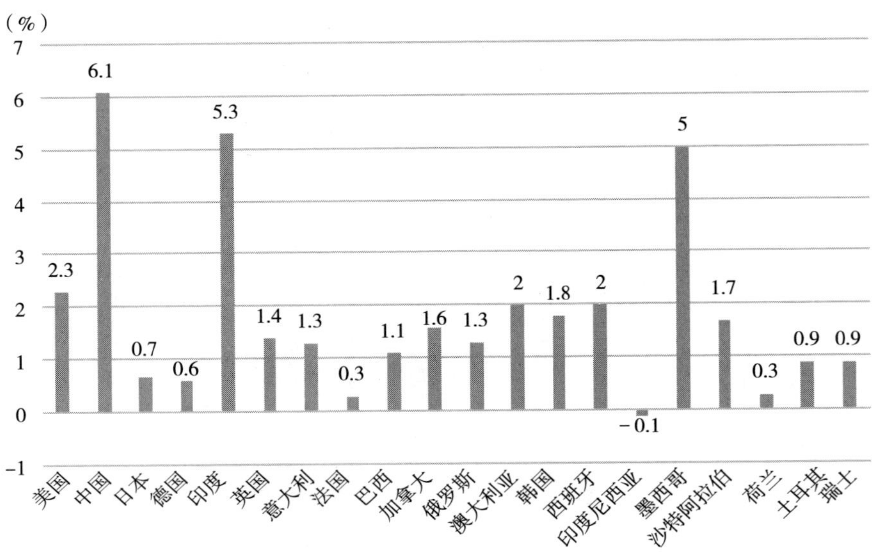

图 7-1　2019 年世界 GDP 20 强实际增速

资料来源：根据公开资料整理。

从推动经济社会发展的科技研发水平看，根据欧盟委员会发布的“2020 EU Industrial Research and Development Scoreboard”①，入选全球 TOP2500 榜单公司的 R&D 投入门槛至少为 3470 万欧元，2500 家公司 R&D 投资金额总共为 9024 亿欧元，相当于全球企业 R&D 投入的 90%。入选公司的主要地区分布见图 7-2。

由图 7-2 可知，TOP2500 榜单公司中美国占 775 家，居各国之首。775 家公司 R&D 投入总额高达 3429 亿欧元，占 TOP2500 榜单公司研发投入总额的 38%，继续保持全球 R&D 投入公司的第一大国地位。谷歌的母公司 Alphabet（1）、微软（2）、苹果（5）、脸书（7）和英特尔（8）这五大科技巨头位列美国公司的前五位。TOP50 强中美国公司有 22 家，见

① 欧盟委员会于 2020 年 12 月 17 日发布，统计了 2019/2020 年度，全球研发投入（R&D）最多的 2500 家公司公布的经营数据，包括 2500 家母公司及 80 多万家子公司的关键指标。这是连续第 16 年发布该记分牌。

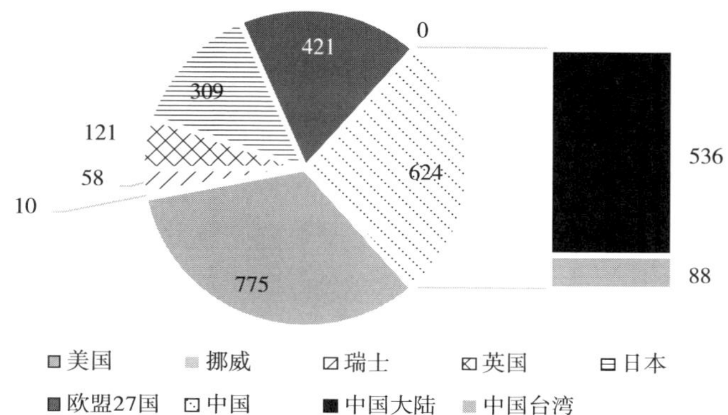

图 7-2　2019/2020 年度全球 TOP2500 榜单公司主要地区分布

注：剩余 179 家公司分布在世界其他国家。

表 7-3。

TOP2500 榜单公司中中国占 624 家，其中大陆 536 家，台湾 88 家，624 家公司 R&D 投入总额高达 2256 亿欧元，占 TOP2500 榜单公司研发投入总额的 25%，居世界第 2 位。TOP 50 中中国公司有华为（3）、阿里巴巴（26）和腾讯（46），均为大陆公司，中国台湾公司排名最前的为鸿海集团（57），台积电（58）排名也不错。

TOP2500 榜单公司中日本占 309 家，其 R&D 投入总额为 1173 亿欧元，占 TOP2500 榜单公司研发投入总额的 13%。TOP 50 中日本公司有丰田（12）、本田（17）、日产（35）、松下（39）和索尼（43）。

表 7-3　TOP50 榜单企业

排名	公司	国家	行业	R&D（百万欧元）
1	Alphbet	美国	软件及计算机服务	23160.1
2	微软	美国	软件及计算机服务	17152.4
3	华为	中国	硬件及设备	16712.7
4	三星电子	韩国	电子及电子设备	15525.0
5	苹果	英国	硬件及设备	14435.6

续表

排名	公司	国家	行业	R&D（百万欧元）
6	大众	德国	汽车及零部件	14306.0
7	脸书	美国	软件及计算机服务	12106.1
8	英特尔	美国	硬件及设备	11894.3
9	罗氏	瑞士	制药及生物技术	10753.2
10	强生	美国	制药及生物技术	10107.7
11	戴姆勒	德国	汽车及零部件	9630.0
12	丰田	日本	汽车及零部件	9057.9
13	默克美国	美国	制药及生物技术	8234.8
14	诺华	瑞士	制药及生物技术	7713.2
15	吉利德	美国	制药及生物技术	7393.6
16	辉瑞	英国	制药及生物技术	7373.2
17	本田	日本	汽车及零部件	6834.8
18	福特	美国	汽车及零部件	6587.1
19	宝马	德国	汽车及零部件	6419.0
20	博世	德国	汽车及零部件	6229.0
21	西门子	德国	电子及电子设备	6086.0
22	通用汽车	美国	汽车及零部件	6053.1
23	赛诺菲	法国	制药及生物技术	6015.0
24	思科	美国	硬件及设备	5854.5
25	拜尔	德国	制药及生物技术	5628.0
26	阿里巴巴	中国	软件及计算机服务	5488.5
27	甲骨文	美国	软件及计算机服务	5400.6
28	百时美施贵宝	美国	制药及生物技术	5373.9
29	葛兰素史克	英国	制药及生物技术	5068.0
30	艾伯维	美国	制药及生物技术	4813.1
31	高通	美国	硬件及设备	4805.1
32	阿斯利康	英国	制药及生物技术	4795.3
33	IBM	美国	软件及计算机服务	4767.7
34	戴尔	美国	硬件及设备	4741.9

续表

排名	公司	国家	行业	R&D（百万欧元）
35	日产	日本	汽车及零部件	4444.0
36	诺基亚	芬兰	硬件及设备	4411.0
37	Uber	美国	软件及计算机服务	4304.8
38	SAP	德国	软件及计算机服务	4283.0
39	松下	日本	消费电子	4230.9
40	菲亚特克莱斯勒	荷兰	汽车及零部件	4194.0
41	博通	美国	硬件及设备	4180.2
42	电装	日本	汽车及零部件	4142.6
43	索尼	日本	消费电子	4073.0
44	标致	法国	汽车及零部件	4061.0
45	武田制药	日本	汽车及零部件	4014.2
46	腾讯	中国	软件及计算机服务	3871.4
47	雷诺	法国	汽车及零部件	3697.0
48	爱立信	瑞典	硬件及设备	3681.6
49	安进	美国	制药及生物技术	3663.9
50	大陆	德国	汽车及零部件	3596.6

资料来源和制作：欧盟委员会、企业专利观察。

由表7-3可知，中国仅华为进入TOP10，名列第3位，另外阿里巴巴以26位、腾讯以46位跻身TOP50。而美国却有5家企业进入TOP10，21家企业进入TOP50，日本进入TOP50的企业数为7家，欧洲为18家，另外一家是韩国企业三星电子。且美中两国TOP2500企业R&D投入总额比例高达1.5：1，R&D投入均值比例高达2：1。

各国研发水平高低直接体现在制造业发展上。当前世界制造业已基本形成四级梯队发展格局：第一梯队是全球科技创新中心，以美国为主导；第二梯队是高端制造领域，包括欧盟、日本；第三梯队是中低端制造领域，主要是一些新兴国家，包括中国；第四梯队主要是资源输出国（地区）和组织，包括OPEC（石油输出国组织）、非洲、拉丁美洲等。

再考虑其他因素，如大国博弈、政治格局等，世界各国经济处于焦灼的竞合状态，大国竞争日益需要依赖结盟合作，这进一步增加了竞合的复杂性。同时，开放的市场经济必然导致大国间经济发展的相互影响，特别在第四次工业革命之树蓬勃成长之际，亟须明确我国与其他大国间产业发展波动相互影响的路径与强度，从而放大其他国家正向波动对我国产业升级的影响，减少甚至避免其他国家负向波动对我国经济的影响，推动我国与其他国家的经济合作，提升我国的国际影响力。

第二节　数据选取与超网络建模

中、德、日、美是世界上经济总量排名前四位的国家，也是新技术、新经济、先进制造等全球领先的国家，其产业发展波动的国家间扩散与相互影响对四国经济发展至关重要，因此，本书划定的大国范围为中、德、日、美四国。

一、数据选取

从 WIOD 最新版（2014 年）世界投入产出表①中分离出中、德、日、美四国间投入产出数据，并保留 20 个关键产业作为产业集合（附表 7-1），形成中、德、日、美 20 产业间投入产出表。

从 2018 年世界 500 强企业中，分离出属于中、德、日、美四国的 287 家企业，并选定利润额之和占 500 强企业利润总额的 80%的 TOP160 企业（附表 7-2）作为企业集合。

因此，此处要构建的超网络包含 20 个产业节点、160 个企业节点和 4 个国家节点。需要说明的是，因为人才、技术、项目等经济要素在以国家为研究区域的情境中难以确定其集合，故不考虑波动通过要素网络的传

① http：//www. wiod. org/database/wiots16.

播，而仅构建包含 160 个企业、20 个产业、4 个国家的“企业—产业—区域”产业发展波动区域间扩散超网络模型。

二、中、德、日、美“企业—产业—区域”超网络建模

（一）中、德、日、美企业网络建模

确定企业网络节点集合 V_F 。在选定的 160 家企业构成的企业集合中，包含 69 家中国企业、17 家德国企业、28 家日本企业和 46 家美国企业，其年营业收入总和分别为 35946. 53 亿美元、13196. 48 亿美元、17499. 36 亿美元和 43431. 46 亿美元。

明确企业与产业间映射关系。根据企业主营业务，依据国民经济行业分类与代码（GB/T 4754—2017），确定企业所属行业，进一步根据投入产出表中的产业分类，确定企业所属产业。若企业 F_i 属于产业 I_i ，即 $F_i \in I_i$ ，则企业 F_i 到产业 I_i 的关联矩阵元素 $w_{F_iI_i} = 1$；否则，$w_{F_iI_i} = 0$。

构建中、德、日、美企业网络。根据中、德、日、美 20 产业间投入产出表，计算产业间直接消耗系数 $A_{I_iI_j}$ ，以平均值为临界值 $A_{I^\wedge}$ ，确定产业间强关联关系，即若 $A_{I_iI_j} \geq A_{I^\wedge}$ ，则产业间关联矩阵元素 $w_{I_iI_j} = 1$，表示产业 I_i 与产业 I_j 存在强关联关系。根据产业间强关联关系，确定其包含企业间供需关系，即若 $w_{I_iI_j} = 1$，且 $w_{F_iI_i} = 1$，$w_{F_jI_j} = 1$，则企业关联矩阵元素 $w_{F_iF_j} = 1$，否则 $w_{F_iF_j} = 0$，从而形成企业网络 0—1 矩阵，据此构建企业网络。

构建企业赋权网络。因年营业收入相比年利润更能反映企业间供需关系，因此用年营业收入对企业网络的边赋权。因难以获取企业各产品的具体年营业收入，故采用平均思想，把年营业收入的产业平均值，即企业年营业收入除以其归属的产业数量，作为基于某一产业关联的企业间供需关联强度单元。设企业 F_i 年营业收入为 R_{F_i} ，企业 F_i 归属 x 个产业，企业 F_j 年营业收入为 R_{F_j} ，企业 F_j 归属 y 个产业；根据产业间直接消耗系数判断，若 y 个产业中的 m 个产业对 x 个产业中的 m 个产业存在强需求关系，

则企业网络中，企业 F_i 到企业 F_j 的关联强度为 $(R_{F_i}/x)\times m$ ，即企业 F_i 到企业 F_j 的有向边权重为 $(R_{F_i}/x)\times m$ ，从而形成企业赋权网络。

如此，构建包含160个节点的中、德、日、美企业赋权网络。表7-4为中、德、日、美企业赋权网络的节点、边和网络密度等信息，图7-3为中、德、日、美企业赋权网络图。

表7-4　中、德、日、美企业赋权网络相关信息

	四国	中国	德国	日本	美国	中德	中日	中美	德中	德日	德美	日中	日德	日美	美中	美德	美日
节点数	160	69	17	28	46	86	97	115	86	45	63	97	45	74	115	63	74
边数	5984	3047	201	500	1515	79	147	211	30	1	18	73	56	42	0	27	37
密度（%）	23.5	64.9	73.9	66.1	73.2	1.1	1.6	1.6	0.4	0	0.5	0.8	2.8	0.8	0.0	0.7	0.7

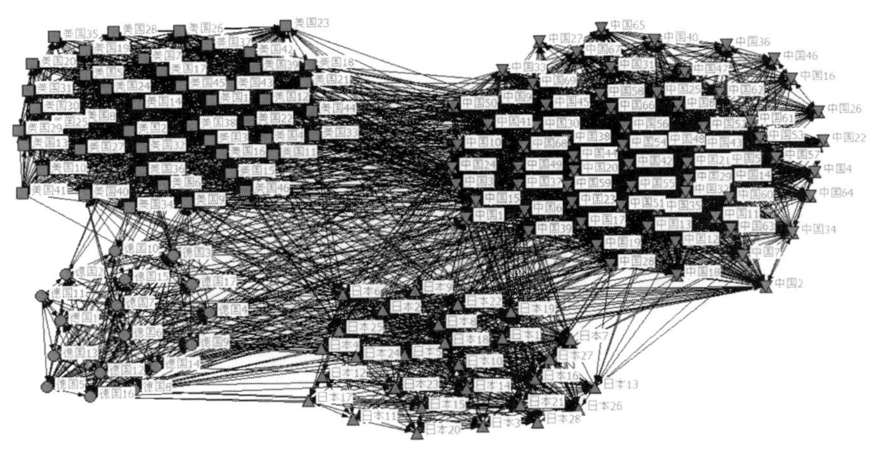

图7-3　中、德、日、美企业赋权网络

（二）中、德、日、美产业网络建模

在明确以附表7-1所示20个产业为产业网络节点集合基础上，构建中、德、日、美产业赋权网络。

依据中、德、日、美20产业投入产出表中的数据，求得产业间直接消耗系数矩阵 $A_{I_iI_j}$ 。基于产业间直接消耗系数矩阵，以均值为临界值 $A_{I^\wedge}$ ，确定产业网络 0—1 矩阵，即若 $A_{I_iI_j} \geqslant A_{I^{\wedge}}$ ，则产业网络 0—1 矩阵的元素 $w_{I_iI_j}=1$，表示产业 I_i 到产业 I_j 间连边；否则 $w_{I_iI_j}=0$，表示产业 I_i 到产业 I_j 间不连边，求得产业网络 0—1 矩阵。用直接消耗系数对边赋权，从而构建包含 80 个节点的中、德、日、美产业赋权网络。

表 7-5 为中、德、日、美产业赋权网络的节点、边和网络密度等信息，图 7-4 为中、德、日、美产业赋权网络图。

表 7-5　中、德、日、美产业赋权网络相关信息

	四国	中国	德国	日本	美国	中德	中日	中美	德中	德日	德美	日中	日德	日美	美中	美德	美日
节点数	80	20	20	20	20	40	40	40	40	40	40	40	40	40	40	40	40
边数	1012	190	247	230	244	15	19	17	1	1	7	3	8	8	0	14	8
密度（%）	16.0	50.0	65.0	60.5	64.2	1.0	1.2	1.1	0.1	0.1	0.4	0.2	0.5	0.5	0.0	0.9	0.5

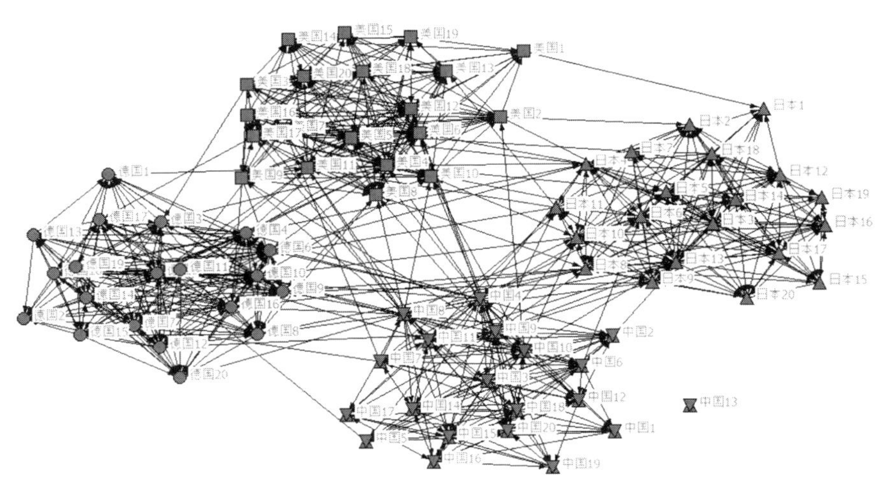

图 7-4　中、德、日、美产业赋权网络

（三）中、德、日、美区域网络建模

在明确区域网络节点为中、德、日、美四国基础上，求得中、德、日、美产业网络关联权重矩阵。根据中、德、日、美 20 产业投入产出表，求得产业间直接消耗系数 $A_{I_i^a I_j^b}$（$A_{I_i^a I_j^b}$ 表示 b 国 j 产业对 a 国 i 产业的直接消耗系数）作为中、德、日、美产业关联系数矩阵；基于中、德、日、美产业关联系数矩阵，以平均值为强关联临界值 $A_{I^\wedge}$，即若 $A_{I_i^a I_j^b} \geqslant A_{I^\wedge}$，则 $w_{I_i^a I_j^b} = 1$（$w_{I_i^a I_j^b} = 1$ 表示 a 国 i 产业与 b 国 j 产业间连边），否则 $w_{I_i^a I_j^b} = 0$（$w_{I_i^a I_j^b} = 0$ 表示两产业间不连边），求得中、德、日、美产业网络 0—1 矩阵，并用直接消耗系数对边赋权，求得中、德、日、美产业网络产业关联权重矩阵。

基于中、德、日、美产业网络关联权重矩阵，构建中、德、日、美区域赋权网络。计算 a 国所有产业到 b 国所有产业的产业关联权重之和 $\sum_{i,\,j} A_{I_i^a I_j^b} \times w_{I_i^a I_j^b}$，求得 a 国对 b 国的关联权重。依次类推，求得中、德、日、美区域网络的区域关联权重矩阵，构建中、德、日、美区域赋权网络。

表 7-6 为中、德、日、美区域赋权网络关联矩阵，图 7-5 为中、德、日、美区域赋权网络图。

表 7-6　中、德、日、美区域赋权网络关联矩阵①

	中国	德国	日本	美国	列和
中国	11. 75	0. 21	0. 27	0. 21	12. 44（0. 69）
德国	0. 01	9. 99	0. 01	0. 06	10. 06（0. 08）
日本	0. 02	0. 08	10. 61	0. 08	10. 79（0. 18）
美国	0. 00	0. 15	0. 10	9. 47	9. 72（0. 25）
行和	11. 78（0. 03）	10. 43（0. 44）	10. 99（0. 38）	9. 82（0. 35）	—

（四）中、德、日、美“企业—产业—区域”超网络建模

根据映射关系对中、德、日、美四国企业网络、产业网络和区域网络

① 行和项及列和项括号内数字是去掉自我供需的区域间关联权重和。

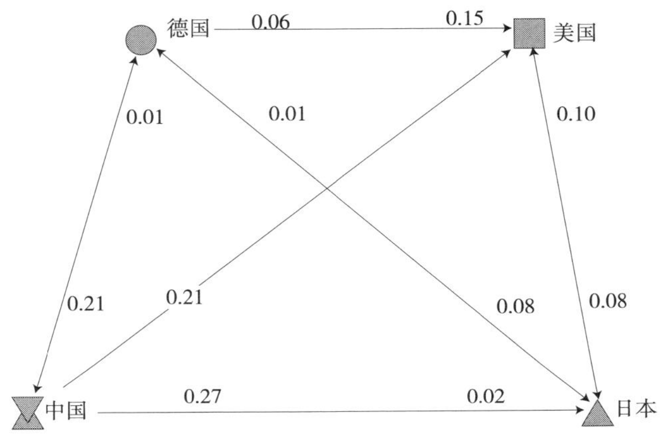

图 7-5　中、德、日、美区域赋权网络

进行耦合，得到中、德、日、美“企业—产业—国家”超网络模型，见图 7-6。图 7-6 中，1—160 行从上而下依次是中国 69 家企业节点、德国 17 家企业节点、日本 28 家企业节点和美国 46 家企业节点，161—180 行为 20 个产业节点，181—184 行为中国、德国、日本、美国四国节点；每一列为由涂黑的企业节点、产业节点、国家节点三个异质节点构成的一条超边。中、德、日、美四国“企业—产业—国家”超网络共包含 184 个节点，228 条超边。

三、基于中、德、日、美“企业—产业—区域”超网络的分析

第一，从图 7-3、图 7-4 可以直观看出，区域内企业关联和产业关联相比区域间企业关联和产业关联更为密集，表 7-4、表 7-5 的数据为这一观察结果提供了定量依据。区域内密集的企业关联、产业关联为发展波动在单区域内的传播扩散提供了可能。由图 7-3、图 7-4 和表 7-4、表 7-5 可知，不同区域间企业关联、产业关联的密集程度不同，但都为发展波动在区域间的传播扩散提供了路径。

第二，由图 7-5 可知，中、德、日、美区域间存在广泛的需求关联

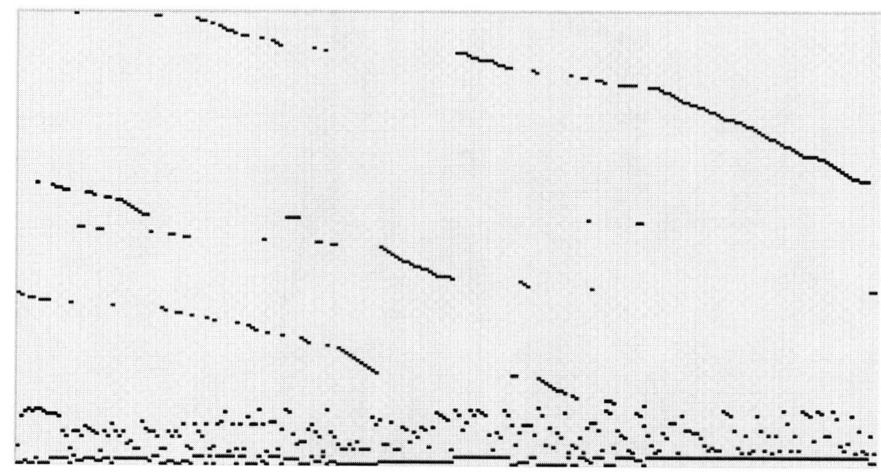

图 7-6　中、德、日、美“企业—产业—区域”超网络

和供给关联，但不同区域间关联强度是不同的。表 7-6 数据显示，德国、日本、美国相比中国更为依赖对其他国家中间品的需求，特别是对来自中国的中间品的需求，这契合当前中国作为加工制造大国的角色，特别是零部件、组件的代加工。基于选定样本看，美国加工的中间品除供应本国企业使用外，更多流向德国和日本。

第三，由图 7-6 可知，“企业—产业—区域”超网络的超边越多，层间关联越密集，越能为发展波动的区域间扩散提供可能路径。而超边数量的多寡取决于超网络规模、企业多元化水平、企业的区域分布以及产业的区域分布。

第三节　层内指标度量及效应分析

一、层内度量指标的计算

（一）企业层度量指标的计算

根据第六章设计的层内度量指标，计算中、德、日、美“企业—产业—区域”超网络中企业子网络上各节点传播扩散发展波动的能力，以及发展波动在企业子网络上的关键传播路径。表 7-7 为各指标值在均值以上的中、德、日、美四国企业的国别分布，表 7-8 为中、德、日、美企业赋权网络节点影响力各指标值排名前 20%的企业节点信息。图 7-7 为中、德、日、美企业赋权网络的基础关联树。

表 7-7　中、德、日、美指标值均值以上企业的区域分布

	入度	出度	二阶入度	二阶出度	接近中心性入	接近中心性出	中介中心性	最大入核内产业（30）	最大出核内产业（31）
中国	38	36	68	32	24	56	21	64	55
德国	2	1	6	0	13	0	8	0	0
日本	1	3	10	3	17	10	6	0	0
美国	41	21	45	22	30	0	14	0	0
和	82	61	129	57	84	66	49	64	55

表 7-8　中、德、日、美企业赋权网络指标值排名前 20%的企业

度		二阶度		接近中心性		中介中心性	核度			
入度	出度	二阶入度	二阶出度	入	出		入核（30）		出核（31）	
美国 9	中国 42	美国 9	中国 42	美国 9	中国 3	日本 22	中国 1	中国 37	中国 3	中国 44
美国 40	中国 9	美国 40	美国 33	美国 40	中国 6	日本 6	中国 2	中国 38	中国 5	中国 45
美国 34	美国 33	美国 34	中国 51	中国 64	中国 9	日本 7	中国 3	中国 39	中国 6	中国 47
中国 59	中国 51	美国 6	中国 9	德国 5	中国 10	日本 25	中国 4	中国 40	中国 7	中国 48
中国 20	中国 58	美国 11	中国 58	美国 6	中国 15	日本 26	中国 5	中国 41	中国 8	中国 49
中国 17	中国 66	美国 15	中国 66	美国 11	中国 24	中国 10	中国 6	中国 42	中国 9	中国 50
美国 6	中国 60	美国 16	美国 23	美国 15	中国 41	中国 41	中国 7	中国 43	中国 10	中国 51
美国 11	美国 23	美国 33	美国 45	美国 16	中国 38	中国 3	中国 8	中国 44	中国 11	中国 52

续表

度		二阶度		接近中心性		中介中心性	核度			
入度	出度	二阶入度	二阶出度	入	出		入核（30）		出核（31）	
美国 15	美国 45	美国 46	美国 42	美国 33	中国 30	中国 6	中国 9	中国 45	中国 12	中国 53
美国 16	美国 42	美国 18	中国 60	美国 34	中国 37	中国 9	中国 10	中国 47	中国 13	中国 54
美国 33	美国 8	美国 21	美国 8	美国 46	中国 69	中国 15	中国 11	中国 48	中国 14	中国 55
美国 46	美国 30	中国 59	美国 30	德国 16	中国 45	中国 24	中国 12	中国 49	中国 15	中国 56
中国 31	美国 24	中国 20	美国 24	美国 18	中国 50	美国 6	中国 13	中国 50	中国 17	中国 57
中国 44	美国 27	中国 17	美国 27	美国 21	中国 5	美国 11	中国 14	中国 51	中国 18	中国 58
中国 55	中国 59	中国 44	中国 62	日本 22	中国 14	美国 15	中国 15	中国 52	中国 19	中国 59
美国 18	美国 1	中国 31	中国 61	日本 6	中国 21	美国 16	中国 17	中国 53	中国 20	中国 60
美国 21	美国 13	中国 55	美国 1	德国 17	中国 29	美国 33	中国 18	中国 54	中国 21	中国 61
中国 19	日本 5	美国 1	美国 43	德国 15	中国 32	美国 34	中国 19	中国 55	中国 23	中国 62
中国 23	中国 62	美国 12	中国 65	美国 2	中国 42	美国 46	中国 20	中国 56	中国 24	中国 63
中国 60	中国 5	美国 17	美国 11	美国 4	中国 43	美国 36	中国 21	中国 57	中国 25	中国 66
中国 47	中国 61	美国 39	美国 13	美国 14	中国 48	美国 9	中国 22	中国 58	中国 28	中国 68
中国 52	中国 14	美国 43	中国 5	美国 32	中国 51	美国 40	中国 23	中国 59	中国 29	中国 69
美国 2	美国 43	美国 45	中国 14	美国 36	中国 54	德国 17	中国 24	中国 60	中国 30	—
美国 14	美国 11	中国 19	美国 38	美国 38	中国 56	中国 1	中国 25	中国 61	中国 31	—
美国 32	美国 26	中国 23	美国 26	中国 17	中国 58	中国 2	中国 28	中国 62	中国 32	—
美国 36	中国 15	中国 60	中国 25	中国 19	中国 66	中国 4	中国 29	中国 63	中国 34	—
美国 1	美国 38	美国 2	中国 32	中国 23	中国 68	中国 17	中国 30	中国 64	中国 35	—
美国 12	中国 32	美国 14	中国 53	日本 7	中国 49	中国 19	中国 31	中国 65	中国 37	—
美国 17	中国 10	美国 32	中国 48	日本 25	中国 28	中国 22	中国 32	中国 66	中国 38	—
美国 39	中国 65	美国 36	美国 6	日本 26	中国 8	中国 23	中国 33	中国 67	中国 41	—
美国 43	中国 48	中国 47	中国 59	美国 3	中国 7	中国 33	中国 34	中国 68	中国 42	—
美国 45	美国 7	中国 52	美国 7	美国 22	中国 12	中国 39	中国 35	中国 69	中国 43	—

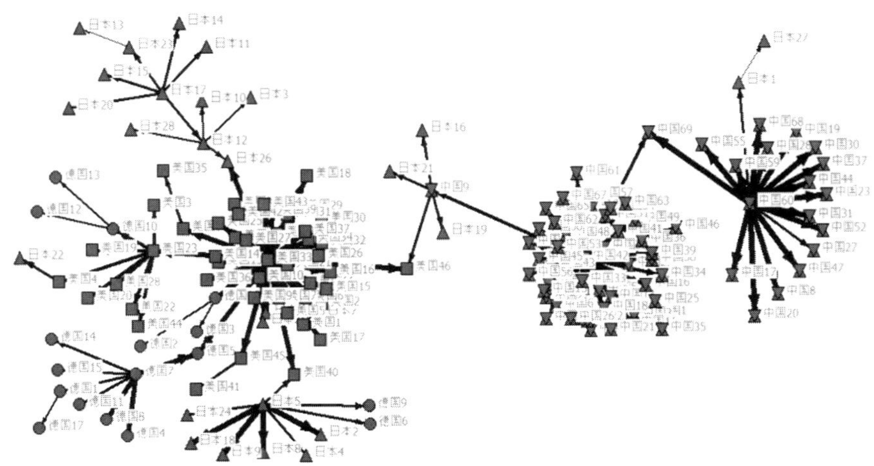

图 7-7　中、德、日、美企业赋权网络基础关联树

（二）产业层度量指标

根据第六章第二节第一部分设计的层内度量指标，计算中、德、日、美“企业—产业—区域”超网络中产业子网络上各节点传播扩散发展波动的能力，以及发展波动在产业子网络上的关键传播路径。表 7-9 为各指标值在均值以上的中、德、日、美四国产业的国别分布，表 7-10 为中、德、日、美产业赋权网络节点影响力各指标值排名前 20% 的产业节点信息，图 7-8 为中、德、日、美产业赋权网络基础关联树。

表 7-9　中、德、日、美指标值均值以上产业的区域分布

	入度	出度	二阶入度	二阶出度	接近中心性入	接近中心性出	中介中心性	最大入核内产业（8）	最大出核内产业（7）
中国	14	11	11	11	1	13	6	0	11
德国	7	8	7	7	16	6	7	18	15
日本	11	10	10	8	15	13	7	19	14

续表

	入度	出度	二阶入度	二阶出度	接近中心性入	接近中心性出	中介中心性	最大入核内产业（8）	最大出核内产业（7）
美国	6	6	4	5	14	9	5	19	17
和	38	35	32	31	46	41	25	56	57

表 7-10　中、德、日、美产业赋权网络指标值排名前 20%产业

度		二阶度		接近中心性		中介中心性	核度							
入度	出度	二阶入度	二阶出度	入	出		入核（8）				出核（7）			
日本 3	中国 4	日本 7	中国 4	德国 9	中国 8	日本 4	德国 1	德国 16	日本 14	美国 12	中国 2	德国 9	日本 9	美国 9
中国 3	中国 8	日本 11	日本 7	美国 8	中国 9	日本 8	德国 2	德国 17	日本 15	美国 13	中国 3	德国 10	日本 10	美国 10
德国 15	日本 7	中国 8	中国 2	美国 10	中国 4	德国 4	德国 3	德国 20	日本 16	美国 14	中国 4	德国 11	日本 11	美国 11
美国 3	中国 7	中国 11	中国 7	德国 6	中国 10	中国 4	德国 4	日本 1	日本 17	美国 15	中国 6	德国 12	日本 12	美国 12
日本 7	德国 14	中国 7	中国 8	德国 8	日本 4	中国 8	德国 5	日本 2	日本 18	美国 16	中国 7	德国 13	日本 13	美国 13
中国 8	中国 2	中国 3	美国 2	德国 10	日本 8	美国 4	德国 6	日本 3	日本 20	美国 17	中国 8	德国 14	日本 14	美国 16
日本 11	德国 19	日本 3	日本 4	德国 4	美国 4	中国 11	德国 7	日本 4	美国 1	美国 18	中国 9	德国 15	日本 16	美国 17
中国 11	日本 18	中国 9	德国 17	美国 4	中国 11	美国 8	德国 8	日本 5	美国 2	美国 19	中国 10	德国 16	日本 17	美国 18
中国 7	美国 2	德国 16	德国 19	美国 5	德国 4	德国 11	德国 9	日本 6	美国 4	美国 20	中国 11	德国 17	日本 18	美国 19
日本 19	日本 4	日本 4	德国 14	美国 6	中国 7	美国 10	德国 10	日本 7	美国 5	—	中国 14	德国 18	美国 2	美国 20
德国 16	美国 4	中国 10	日本 18	日本 4	中国 18	中国 9	德国 11	日本 8	美国 6	—	中国 18	德国 19	美国 3	—
中国 9	德国 17	中国 4	德国 12	美国 11	中国 6	日本 10	德国 12	日本 9	美国 7	—	德国 3	日本 3	美国 4	—
德国 19	德国 18	德国 15	德国 18	德国 16	中国 3	德国 17	德国 13	日本 10	美国 8	—	德国 4	日本 4	美国 5	—
中国 4	中国 9	中国 16	美国 4	日本 10	中国 2	德国 10	德国 14	日本 11	美国 9	—	德国 6	日本 6	美国 6	—
日本 4	德国 12	中国 6	日本 2	日本 8	日本 10	美国 17	德国 15	日本 12	美国 10	—	德国 7	日本 7	美国 7	—
中国 16	美国 7	日本 6	中国 3	美国 7	美国 8	中国 18	德国 1	日本 13	美国 11	—	中国 2	日本 8	美国 8	—

（三）区域层度量指标

根据第六章第二节第一部分设计的层内度量指标，计算中、德、日、

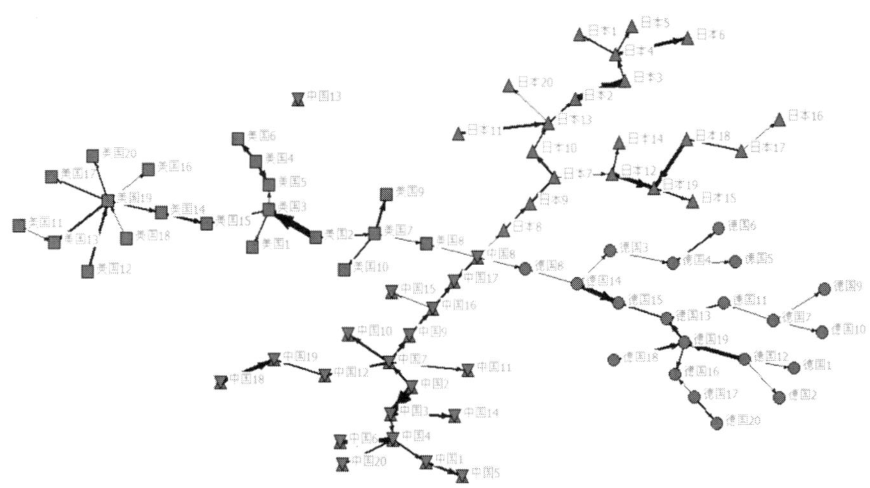

图 7-8 中、德、日、美产业赋权网络基础关联树

美“企业—产业—区域”超网络中区域子网络上各节点传播扩散发展波动的能力，以及发展波动在区域子网络上的关键传播路径。表 7-11 为中、德、日、美区域赋权网络节点影响力各指标值。图 7-9 为中、德、日、美区域赋权网络基础关联树。

表 7-11 中、德、日、美区域赋权网络指标值

区域	入度	出度	二阶入度	二阶出度	接近中心性入	接近中心性出	中介中心性	最大核内产业入（3）	最大核内产业出（3）
中国	11.78（0.03）	12.44（0.69）	0.67（0.32）	153.23（7.06）	75	100	0.0	中国	中国
德国	10.43（0.44）	10.06（0.07）	104.46（2.36）	101.33（0.83）	100	100	0.5	德国	德国
日本	10.99（0.38）	10.79（0.18）	114.81（1.08）	116.31（1.82）	100	75	0.5	日本	日本
美国	9.82（0.35）	9.72（0.25）	97.01（3.97）	94.69（2.59）	100	100	0.0	美国	美国

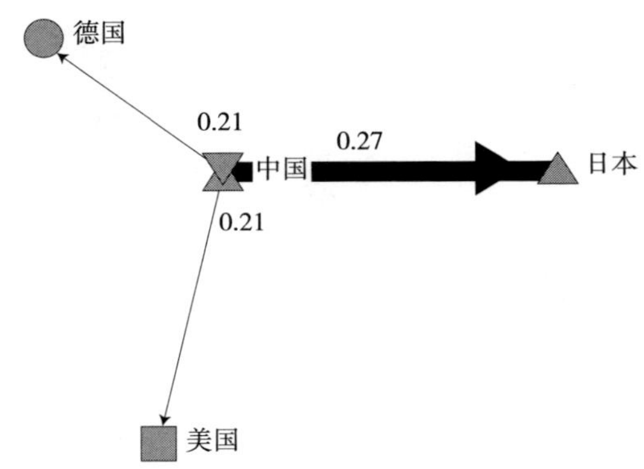

图 7-9　中、德、日、美区域赋权网络基础关联树

二、计算结果的分析

（一）基于企业层度量指标计算结果的分析

第一，基于度及二阶度的计算数据，美国均值以上企业与中国均值以上企业相比日本均值以上企业和德国均值以上企业，不仅具有更大的直接向上、下游邻居企业扩散发展波动的影响力，而且具有更大的通过邻居节点向上、下游二阶间接邻居企业扩散发展波动的影响力。

第二，基于接近中心性的计算数据，中国均值以上企业与其下游企业具有更短的距离，美国均值以上企业与其上游企业具有更短的距离，从而中国均值以上企业更容易沿产业链把发展波动传播到下游企业，美国均值以上企业更容易沿产业链把发展波动传播到上游企业。

第三，基于中介中心性的计算数据，中国均值以上企业和美国均值以上企业相比日本均值以上企业和德国均值以上企业联通其他企业的最短路径更多，因此对发展波动在企业间的传播扩散具有更强的控制力。

第四，从度及二阶度指标值排名前 10% 的枢纽企业、接近中心性指标值排名前 10% 的“易亲近”企业和中介中心性指标值排名前 10% 的“关键中介”企业来看，影响力较大的枢纽企业主要来自在中国和美国，

“易亲近”企业除来自中国和美国外有小部分来自德国和日本，“控制力”较大的“关键中介”企业则分布在日本、中国和美国。说明这些企业的创新引领或技术跟随对四国经济发展具有更大的影响力。

第五，根据图 7-9，结合企业赋权网络基础关联树的计算结果，四国企业赋权网络的基础关联树的树根为美国 33 号企业苹果公司，另外，中国 42 号企业中国工商银行、60 号企业中国石油天然气集团公司、日本 5 号企业丰田汽车公司、美国 23 号企业美国电话电报公司和德国 7 号大众公司也具有相对较大的关联度，从而这些企业在基础关联树上具有较大的传播扩散发展波动的能力。企业赋权网络基础关联树的主干是，日本 13—日本 23—日本 17—日本 12—日本 26—美国 33—美国 46—中国 9—中国 42—中国 69—中国 60—日本 1—日本 27，是发展波动传播扩散的主要路径。此外，以下三条路径：（1）日本 22—美国 4—美国 23—美国 33—美国 46—中国 9—中国 42—中国 69—中国 60—日本 1—日本 27；（2）德国 17—德国 1—德国 7—德国 5—美国 33—美国 46—中国 9—中国 42—中国 69—中国 60—日本 1—日本 27；（3）日本 2（日本 8、日本 9、日本 18）日本 5—美国 40—美国 33—美国 46—中国 9—中国 42—中国 69—中国 60—日本 1—日本 27，也是发展波动在四国企业间传播扩散的重要路径。

（二）基于产业层度量指标计算结果的分析

第一，基于度及二阶度的计算数据，中国均值以上产业不仅具有更大的直接向上、下游邻居产业传播扩散发展波动的影响力，而且具有更大的通过邻居产业向上、下游二阶邻居产业扩散发展波动的能力，其次是日本产业，美国产业排名最后。

第二，基于接近中心性的计算数据，德国、日本、美国均值以上产业与其上游产业具有更短的距离，中国、日本均值以上产业与其下游产业具有更短的距离，从而德国、日本、美国均值以上产业更易沿产业链把发展波动传播到上游产业，中国、日本均值以上产业更易沿产业链把发展波动传播到下游产业。

第三，基于中介中心性的计算结果，四国均值以上产业对发展波动的传播扩散具有相似强度的控制力。

第四，从度及二阶度指标值排名前 10% 的枢纽产业、接近中心性指标值排名前 10% 的“易亲近”产业和中介中心性指标值排名前 10% 的“中介”产业来看，三类关键产业在四国中均有分布，且这些产业的升级对四国经济发展具有更大的影响力。

第五，根据图 7-8，结合产业赋权网络基础关联树的计算结果，四国产业赋权网络基础关联树的树根为中国 3 号产业焦炭和精炼石油产品制造业，另外，美国 3 号产业、中国 7 号产业基础金属制造业、德国 19 号产业房地产业、中国 2 号产业采矿和采石业、日本 19 号产业在基础关联树上也具有相对较大的关联度，从而以上产业对发展波动在基础关联上的传播发挥重要作用。产业赋权网络基础关联树的主干：中国 5—中国 1—中国 4—中国 3—中国 2—中国 7—中国 9—中国 16—中国 17—中国 8—日本 8—日本 9—日本 7—日本 10—日本 13—日本 2—日本 3—日本 4—日本 6，是发展波动在产业间扩散的关键路径。此外，以下二条路径：（1）中国 5—中国 1—中国 4—中国 3—中国 2—中国 7—中国 9—中国 16—中国 17—中国 8—美国 8—美国 7—美国 2—美国 3—美国 15—美国 14—美国 19—美国 13—美国 11；（2）中国 5—中国 1—中国 4—中国 3—中国 2—中国 7—中国 9—中国 16—中国 17—中国 8—德国 8—德国 14—德国 15—德国 13—德国 19—德国 12—德国 1，也是发展波动在四国产业间传播扩散的重要路径。

（三）基于区域层度量指标计算结果的分析

第一，基于度计算数据的分析结果，与基于区域网络的分析结果一致，中国通过供给中间品具有较大的向德国、日本和美国扩散发展波动的影响力，德国、日本和美国则因为对中间品的需求更容易把发展波动向上游国家传播扩散。基于二阶出度的计算数据，中国是通过邻居节点向下游国家扩散发展波动影响力最强的国家，其次是美国；美国是通过邻居节点向上游国家扩散发展波动影响力最强的国家，其次是德国。

第二，基于接近中心性的计算数据，中国沿上游方向到其他三国的最短路径最长，日本沿下游方向到其他三国的最短路径最长，从而四国中，中国相对不易把发展波动向其上游国家扩散，日本相对不易把发展波动向其下游国家扩散。

第三，基于中介中心性的计算数据，德国和日本对发展波动在国家间的传播扩散具有较强的控制力。

第四，根据图 7-9，结合区域赋权网络基础关联树的计算结果，区域赋权网络基础关联树的树根为中国，说明中国在发展波动在四国间的传播扩散起关键作用。主干为日本—中国—德国或日本—中国—美国，为发展波动在四国间的传播扩散提供了重要路径。

第四节　层间指标度量及效应分析

一、层间度量指标的计算

基于第六章所设计的层间度量指标，计算中、德、日、美四国“企业—产业—区域”超网络节点超度、节点二阶超度、节点关联桥度、节点关联强度、超边关联度等指标值。表 7-12 为中、德、日、美“企业—产业—区域”超网络部分节点超度、二阶超度、关联桥度、关联强度指标值。其中，前四列为所有区域节点超度、二阶超度信息，排名前 8 位的产业节点超度、二阶超度信息，以及排名前 10 位的企业节点超度、二阶超度信息；后六列为关联桥度、关联强度指标值排名前 10% 的节点及相关信息。表 7-13 为超边关联度排名前 10% 的超边及相关信息。图 7-10 为超边关联度均值以上超边的产业分布图。

表 7-12　部分节点超度、二阶超度、节点间关联桥度、关联强度指标值

<table>
<tr><th>节点</th><th>超度</th><th>节点</th><th>二阶超度</th><th>节点</th><th>节点</th><th>关联桥度</th><th>节点</th><th>节点</th><th>关联强度</th></tr>
<tr><td>中国</td><td>107</td><td>产业 18</td><td>269</td><td>产业 18</td><td>中国</td><td>17</td><td>中国 30</td><td>中国</td><td>5</td></tr>
<tr><td>美国</td><td>53</td><td>产业 11，13</td><td>265</td><td>产业 19</td><td>中国</td><td>12</td><td>中国 20</td><td>中国</td><td>4</td></tr>
<tr><td>日本</td><td>41</td><td>产业 4</td><td>264</td><td>产业 18</td><td>美国</td><td>11</td><td>中国 59</td><td>中国</td><td>4</td></tr>
<tr><td>产业 18</td><td>33</td><td>产业 3</td><td>262</td><td>产业 2</td><td>中国</td><td>10</td><td>德国 15</td><td>德国</td><td>4</td></tr>
<tr><td>德国</td><td>27</td><td>产业 5</td><td>238</td><td>产业 12</td><td>中国</td><td>10</td><td>日本 22</td><td>日本</td><td>4</td></tr>
<tr><td>产业 11</td><td>21</td><td>产业 15</td><td>234</td><td>产业 4</td><td>中国</td><td>9</td><td>中国 17</td><td>中国</td><td>3</td></tr>
<tr><td>产业 8</td><td>17</td><td>产业 19</td><td>231</td><td>产业 7</td><td>中国</td><td>8</td><td>中国 31</td><td>中国</td><td>3</td></tr>
<tr><td>产业 13</td><td>17</td><td>中国</td><td>219</td><td>产业 10</td><td>中国</td><td>8</td><td>中国 44</td><td>中国</td><td>3</td></tr>
<tr><td>产业 2</td><td>16</td><td>日本</td><td>210</td><td>产业 11</td><td>中国</td><td>7</td><td>中国 69</td><td>中国</td><td>3</td></tr>
<tr><td>产业 4，19</td><td>15</td><td>美国</td><td>201</td><td>产业 13</td><td>中国</td><td>7</td><td>美国 4</td><td>美国</td><td>3</td></tr>
<tr><td>产业 10</td><td>14</td><td>德国</td><td>183</td><td>产业 11</td><td>日本</td><td>7</td><td rowspan="4">中国
2，4，8，10，19，22，23，27，28，33，37，38，39，41，45，47，52，55，60，68</td><td rowspan="4">中国</td><td rowspan="4">2</td></tr>
<tr><td>中国 30</td><td>5</td><td>中国 30</td><td>92</td><td>产业 8</td><td>美国</td><td>7</td></tr>
<tr><td>中国 20，59</td><td>4</td><td>中国 69</td><td>62</td><td>产业 8</td><td>中国</td><td>6</td></tr>
<tr><td>德国 15</td><td>4</td><td>中国 20</td><td>57</td><td>产业 3</td><td>中国</td><td>5</td></tr>
<tr><td>日本 22</td><td>4</td><td>德国 15</td><td>54</td><td>产业 11</td><td>德国</td><td>5</td><td>德国
3，4，5，7，8，14，17</td><td>德国</td><td>2</td></tr>
<tr><td>中国 17，31</td><td>3</td><td>中国 10</td><td>50</td><td>产业 13</td><td>日本</td><td>5</td><td rowspan="3">日本
2，3，5，6，8，9，16，18，19，28</td><td rowspan="3">日本</td><td rowspan="3">2</td></tr>
<tr><td>中国 44</td><td>3</td><td>中国 17，59</td><td>45</td><td>产业 16</td><td>美国</td><td>5</td></tr>
<tr><td>中国 69</td><td>3</td><td>美国 44，4</td><td>44</td><td>产业 17</td><td>美国</td><td>5</td></tr>
<tr><td>美国 4</td><td>3</td><td>中国 41</td><td>42</td><td>产业
8，2，3</td><td>日本，美国，美国</td><td>4</td><td>美国
3，9，34，40，44</td><td>美国</td><td>2</td></tr>
</table>

表 7-13　超边关联度排名前 10%的超边信息

序号	超边	超边关联度	序号	超边	超边关联度
52	中国 5—产业 18—中国	122	203	中国 54—产业 18—中国	122
61	中国 10—产业 18—中国	122	206	中国 56—产业 18—中国	122
70	中国 14—产业 18—中国	122	208	中国 58—产业 18—中国	122
127	中国 21—产业 18—中国	122	220	中国 66—产业 18—中国	122
156	中国 29—产业 18—中国	122	225	中国 69—产业 18—中国	122
163	中国 30—产业 18—中国	122	16	中国 1—产业 11—中国	120
171	中国 32—产业 18—中国	122	37	中国 2—产业 11—中国	120
184	中国 41—产业 18—中国	122	49	中国 4—产业 11—中国	120
186	中国 42—产业 17—中国	122	128	中国 22—产业 11—中国	120
187	中国 43—产业 18—中国	122	172	中国 33—产业 11—中国	120
196	中国 48—产业 18—中国	122	180	中国 38—产业 11—中国	120
199	中国 51—产业 18—中国	122	181	中国 39—产业 11—中国	120

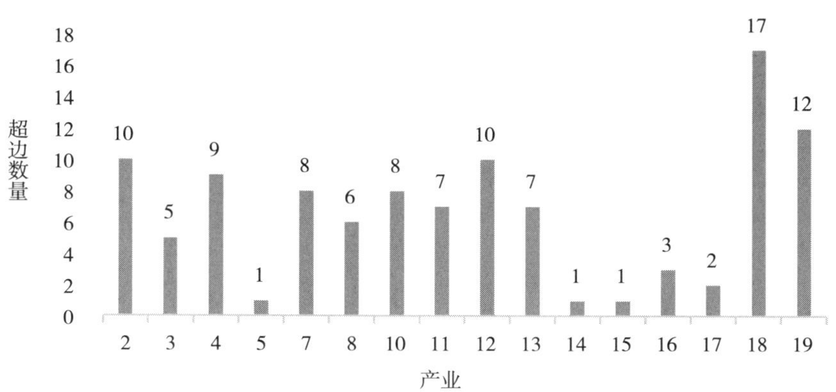

图 7-10　超边关联度均值以上超边的产业分布

二、计算结果的分析

（一）基于超度计算结果的分析

第一，区域节点中，中国的超度最大，说明中国关联企业、产业的超边最多，中国的技术创新、产业升级等更容易通过超边影响更多企业和产业，且其余三国的影响力与中国差距较大。

第二，产业节点中，18 号产业除保险和养老基金外的金融服务业具有最大的超度值，四国促进该产业的繁荣振兴对带动四国经济发展具有重要作用，此外，11 号产业汽车、拖车、半拖车制造业，8 号产业计算机、电子产品、光学产品制造业，13 号产业汽车、摩托车批发零售及修理业，2 号产业采矿和采石业，4 号产业化学品和化工产品制造业、19 号产业房地产业、10 号产业机械和设备制造业，也具有相对较大的超度值，中、德、日、美这些产业的政策制定对本国及其他三国的经济发展至关重要。

第三，中国 30 号企业怡和集团、中国 20 号企业陕西延长石油（集团）有限责任公司、中国 59 号企业中国石油化工集团公司、德国 15 号企业莱茵集团、日本 22 号企业三菱化学控股、中国 17 号企业山东能源集团有限公司、中国 31 号企业长江和记实业有限公司、中国 44 号企业中国海洋石油总公司、中国 69 号企业中国中信集团有限公司、美国 4 号企业埃克森美孚等因具有较大的超度，从而其发展波动对四国经济发展存在较大影响。

（二）基于二阶超度计算结果的分析

第一，区域节点中，二阶超度最大的仍然是中国，不过与其他三国差距较小。

第二，18 号产业除保险和养老基金外的金融服务业具有最大的二阶超度，说明 18 号产业能够通过邻居节点对四国经济发展产生最广泛的影响，11 号产业汽车、拖车、半拖车制造业，13 号产业汽车、摩托车批发零售及修理业，4 号产业化学品和化工产品制造业，3 号产业焦炭和精炼石油产品制造业等是二阶超度排名二到五位的产业，其发展波动同样通过邻居节点深刻影响四国经济的发展。

第三，中国 30 号企业怡和集团、中国 69 号企业中国中信集团有限公司、中国 20 号企业陕西延长石油（集团）有限责任公司、德国 15 号企业莱茵集团、中国10号企业华为投资控股有限公司、中国17号企业山东能源集团有限公司、中国59号企业中国石油化工集团公司、中国44号企业中国海洋石油总公司、美国4号企业埃克森美孚等，因邻居节点关联更多的超边，从而能够通过邻居节点影响较大范围的经济活动。

（三）基于关联桥度计算结果的分析

第一，18号产业除保险和养老基金外的金融服务业与区域节点中国具有最大的关联桥度，说明同时经过两者的超边最多，从而中国18号产业的发展对四国经济发展具有相对更广泛的影响力。

第二，中国19号产业房地产业、美国18号产业除保险和养老基金外的金融服务业、中国2号产业采矿和采石业、12号产业建筑业、4号产业化学品和化工产品制造业、7号产业基本金属制造业和10号产业机械和设备制造业等的发展对四国经济发展也非常重要。

第三，中国11号产业汽车、拖车、半拖车制造业，13号产业汽车、摩托车批发零售及修理业，日本11号产业汽车、拖车、半拖车制造业，美国8号产业计算机、电子产品、光学产品制造业，中国8号产业计算机、电子产品、光学产品制造业，3号产业焦炭和精炼石油产品制造业，德国11号产业汽车、拖车、半拖车制造业，日本13号产业汽车、摩托车批发零售及修理业，美国16号产业建筑业、美国17号产业计算机编程、咨询和相关活动及信息服务业对四国经济发展也具有相对较大的影响力。

（四）基于关联强度计算结果的分析

第一，中国30号企业怡和集团与区域节点中国具有最大的关联强度，说明同时经过两者的超边最多，从而中国30号企业怡和集团的发展对四国经济发展具有最大的影响力。

第二，中国20号企业陕西延长石油（集团）有限责任公司、中国59号企业中国石油化工集团公司、德国15号企业莱茵集团、日本22号企业三菱化学控股与对应区域节点具有相对较大的关联强度，其发展对四国经济发展也具有相对较大的影响力。

第三，中国 17 号企业山东能源集团有限公司、中国 31 号企业长江和记实业有限公司、中国 44 号企业中国海洋石油总公司、中国 69 号企业中国中信集团有限公司和美国 4 号企业埃克森美孚的发展也较大影响着四国经济的发展。

（五）基于超边关联度计算结果的分析

超边 52 号、61 号、70 号、127 号、156 号、163 号、171 号、184 号、186 号、187 号、196 号、199 号、203 号、206 号、208 号、220 号、225 号的关联度最大，说明这些超边通过其节点关联的超边最多，从而对发展波动的传播扩散具有最大的影响力；由超边关联度均值以上超边的产业分布（图 7-10）可知，传播发展波动影响力较大的超边较多涉及 18 号产业，其次是 19 号产业和 2 号、12 号产业，从而这些产业的升级对四国经济发展具有较大影响。

第五节　研究结果与对策建议

产业发展波动的国家间扩散，本质上是通过微观企业的跨区域关联实现的。基于此，选取 2018 年 GDP 排名前四的国家中、德、日、美为研究对象，构建了中、德、日、美“企业—产业—区域”产业发展波动区域间扩散超网络模型，描述产业发展波动在四国间的扩散，并计算了度、二阶度、中介中心性、接近中心性、核度、基础关联树等层内指标和节点超度、二阶超度、节点关联桥度、节点关联强度、超边关联度等层间指标，分别度量企业层、产业层、区域层网络上各同质节点传播扩散发展波动的影响力和发展波动传播扩散的关键路径，“企业—产业—区域”层间网络上各异质节点传播扩散发展波动的影响力和异质节点连边对发展波动传播扩散的影响力。

一、研究结论

第一，“企业—产业—区域”超网络模型，深入微观层面刻画了产业发展波动区域间扩散的本质，从结构层面揭示了产业发展波动区域间扩散的机理，基于大国数据的计算表明，相应指标体系能够量化各企业、产业、区域对发展波动扩散的影响力，从而明确了各企业、产业、区域在经济发展中的相对地位，对于促进经济体内经济发展和经济体间经济竞合具有重要意义。

第二，基于所选样本，中、德、日、美四国中，中国企业及产业对发展波动区域间扩散的影响力最大，且中国更容易通过供给中间品把发展波动传播到下游企业和产业；美国次之，且美国更容易因为对中间品的需求把发展波动传播到上游企业和产业；德国、日本也具有相对较大的向上游传播扩散发展波动的影响力，且其产业、企业作为中介节点对发展波动在四国间的扩散具有较强的控制力。在经济全球化背景下，国家间相互依赖共荣共生，国际贸易成为经济竞合的主战场，也是促进世界经济发展的有效途径，各国宜认清自身在世界格局中的相对位置，做出有利于自身发展和世界繁荣的理性决策。

第三，基于区域间角度分析，18 号产业除保险和养老基金外的金融服务业对发展波动的区域间扩散影响最大，特别是中国的 18 号产业和美国的 18 号产业。鉴于金融对实体经济的重要作用，防范化解金融风险，促进金融产业良性发展至关重要。此外，中国 19 号产业房地产业，2 号产业采矿和采石业，12 号产业建筑业，4 号产业化学品和化工产品制造业，7 号产业基本金属制造业，11 号产业汽车、拖车、半拖车制造业等，日本 11 号产业汽车、拖车、半拖车制造业，13 号产业汽车、摩托车批发零售及修理业等，美国 8 号产业计算机、电子产品、光学产品制造业，16 号产业建筑业，17 号产业计算机编程、咨询和相关活动及信息服务业等，以及德国 11 号产业汽车、拖车、半拖车制造业，对发展波动的区域间扩散具有重要影响，因此不可忽视这些国家相应产业政策的制定与产业发展趋势。

第四，基于多区域经济大系统进行分析，中国 3 号产业焦炭和精炼石油产品制造业、美国 3 号产业焦炭和精炼石油产品制造业、中国 7 号产业基础金属制造业、德国 19 号产业房地产业、中国 2 号产业采矿和采石业、日本 19 号产业房地产业等在四国经济大系统中具有举足轻重的地位，这些产业的技术创新与升级不仅显著影响本国的经济发展，而且对其他三国的经济发展存在影响。

第五，基于所选样本，中国企业在四国企业中占据重要地位，中国企业的发展对四国经济具有不可忽视的影响，美国次之，然后是日本和德国。四国经济具有千丝万缕的联系，任何损害他国企业的行为必会影响本国企业的发展。

需要说明的是，本章第三节基于层内指标的计算结果与分析结论与本章第四节基于层间指标的计算结果与分析结论既有差异又有相同，这是因为层内指标衡量的是节点在多区域经济大系统内，包括区域内和区域间，扩散发展波动的影响力，层间指标衡量的仅是节点跨区域扩散发展波动的影响力。

二、对策建议

经济全球化背景下，产业分工全球布局，世界各国纷纷嵌入全球产业链，国家间经济关联日益密切。20 世纪初世界金融危机爆发后，世界格局开始重构，经济大国面临机遇和挑战。我国作为世界第二经济大国，如何在新一轮科技革命孕育兴起时，把握战略机遇，迎接挑战，继续高质量发展之路，这是时代难题，也隐含着解决方案。

（一）坚持自主创新，特别是关键领域的自主创新

“创新是引领发展的一大动力”“必须把创新摆在国家发展全局的核心位置”，以强化基础研究、破解重大基础技术难题夯实自主创新的基

础，从而推动关键领域产品升级，比如航空发动机、芯片、高端数控机床、光刻机等，以实现沿全球产业链的升级。在中美日德四国中，之所以中国更容易通过供给中间品把发展波动扩散到下游企业和产业，是因为我国目前仍是以零部件组件代加工、贴牌生产、低端制造等为主要特征的制造大国，而不是像美、日、德一样的制造强国。中国理应通过卡脖子技术的突破提高在世界大国中的控制力，让其企业和产业成为全球产业链中起桥梁作用的“关键中介”节点，对发展波动的国家间扩散产生重要影响。

（二）坚持对外开放，促进国内国际经济有效链接

“中国开放的大门只会越开越大”，这顺应了世界发展趋势，更是我国繁荣发展的必然选择。互联互通融合发展，是推进国际产能合作、优化全球价值链、改善全球经济治理体系、构建人类命运共同体的重要途径。通过“一带一路”倡议、自由贸易区建设等推动国际贸易、投资等，建立国内国际经济有效链接，促进经济要素合理流动，缩短我国经济单元到全球经济网络中其他国家经济单元的最短距离，提高经济关联度，增强对产业发展波动在全球经济网络上扩散的影响力。

（三）处理好实体经济与虚拟经济、传统产业与新兴产业、一二三产业的关系

近些年我国金融脱实向虚，存在大量资金在金融业内部空转、资金在实体经济中错配的现象，没能发挥支持实体经济发展的作用，特别是支持制造业发展的作用。实体经济是维系我国经济社会持续健康发展的物质基础，是提升我国核心竞争力的关键，也是参与国际分工的重要依托，必须处理好实体经济与虚拟经济的关系，真正发挥金融支撑实体经济发展的作用，提高我国的国际竞争力。传统产业具有悠久的发展历史和深厚的产业基础，许多传统产业是国民经济的支柱，也是新兴产业发展的基础；新兴产业则代表了未来发展方向，经过较长历史阶段，会发展为未来的传统产业。因此，传统产业与新兴产业不是非此即彼的关系，而要加强两者的协同发展，加快传统产业转型升级与新兴产业做大做强。第一产业是国民经

济的基础产业，其高质量发展是“把饭碗牢牢端在自己手里”的保证，第二、三产业所占比重则往往被认为是衡量一个国家经济实力的重要指标，由“一二三”转向“三二一”则是前工业化转向后工业化的标志，但“三二一”结构是在经济高度发达、社会财富极大基础上的结构优化，是经济发展规律作用发挥的结果，因此需要处理好第一、二、三产业之间的关系。

我国作为经济总量世界第二的经济大国，正日益走向世界舞台的中央，大国博弈不仅是经济总量的较量，更是经济结构的较量，影响力的提升也更多体现在经济结构层面。区域经济竞合，是以产业、企业甚至经济要素、产业链为载体的多方面博弈，明确我国在多区域经济大系统中的地位和作用，我国各经济单元在多区域经济大系统中的影响力，可以为我国寻求经济发展、避免经济风险提供可靠遵循，为区域经济协同发展等方面政策的制定提供定量依据。

小　结

进入新时代，我国面临百年未有之大变局，明确我国与其他大国间产业发展波动相互影响的路径与强度，能够为我国制定经济发展战略和区域竞合战略提供定量依据。因此选取经济总量排名前四的中、德、日、美为研究区域，基于 WIOD 发布的最新版世界投入产出表和世界 500 强企业，构建了中、德、日、美“企业—产业—区域”超网络，计算了层内指标和层间指标，分析了产业发展波动在中、德、日、美间扩散的效用，明确了各国各节点扩散发展波动的影响力和发展波动在四国间的关键扩散路径。我国须透过经济关联结构认清我国优势与劣势，着眼于瓶颈领域瓶颈环节，着重解决关键问题，如此方能把握战略机遇期，更接近世界舞台的中央。

第八章

基于国内省区市数据的产业发展波动区域间扩散效应研究

当前，我国已进入高质量发展阶段，高质量发展要求我们推动各领域协调发展，其中区域协调发展作为重要领域之一在各大中央会议被多次强调，更大力度推动区域经济协调发展成为国家与地方的重点工作之一。我国各省区市间存在广泛的经济关联，为产业发展波动在省区市间的扩散提供了条件，明确各省区市间产业发展波动相互影响的强度和路径，对促进我国区域经济协调发展具有重要意义。

第一节　研究意义

改革开放以来，我国经济经历了高速增长和中高速增长两个阶段，见图8-1，经济总量由1979年的世界排名第11位上升至2010年的世界排名第2位，且与世界排名第1位的美国的差距逐渐缩小，实现了经济的快速增长，见图8-2，但依然存在经济不平衡发展的问题。除实体经济与金融发展的不平衡、城乡发展的不平衡、产业结构发展的不平衡等外，区域经济发展的不平衡成为众多不平衡中的突出领域。因此，国家推出了京津冀协同发展、长江经济带发展、“一带一路”建设、粤港澳大湾区建设四大战略（倡议），划分了西部大开发、东北等老工业基地振兴、中部崛起、东部率先高质量发展四大板块，力图实现四大战略（倡议）与四大板块的叠加、链接与融合，并借助城市群、都市圈等这些具有网络化效应的载体，实现区域经济的协同与协调发展。

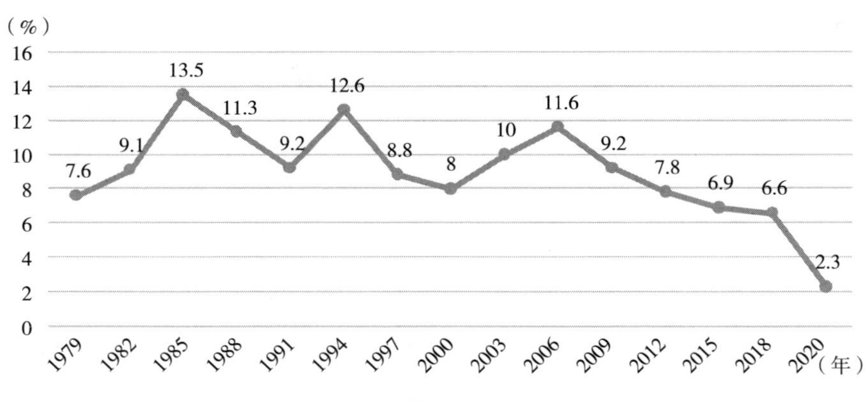

图 8-1　1979—2020 年中国 GDP 增速

数据来源：国家统计局。

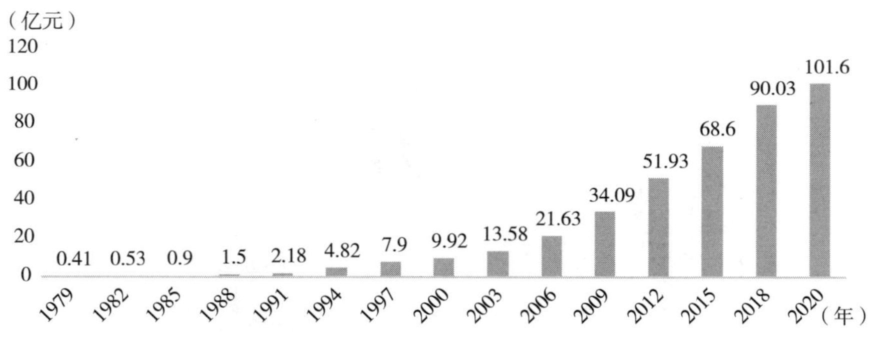

图 8-2　1979—2020 年中国 GDP 总量

数据来源：国家统计局。

2020 年全国 31 个省区市人均 GDP 见图 8-3。由图 8-3 可知，就人均 GDP 而言，31 个省区市间存在较大差异，其标准差为 3. 31，北京的人均 GDP 最大，甘肃的人均 GDP 最小，前者是后者的近 5 倍。且东部 10 省市人均 GDP 达 10. 41 万元，中部为 5. 90 万元，西部为 5. 56 万元，北部仅为 4. 67。但东部 10 省市人均 GDP 相差最大，标准差为 3. 97；西部 12 省区市人均 GDP 的标准差为 1.21，中部 6 省为 0.85，北部 3 省为 1.06。因此，我国区域经济不仅东、中部、西部、北部发展是不平衡的，而且东部、中部、西部、北部内部也存在不同程度的不平衡，而东部省市的不平衡程度是最大的①。

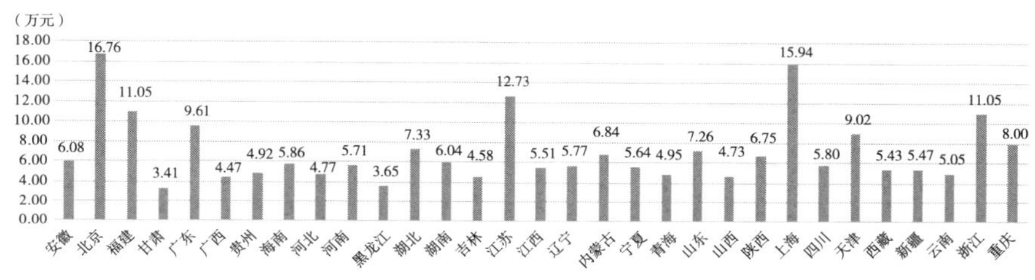

图 8-3　2020 年全国 31 个省区市人均 GDP 总量

注：数据来源于各省区市统计局。

减小这种不平衡不仅需要市场调节，而且需要政府调控，协同发挥政府和市场两只手的作用。因此，需要定位关键节点，找出产业发展波动的主要扩散路径，明确各省区市间产业发展波动相互影响的强度，从而为政策制定提供参考，以促进市场作用的更好发挥。

第二节　数据选取与超网络建模

一、数据选取

从 2019 年世界 500 强企业中，分离出营业收入占 500 强总营业收入 95%的前 380 强企业，因仅考虑产业发展波动在大陆省区市间扩散而造成的区域经济的协同与相互影响，所以把进入前 380 强的 371 家大陆企业作为企业集合（附表 8-1）。2020 年国家统计局发布的最新版 2017 年投入产出表共

① 东部、中部、西部、北部的划分依据来源于《中华人民共和国 2020 年国民经济和社会发展统计公报》。

涉及149个产业，因此把2017年投入产出表中的149个产业作为产业集合(附表8-2)。我国目前有23个省、4个直辖市、5个自治区、2个特别行政区，仅考虑大陆省区市间相互影响，因此把进入380强的371家大陆企业的总部归属地29个省区市作为区域集合（附表8-3)，即不包含澳门特别行政区、宁夏回族自治区、台湾省、西藏自治区、香港特别行政区。

与第七章相同，因为人才、技术、项目等经济要素在以省区市为研究区域的情境中也难以确定其集合，故把其作为影响因素分析，从而构建包含371个企业节点、149个产业节点和29个区域节点的“企业—产业—区域”产业发展波动区域间扩散超网络模型。

二、29个省区市“企业—产业—区域”超网络建模

（一）29个省区市企业网络建模

确定企业网络节点集合 V_F 。在选定的371家企业构成的企业集合中，包含安徽企业6家、北京企业99家、福建企业13家、甘肃企业2家、广东企业55家、广西企业1家、贵州企业1家、海南企业2家、河北企业10家、河南企业4家、黑龙江企业1家、湖北企业9家、湖南企业3家、吉林企业1家、江苏企业22家、江西企业6家、辽宁企业7家、内蒙古企业6家、青海企业1家、山东企业15家、山西企业7家、陕西企业4家、上海企业44家、四川企业7家、天津企业3家、新疆企业4家、云南企业4家、浙江企业28家、重庆企业8家。其中，远东宏信有限公司总部在香港，因在上海和天津设立业务运营中心，故作为广东和天津的企业；融创中国控股有限公司在北京和天津均设有总部，故作为北京和天津的企业。

明确企业与产业间映射关系。根据企业主营业务，依据国民经济行业分类与代码（GB/T 4754—2017)，确定企业所属行业，进一步根据投入产出表中的产业分类，确定企业所属产业。若企业 F_i 属于产业 I_i ，即 $F_i \in I_i$ ，则企业 F_i 到产业 I_i 的关联矩阵元素 $w_{F_iI_i}=1$；否则，$w_{F_iI_i}=0$。以中国人寿保险股份有限公司为例，其产品有保险、养老保障、年金和信用卡，

查询国民经济行业分类与代码（GB/T 4754—2017），属于 J68 的保险业、J67 的资本市场服务和 J66 的货币金融服务，根据 2017 年中国投入产出表，属于产业 128 保险、127 资本市场服务和 126 货币金融和其他金融服务。因此，企业中国人寿保险股份有限公司与产业 128 保险、127 资本市场服务和 126 货币金融和其他金融服务的关联矩阵元素均为 1，与 2017 年中国投入产出表中的其他 146 个产业的关联矩阵元素则为 0。

构建 29 个省区市企业网络。根据 2017 年中国投入产出表，计算产业间直接消耗系数 $A_{I_iI_j}$ ，以威弗指数求临界值 $A_{I^\wedge}$ ，若 $A_{I_iI_j} \geqslant A_{I^\wedge}$ ，表明产业 I_i 与产业 I_j 存在强关联关系，则产业 I_i 与产业 I_j 间连边，产业关联矩阵元素 $w_{I_iI_j}=1$，否则产业 I_i 与产业 I_j 间不连边，产业关联矩阵元素 $w_{I_iI_j}=0$，据此建立产业关联矩阵。根据产业关联矩阵，确定企业间供需关系，即若 $w_{I_iI_j}=1$，且 $w_{F_iI_i}=1, w_{F_jI_j}=1$，则企业 F_i 与企业 F_j 间存在潜在供需关系，企业关联矩阵元素 $w_{F_iF_j}=1$，否则企业 F_i 与企业 F_j 间不存在潜在供需关系，企业关联矩阵元素 $w_{F_iF_j}=0$，从而构建企业关联矩阵，并基于关联频次构建企业关联赋权矩阵，保留关联频次大于等于 4（占比 60%）的企业间强关联关系，据此构建企业赋权网络。

29 个省区市企业赋权网络，共包含 371 个节点、21034 条边，网络密度为 0. 153。29 个省区市企业赋权网络节点数、连边数排名前 10 位的子网络见表 8-1。

表 8-1　29 个省区市企业赋权网络节点数、边数排名前 10 的子网络

排名	子网络	节点数	子网络	边数	排名	子网络	节点数	子网络	边数
1	北京	99	北京—北京	3098	6	山东	15	北京—浙江	608
2	广东	55	广东—北京	1512	7	福建	13	北京—福建	605
3	上海	44	北京—上海	1114	8	河北	10	上海—广东	605
4	浙江	28	江苏—北京	939	9	湖北	9	山东—北京	545
5	江苏	22	广东	872	10	重庆	8	江苏—广东	518

（二）29 个省区市产业网络建模

依据 2017 年中国投入产出表数据，求得产业间直接消耗系数矩阵 $A_{I_iI_j}$ 。基于产业间直接消耗系数矩阵，以威弗指数求得临界值 $A_{I^\wedge}$ ，若 $A_{I_iI_j} \geqslant A_{I^\wedge}$ ，则产业网络 0—1 矩阵的元素 $w_{I_iI_j} = 1$，表示产业 I_i 到产业 I_j 间连边；否则 $w_{I_iI_j} = 0$，表示产业 I_i 到产业 I_j 间不连边，求得产业网络 0—1 矩阵。继而用直接消耗系数对边赋权，构建包含 149 个节点的 29 个省区市产业赋权网络。

29 个省市区产业赋权网络见图 8-4，共包含 149 个节点 1077 条边，网络密度为 0. 049。

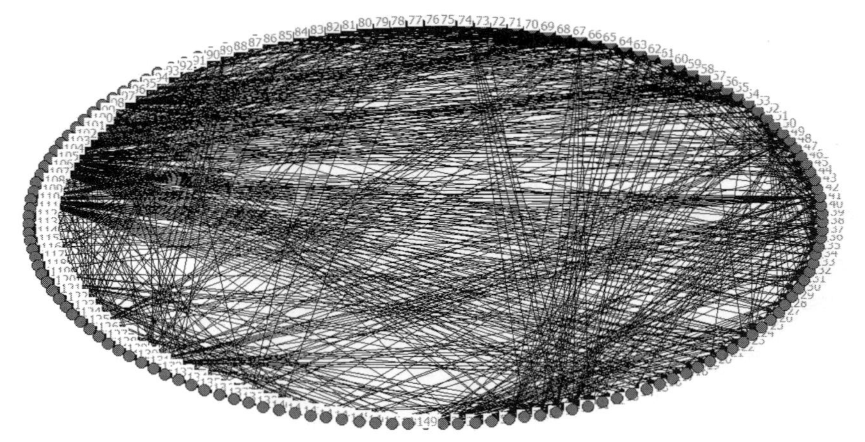

图 8-4　29 个省区市产业赋权网络

（三）29 个省区市区域网络建模

因缺乏 29 个省区市区域间投入产出表，故采用区域间企业网络关联权重矩阵构建区域网络。具体做法为：求得 *a* 省区市所有企业到 *b* 省区市所有企业的关联权重之和，作为 *a* 省区市对 *b* 省区市的关联权重。依次类推，求得 29 个省区市关联权重矩阵，构建 29 个省区市区域赋权网络。

表 8-2　29 个省区市区域赋权网络关联矩阵

	安徽	北京	福建	甘肃	广东	广西	贵州	海南	河北	河南	黑龙江	湖北	湖南	吉林	江苏	江西	辽宁	内蒙古	青海	山东	山西	陕西	上海	四川	天津	新疆	云南	浙江	重庆
安徽	31	628	136	37	332	0	0	0	33	4	0	76	0	0	241	41	101	32	4	80	26	4	276	13	14	27	44	74	74
北京	497	9871	2255	490	5170	45	0	22	463	98	0	803	57	8	3589	470	1398	319	60	1612	504	88	3987	308	353	371	371	1491	1024
福建	77	1507	375	91	815	0	0	0	51	8	0	84	4	0	484	80	171	18	12	225	41	4	649	50	66	51	59	232	156
甘肃	47	773	145	49	338	9	0	8	68	29	0	67	6	5	240	55	107	38	15	115	83	13	308	19	12	36	48	119	85
广东	137	4272	1350	244	2639	8	0	4	235	41	0	549	13	0	1880	342	697	77	41	834	216	32	2116	169	154	173	344	734	466
广西	0	45	0	10	4	0	0	0	5	0	0	0	0	0	11	0	12	11	4	6	30	5	4	0	0	0	0	5	0
贵州	0	0	0	0	0	0	0	0	5	0	0	0	0	0	0	0	0	0	0	0	0	0	0	0	0	0	0	0	0
海南	17	326	111	23	178	6	0	4	22	15	0	50	6	0	151	33	67	12	10	61	20	5	131	15	7	13	40	76	48
河北	39	710	99	61	296	4	0	0	59	9	0	60	0	0	273	35	115	47	10	97	105	22	236	18	9	19	22	59	68
河南	5	233	45	28	98	0	0	0	10	4	0	28	0	0	102	19	46	17	8	35	39	5	52	0	5	4	18	26	15
黑龙江	0	11	4	4	10	0	0	0	0	0	0	8	0	0	29	5	7	0	0	0	0	0	0	0	0	0	0	0	0
湖北	41	752	204	75	388	0	0	0	30	12	0	81	4	0	296	48	118	29	13	163	43	0	297	28	26	24	57	130	61
湖南	14	429	100	22	211	0	0	5	17	0	0	50	0	0	181	32	69	11	4	58	41	4	198	5	9	23	23	76	53
吉林	0	48	18	0	32	0	0	0	4	0	0	13	0	0	26	8	14	0	0	8	4	0	28	0	0	0	8	14	8
江苏	175	3137	764	189	1731	14	0	5	166	54	0	303	34	0	1152	205	421	100	32	551	150	33	1336	144	83	136	185	608	328
江西	27	604	135	38	308	0	0	0	30	4	0	61	4	0	186	39	71	20	4	111	31	0	245	25	14	15	33	104	54

续表

	安徽	北京	福建	甘肃	广东	广西	贵州	海南	河北	河南	黑龙江	湖北	湖南	吉林	江苏	江西	辽宁	内蒙古	青海	山东	山西	陕西	上海	四川	天津	新疆	云南	浙江	重庆
辽宁	42	777	141	58	368	5	0	4	49	5	0	42	0	0	218	25	122	50	14	115	119	22	323	20	25	20	25	103	65
内蒙古	22	497	71	43	199	4	0	0	39	4	0	35	0	0	180	21	88	43	6	81	85	13	170	9	6	16	17	80	51
青海	12	111	14	14	48	0	0	0	10	5	0	10	0	0	39	6	15	9	6	14	16	5	29	4	3	0	10	4	5
山东	89	2136	493	115	1160	8	0	0	112	20	0	230	13	0	811	139	307	67	18	371	141	23	929	71	51	109	130	401	204
山西	8	352	39	45	115	4	0	0	15	4	0	0	0	0	125	4	75	31	6	45	61	7	106	0	11	4	0	18	16
陕西	13	185	29	19	77	0	0	4	11	4	0	22	0	0	97	9	37	15	10	36	24	4	59	4	3	6	12	8	11
上海	151	3702	924	194	1946	14	0	5	182	21	0	286	14	0	1359	197	527	79	13	614	121	30	1631	135	150	142	148	596	394
四川	24	869	257	45	483	5	0	0	71	16	0	146	5	0	397	78	162	28	11	173	44	6	385	21	17	50	99	167	107
天津	9	151	50	12	96	0	0	0	10	0	0	13	0	0	52	9	24	0	0	31	5	0	30	8	9	5	10	31	21
新疆	17	139	36	8	102	0	0	0	0	4	0	20	0	0	98	6	35	9	4	33	0	0	62	0	9	4	8	22	11
云南	30	337	86	37	150	0	0	0	17	8	0	31	0	0	125	21	65	24	8	74	21	0	117	17	15	16	28	32	24
浙江	81	2059	467	92	971	0	0	0	59	12	0	168	8	0	761	108	286	56	14	325	114	15	804	75	64	98	97	304	186
重庆	45	990	233	50	494	0	0	0	41	4	0	55	0	0	311	26	113	22	4	138	35	9	420	42	47	32	23	154	103

29 个省区市区域赋权网络关联矩阵见表 8-2。图 8-5 为 29 个省区市区域赋权网络图，共包含 29 个节点 629 条边，网络密度为 0. 775。

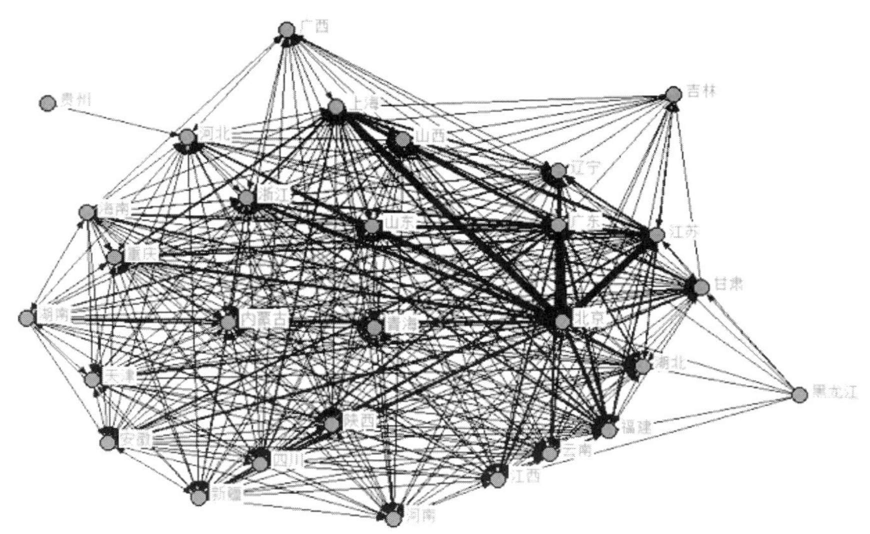

图 8-5　29 个省区市区域赋权网络图

（四）29 个省区市“企业—产业—区域”超网络建模

根据映射关系对 29 个省区市企业网络、产业网络和区域网络进行耦合，得到图 8-6 所示 29 个省区市“企业—产业—区域”超网络。为增强可视化，在图 8-6 中，对行列进行了转置，1—371 列为企业节点，372—520 列为 149 个产业节点，521—549 列为 29 个区域节点；每一行为由涂黑的企业节点、产业节点、国家节点三个异质节点构成的一条超边，第一行为第一条超边：中国石油化工股份有限公司—石油和天然气开采产品—北京。29 个省区市“企业—产业—国家”超网络共包含 549 个节点、1412 条超边。

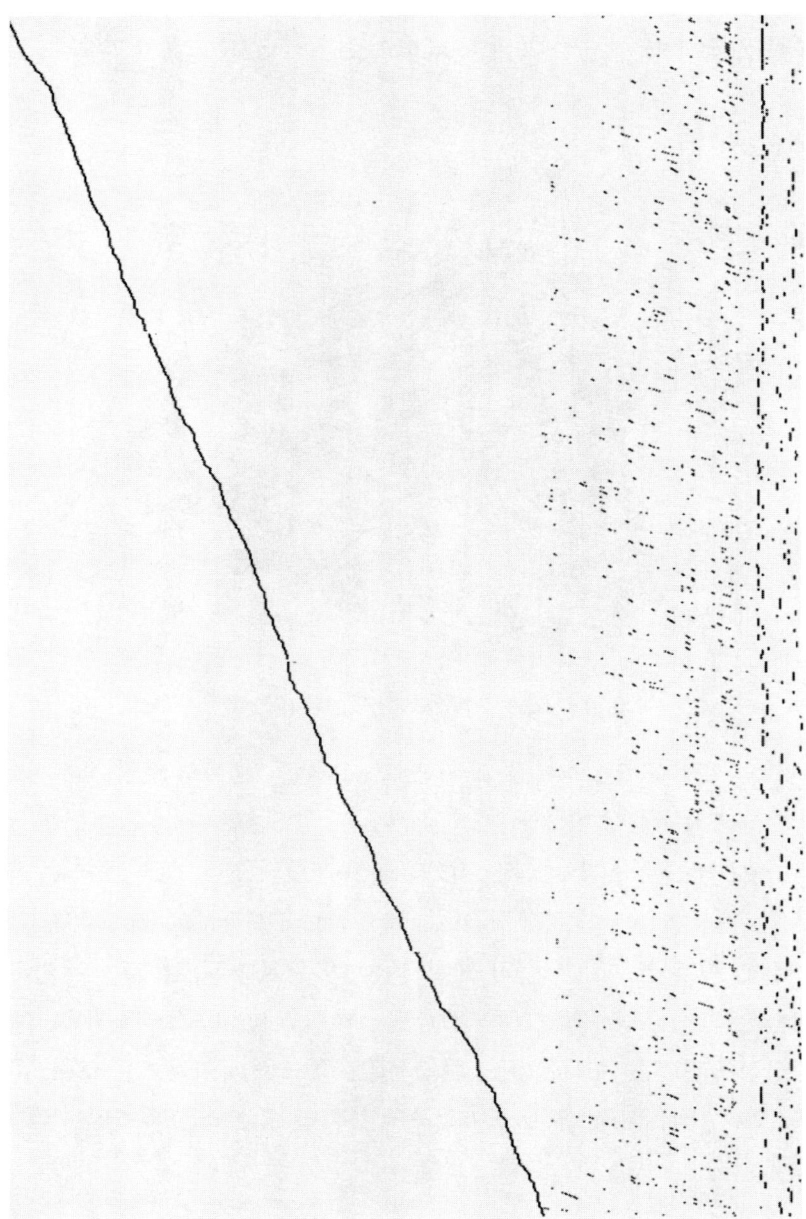

图 8-6　29 个省区市“企业—产业—区域”超网络

三、基于 29 个省区市“企业—产业—区域”超网络的分析

第一，从图 8-4、图 8-5 和图 8-6 可直观看出，29 个省区市企业赋权网络、产业赋权网络和区域赋权网络均是非对称的，即存在关联较为密切的企业、产业和区域，同时存在关联较为稀疏的企业、产业和区域，经济关联是非均衡的。因此，产业发展波动能够在 29 个省区市间扩散，且波动衰退的速率和各节点受波动影响的程度是不同的，换言之，各节点扩散发展波动的影响力是不同的。

第二，由表 8-1 和表 8-2 可知，北京、广东、上海、浙江、江苏、山东、福建、河北、湖北、重庆拥有较多380强企业，特别是北京，是99家380强企业的总部所在地，数量远多于排名第 2 位的广东，且理论上讲北京与广东、上海、江苏、浙江、福建、山东拥有更多的经济关联，广东与上海、广东与江苏理论上讲也具备建立更多经济关联的基础，因此技术创新带来的产业升级更易在这些省区市间扩散。

第三，由图 8-6 可知，29 个省区市“企业—产业—区域”超网络的超边众多，层间关联较为密集，发展波动可以通过区域间企业关联、产业关联在 29 个省区市间扩散，且企业多元化水平越高、企业跨区域的经济关联越密集，产业发展波动越易在区域间扩散，区域协同效应越强烈。

第三节　层内指标度量及效应分析

一、层内度量指标的计算

（一）企业层度量指标的计算

根据第六章设计的层内度量指标，计算 29 个省区市“企业—产业—区域”超网络中企业子网络上各节点传播扩散发展波动的影响力。表 8-3

为各指标值在均值以上的29个省区市371家企业的省区市分布，表8-4为29个省区市企业赋权网络节点影响力各指标值排名前10%的企业，表8-5为29个省区市企业赋权网络主核内的企业，图8-7为29个省区市企业赋权网络核结构，图8-8为29个省区市企业赋权网络入核结构，图8-9为29个省区市企业赋权网络出核结构。

表8-3　29个省区市指标值均值以上企业的区域分布

区域＼指标	入度	出度	二阶入度	二阶出度	接近中心性入	接近中心性出	中介中心性	入核度	出核度
安徽	3	1	0	0	6	6	1	5	5
北京	32	28	9	12	88	84	17	62	56
福建	7	7	1	2	13	12	6	10	11
甘肃	1	1	0	0	2	2	1	2	2
广东	19	18	3	7	43	47	9	31	22
广西	0	0	0	0	0	1	0	0	0
贵州	0	0	0	0	0	0	0	0	0
海南	2	0	0	0	2	1	0	2	0
河北	2	2	0	0	9	8	1	5	3
河南	1	0	0	0	4	4	0	2	3
黑龙江	0	0	0	0	1	0	0	0	0
湖北	3	4	0	0	9	8	1	5	4
湖南	2	0	0	0	0	2	0	3	0
吉林	0	0	0	0	1	1	0	1	0
江苏	10	11	0	0	18	19	8	12	12
江西	2	3	0	1	6	5	1	4	3
辽宁	2	4	0	0	6	7	1	4	4
内蒙古	1	1	0	0	6	4	1	3	1
青海	1	0	0	0	1	1	0	1	1
山东	9	5	0	1	14	14	4	12	6

续表

区域＼指标	入度	出度	二阶入度	二阶出度	接近中心性入	接近中心性出	中介中心性	入核度	出核度
山西	0	3	0	0	7	6	0	3	3
陕西	1	0	0	0	3	2	0	1	0
上海	12	13	1	5	36	39	5	23	23
四川	5	1	0	0	6	6	1	5	3
天津	1	2	0	0	3	2	1	1	2
新疆	1	1	0	0	4	4	0	3	3
云南	0	2	0	0	4	4	0	4	4
浙江	8	4	1	1	22	23	1	15	12
重庆	3	4	0	0	8	8	3	6	5

表 8-4　29 个省区市企业赋权网络指标值排名前 10%的企业

排名＼指标	入度	出度	二阶入度	二阶出度	接近中心性入	接近中心性出	中介中心性
1	辽宁 179	甘肃 194	北京 67	北京 67	浙江 161	北京 124	甘肃 194
2	山东 285	北京 337	福建 34	北京 64	海南 26	浙江 227	辽宁 179
3	北京 216	江苏 219	北京 11	北京 37	河北 192	北京 137	北京 337
4	江苏 228	江苏 256	广东 66	北京 11	湖南 289	北京 226	山东 285
5	北京 79	上海 367	北京 33	福建 34	福建 343	广东 139	江苏 219
6	上海 325	上海 80	北京 13	北京 13	广东 36	广东 177	江苏 253
7	甘肃 194	辽宁 179	广东 4	福建 40	上海 235	广东 301	上海 325
8	江苏 368	北京 89	浙江 24	北京 33	江西 156	河北 144	江苏 228
9	北京 335	江苏 228	北京 37	广东 4	黑龙江 316	上海 363	北京 216
10	福建 340	江苏 197	北京 7	上海 54	天津 232	北京 223	江苏 113
11	江苏 113	北京 33	广东 27	广东 72	北京 67	北京 369	福建 34
12	北京 174	山东 254	上海 55	广东 38	上海 77	广东 16	江苏 368
13	广东 207	上海 325	北京 56	广东 66	湖北 274	广东 19	北京 79
14	广东 95	北京 184	北京 51	广东 30	陕西 357	广东 30	北京 174

续表

排名＼指标	入度	出度	二阶入度	二阶出度	接近中心性入	接近中心性出	中介中心性
15	上海 195	广东 349	北京 64	浙江 24	内蒙古 130	广东 313	广东 95
16	上海 167	内蒙古 345	广东 36	上海 55	北京 11	广东 350	北京 112
17	湖北 326	山东 285	福建 40	北京 51	北京 125	上海 159	内蒙古 345
18	江苏 253	北京 112	上海 54	上海 28	北京 14	上海 23	上海 195
19	上海和天津 329	广东 72	江西 45	江西 45	北京 51	上海 311	山东 254
20	江苏 219	山东 348	北京 53	上海 46	北京 64	上海 336	北京 89
21	北京 337	四川 279	广东 72	北京 14	北京 75	浙江 146	湖北 326
22	江苏 240	北京 198	北京 59	山东 58	上海 22	江苏 265	江苏 197
23	福建 140	广东 178	北京 68	北京 56	北京 247	辽宁 179	广东 178
24	浙江 142	北京 216	北京 1	北京 7	广东 330	北京 216	北京 335
25	广东 178	上海 195	广东 19	广东 27	浙江 263	北京 79	江西 204
26	北京 171	浙江 351	北京 14	上海 57	广东 151	江苏 290	北京 33
27	北京 112	福建 273	北京 75	广东 19	广东 303	山东 285	江苏 256
28	北京 1	北京 174	北京 6	北京 1	内蒙古 117	上海 325	重庆 191
29	北京 150	河北 196	上海 5	北京 12	北京 337	福建 340	广东 364
30	山东 254	江苏 253	北京 8	海南 26	甘肃 194	江苏 228	天津和北京 71
31	天津和北京 71	北京 116	北京 15	北京 6	江苏 219	上海 366	上海 367
32	广东 185	上海 55	北京 18	广东 36	北京 43	北京 335	安徽 229
33	广东 318	海南 131	山东 58	北京 43	江苏 256	江苏 368	河北 196
34	北京 286	天津和北京 71	上海 25	北京 53	山西 118	辽宁 327	重庆 324
35	福建 47	重庆 212	北京 41	北京 42	北京 89	甘肃 194	北京 96
36	重庆 324	湖北 326	北京 31	北京 63	江苏 197	浙江 300	上海 167
37	广东 162	安徽 229	北京 9	上海 5	辽宁 179	广东 95 江苏 113	重庆 212

表 8-5　29 个省区市企业赋权网络主核内企业

	主核	入主核	出主核
安徽	安徽 229	安徽 229	安徽 108 安徽 229 安徽 306
北京	北京 1 北京 112 北京 116 北京 148 北京 150 北京 171 北京 174 北京 18 北京 211 北京 216 北京 230 北京 271 北京 286 北京 33 北京 335 北京 337 北京 49 北京 59 北京 79 北京 89 北京 97 天津和北京 71	北京 1 北京 112 北京 116 北京 119 北京 148 北京 150 北京 154 北京 165 北京 171 北京 174 北京 184 北京 188 北京 198 北京 211 北京 216 北京 230 北京 257 北京 271 北京 286 北京 3 北京 33 北京 335 北京 337 北京 361 北京 42 北京 44 北京 53 北京 7 北京 79 北京 89 北京 96 北京 97 天津和北京 71	北京 1 北京 10 北京 112 北京 116 北京 12 北京 124 北京 13 北京 148 北京 150 北京 166 北京 171 北京 174 北京 18 北京 211 北京 216 北京 230 北京 271 北京 286 北京 305 北京 335 北京 337 北京 356 北京 37 北京 49 北京 59 北京 6 北京 63 北京 68 北京 79 北京 82 北京 83 北京 97 天津和北京 71
福建	福建 140 福建 273 福建 277 福建 34 福建 340 福建 40 福建 47	福建 140 福建 273 福建 277 福建 34 福建 340 福建 47	福建 126 福建 140 福建 273 福建 277 福建 34 福建 340 福建 40 福建 47 福建 62
甘肃	甘肃 194	甘肃 194	甘肃 194
广东	广东 103 广东 121 广东 162 广东 178 广东 185 广东 206 广东 207 广东 231 广东 251 广东 272 广东 364 广东 66 广东 72 广东 95	广东 103 广东 105 广东 178 广东 185 广东 193 广东 203 广东 207 广东 231 广东 244 广东 251 广东 272 广东 281 广东 349 广东 364 广东 48 广东 66 广东 72 广东 78 广东 95	广东 103 广东 109 广东 121 广东 128 广东 154 广东 162 广东 178 广东 185 广东 206 广东 207 广东 214 广东 231 广东 251 广东 272 广东 318 广东 364 广东 38 广东 4 广东 66 广东 72 广东 95
海南		海南 131 海南 26	
河北	河北 196	河北 196	河北 110 河北 196 河北 208
河南		河南 268	河南 268 河南 320
湖北	湖北 326	湖北 326 湖北 341	湖北 104 湖北 237 湖北 326
湖南		湖南 296 湖南 99	

续表

	主核	入主核	出主核
江苏	江苏 113 江苏 197 江苏 219 江苏 228 江苏 240 江苏 253 江苏 256 江苏 368	江苏 113 江苏 147 江苏 197 江苏 219 江苏 228 江苏 240 江苏 253 江苏 256 江苏 368	江苏 113 江苏 219 江苏 228 江苏 240 江苏 253 江苏 269 江苏 302 江苏 353 江苏 368
江西	江西 204 江西 370	江西 204 江西 370	江西 204 江西 370
辽宁	辽宁 179	辽宁 179	辽宁 179 辽宁 344 辽宁 81
内蒙古	内蒙古 345	内蒙古 345	内蒙古 345
山东	山东 168 山东 254 山东 285	山东 168 山东 248 山东 254 山东 285 山东 348 山东 50 山东 58 山东 60	山东 168 山东 234 山东 254 山东 285
山西			山西 233
陕西		陕西 153	
上海	上海 167 上海 169 上海 195 上海 25 上海 325 上海 339 上海 367 上海 55 上海 57 上海 80 上海和天津 329	上海 169 上海 195 上海 299 上海 325 上海 367 上海 55 上海 74 上海 80 上海 91	上海 106 上海 167 上海 169 上海 183 上海 195 上海 200 上海 25 上海 270 上海 325 上海 328 上海 339 上海 347 上海 360 上海 367 上海 46 上海 54 上海 57 上海 61 上海 80 上海和天津 329
四川	四川 129 四川 276	四川 111 四川 276 四川 279	四川 129 四川 297
天津	上海和天津 329 天津和北京 71	天津和北京 71	上海和天津 329 天津和北京 71
新疆			新疆 255 新疆 287
云南	云南 309	云南 309	云南 173 云南 309
浙江	浙江 142 浙江 280 浙江 354	浙江 161 浙江 181 浙江 280 浙江 293 浙江 315 浙江 351 浙江 354	浙江 142 浙江 160 浙江 227 浙江 280 浙江 284 浙江 354 浙江 98
重庆	重庆 191 重庆 212 重庆 252 重庆 324	重庆 191 重庆 212 重庆 324	重庆 191 重庆 212 重庆 252 重庆 319 重庆 324

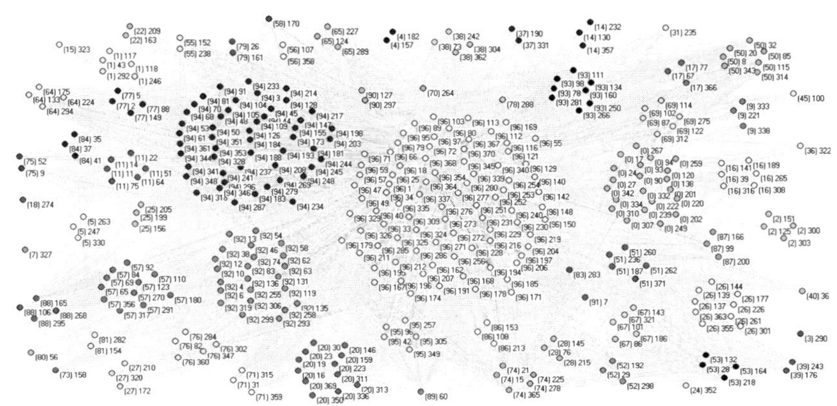

图 8-7　29 个省区市企业赋权网络核结构

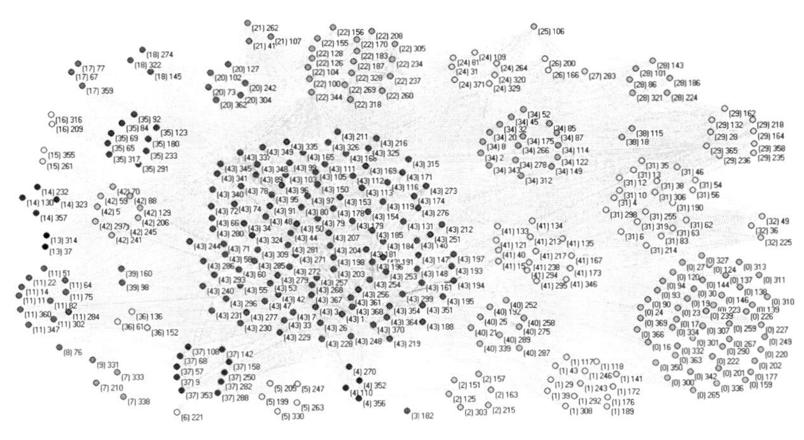

图 8-8　29 个省区市企业赋权网络入核结构

（二）产业层度量指标

根据第六章设计的层内度量指标，计算 29 个省区市“企业—产业—区域”超网络中产业子网络上各节点传播扩散发展波动的影响力，以及发展波动在产业子网络上的关键传播路径。表 8-6 为 29 个省区市产业赋权网络节点影响力各指标值排名前 20%的产业节点信息，图 8-10 为 29 个省

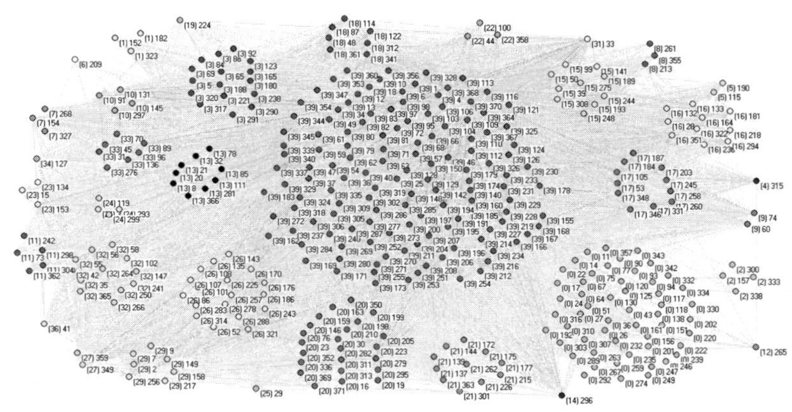

图 8-9　29 个省区市企业赋权网络出核结构

区市产业赋权网络核结构，图 8-11 为 29 个省区市产业赋权网络的出核结构，图 8-12 为 29 个省区市产业赋权网络的入核结构，图 8-13 为 29 个省区市产业赋权网络基础关联树，表 8-7 为 29 个省区市产业赋权网络基础关联树关联权重值。

表 8-6　29 个省区市产业赋权网络指标值排名前 20%产业

入度	出度	二阶入度	二阶出度	接近中心性		中介中心性	核度		
				入	出		入核（3）	出核（2）	主核（10）
12	1	41	1	100	105	131	6、7、8、9	6、7	6、9
32	92	131	7	101	126	120	10、11、20、24	8、9	10、41
13	126	62	126	102	131	110	30、32、34、37	37、38	43、44
61	131	64	64	103	96	105	38、39、40、42	41、42	47、48
19	98	65	131	135	106	119	43、44、45、46	43、47	53、54
30	105	43	98	104	110	106	47、48、49、51	48、53	56、57
88	41	66	41	115	98	113	52、53、54、55	62、63	58、60
90	106	12	43	107	41	117	56、57、58、59	64、65	62、64
71	43	98	129	97	66	31	60、61、62、63	66、67	65、66
31	66	27	6	146	129	78	64、65、66、67	70、72	67、68
17	64	1	105	122	53	62	68、69、70、71	73、78	69、70
16	27	3	62	108	48	126	72、73、74、75	82、83	71、72
111	3	126	65	40	78	48	76、77、78、79	84、85	73、74

续表

入度	出度	二阶入度	二阶出度	接近中心性		中介中心性	核度		
				入	出		入核（3）	出核（2）	主核（10）
102	62	48	9	39	64	125	80、81、82、83	88、89	75、76
22	65	92	47	19	6	92	84、85、86、87	92、96	78、79
36	110	110	44	36	62	98	88、89、90、92	98、105	81、82
91	48	47	106	95	43	73	94、95、97、98	106、110	83、84
18	6	105	13	147	65	37	99、100、101	121、123	85、86
15	129	106	92	79	83	7	102、103、104	125、126	87、92
41	7	53	66	55	92	66	107、109、111	129、131	95、97
65	53	72	48	142	120	118	112、113、114		98、101
21	47	13	8	58	37	30	115、116、117		103、104
84	72	78	110	86	88	6	118、119、121		105、106
63	78	37	3	132	38	32	122、123、124		110、126
14	12	14	78	87	119	88	125、128、130		131
12	1	83	96	144	47	109	131、132、133		
32	92	51	37	111	109	83	134、135、136		
13	126	7	83	143	113	1	137、138、139		
61	131	16	53	75	94	41	143、144、146		
19	98	84	51	149	7	43	148		

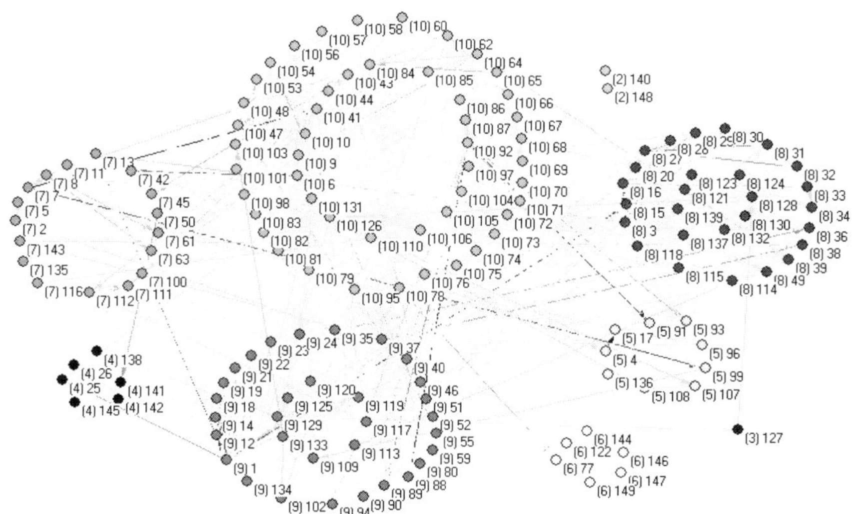

图 8-10　29 个省区市产业赋权网络核结构

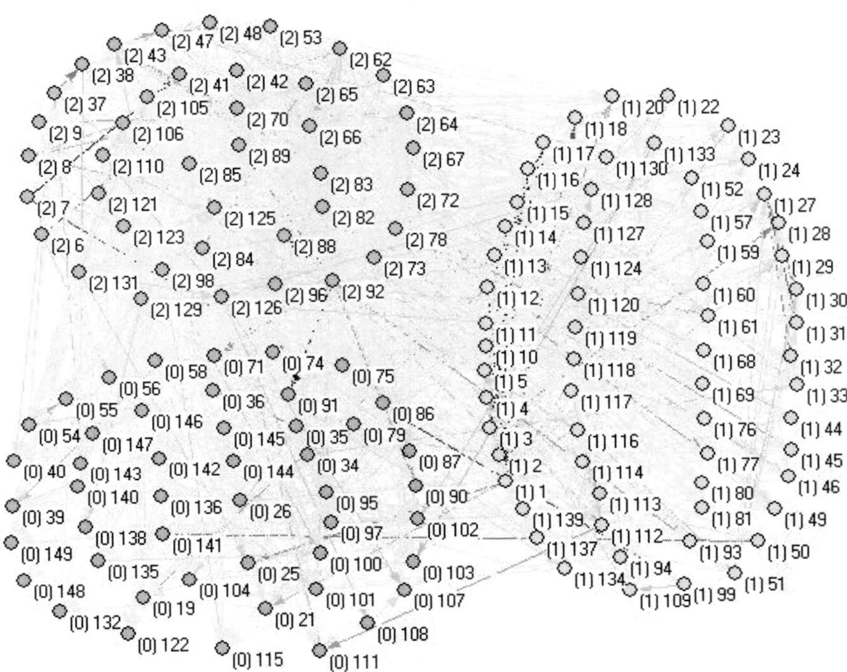

图 8-11　29 个省区市产业赋权网络的出核结构

表 8-7　29 个省区市产业赋权网络基础关联树关联权重值

排名	行	列	权重	排名	行	列	权重	排名	行	列	权重	排名	行	列	权重
1	1	12	0.655	38	1	21	0.214	75	41	117	0.118	112	126	130	0.085
2	7	41	0.556	39	13	3	0.207	76	10	58	0.117	113	43	57	0.083
3	92	88	0.513	40	43	44	0.193	77	127	128	0.116	114	42	61	0.082
4	4	17	0.509	41	1	23	0.186	78	62	102	0.116	115	10	59	0.080
5	3	16	0.491	42	41	111	0.184	79	98	43	0.115	116	72	67	0.079
6	1	15	0.476	43	1	29	0.176	80	1	137	0.114	117	53	86	0.079
7	92	91	0.466	44	43	46	0.172	81	65	82	0.114	118	37	40	0.077
8	1	14	0.461	45	43	48	0.170	82	96	61	0.114	119	66	97	0.076
9	64	65	0.456	46	8	62	0.170	83	92	87	0.112	120	65	70	0.075

续表

排名	行	列	权重	排名	行	列	权重	排名	行	列	权重	排名	行	列	权重
10	1	13	0.424	47	92	94	0.169	84	126	128	0.110	121	1	50	0.072
11	7	99	0.424	48	133	103	0.169	85	129	138	0.110	122	4	120	0.071
12	6	42	0.412	49	62	66	0.167	86	62	101	0.110	123	121	125	0.071
13	1	18	0.398	50	47	51	0.165	87	126	129	0.110	124	1	26	0.070
14	92	89	0.382	51	64	39	0.163	88	35	104	0.109	125	78	75	0.069
15	27	31	0.377	52	16	33	0.160	89	5	2	0.108	126	135	100	0.068
16	1	25	0.355	53	1	27	0.159	90	110	116	0.104	127	27	95	0.068
17	37	38	0.353	54	41	113	0.157	91	129	119	0.102	128	62	80	0.068
18	27	32	0.349	55	126	110	0.156	92	78	109	0.100	129	110	118	0.067
19	50	141	0.344	56	13	4	0.152	93	131	126	0.099	130	129	124	0.067
20	27	30	0.344	57	47	52	0.150	94	6	56	0.097	131	72	69	0.067
21	3	28	0.331	58	38	143	0.147	95	121	123	0.097	132	72	75	0.066
22	35	36	0.328	59	133	102	0.146	96	10	54	0.095	133	10	60	0.066
23	92	71	0.323	60	126	108	0.144	97	98	115	0.095	134	92	76	0.065
24	92	90	0.319	61	6	98	0.141	98	14	49	0.093	135	96	37	0.063
25	92	93	0.316	62	33	34	0.138	99	64	87	0.093	136	81	97	0.063
26	78	77	0.296	63	126	107	0.137	100	131	105	0.091	137	129	147	0.061
27	3	20	0.291	64	114	113	0.136	101	1	24	0.090	138	32	144	0.060
28	43	45	0.285	65	11	7	0.136	102	98	54	0.089	139	78	139	0.058
29	47	53	0.271	66	99	109	0.132	103	2	52	0.089	140	62	79	0.050
30	12	19	0.268	67	2	35	0.131	104	92	83	0.089	141	32	145	0.049
31	65	84	0.263	68	51	30	0.129	105	73	11	0.089	142	89	122	0.048
32	112	111	0.263	69	98	100	0.129	106	131	106	0.088	143	126	148	0.046
33	54	55	0.256	70	64	85	0.126	107	62	74	0.088	144	48	132	0.044
34	8	63	0.255	71	41	47	0.124	108	131	125	0.088	145	119	149	0.037
35	43	47	0.248	72	72	68	0.123	109	133	134	0.088	146	138	142	0.035
36	9	64	0.245	73	12	22	0.123	110	48	136	0.087	147	131	146	0.032
37	8	61	0.233	74	131	25	0.121	111	98	9	0.086	148	129	140	0.027

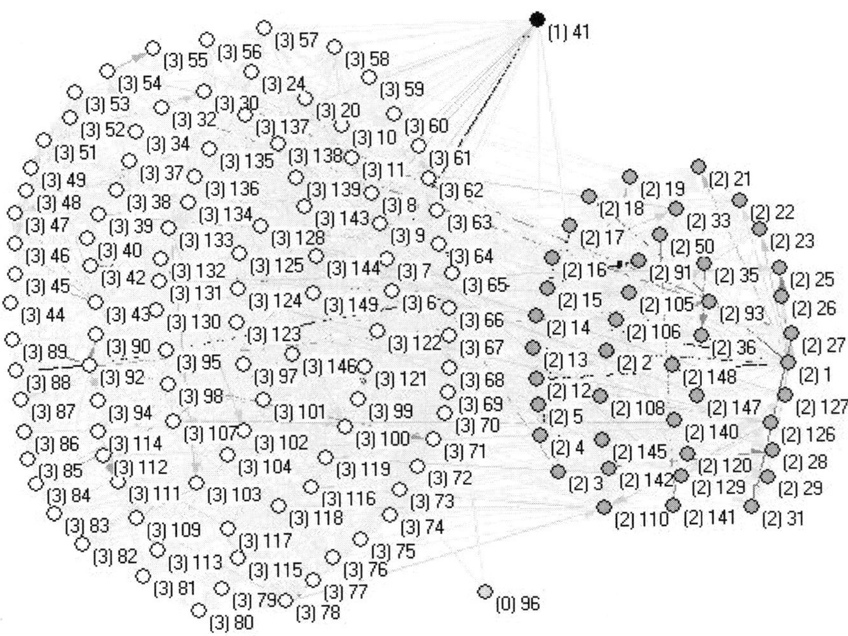

图 8-12　29 个省区市产业赋权网络的入核结构

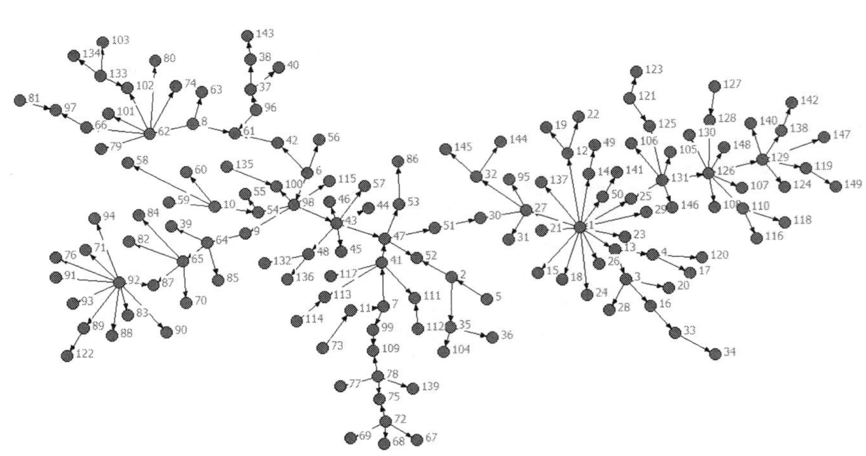

图 8-13　29 个省区市产业赋权网络基础关联树

（三）区域层度量指标

根据第六章设计的层内度量指标，计算29个省区市“企业—产业—区域”超网络中区域子网络上各节点传播扩散发展波动的影响力，以及发展波动在区域子网络上的关键传播路径。表8-8为29个省区市区域赋权网络节点影响力各指标值。图8-14为29个省区市区域赋权网络核结构。图8-15为29个省区市区域赋权网络入核结构和出核结构。图8-16为29个省区市区域赋权网络基础关联树。

表8-8　29个省区市区域赋权网络指标值

区域	入度	出度	二阶入度	二阶出度	接近中心性入	接近中心性出	中介中心性	入核度	出核度	核度
安徽	3997	2328	5369412	38131462	87.5	31.818	0.127	20	19	41
北京	61080	35724	1276129424	628635898	96.552	33.333	3.103	20	19	41
福建	9036	5310	28706376	91160413	93.333	32.184	0.662	20	19	41
甘肃	4854	2837	7985329	44905712	93.333	33.333	2.957	20	19	41
广东	31125	17767	316128561	285986625	96.552	32.941	1.383	20	19	41
广西	259	152	23104	2081527	63.636	28.866	0.000	11	13	25
贵州	10	5	25	12360	3.448	32.941	0.000	0	1	1
海南	2551	1447	2027281	20868736	57.143	32.941	0.050	9	19	34
河北	4195	2472	6066040	40337595	93.333	32.184	3.889	20	19	41
河南	1446	842	702109	13199755	82.353	31.461	0.067	20	19	41
黑龙江	145	78	6084	1005740	3.448	37.333	0.000	0	8	8
湖北	5047	2920	8549031	46255169	90.323	31.818	0.55	20	19	41
湖南	2827	1635	2595474	26265883	62.222	32.184	0.119	11	19	34
吉林	418	233	52529	3358474	50.909	29.167	0.000	2	14	16
江苏	20760	12036	145317280	196937667	96.552	32.941	1.383	20	19	41
江西	3695	2163	4673061	36038868	93.333	31.818	0.586	20	19	41
辽宁	4695	2757	7764394	45192649	96.552	32.558	1.171	20	19	41
内蒙古	3041	1780	3136984	28383208	87.500	32.184	0.349	20	19	41
青海	655	389	151031	6149156	87.500	31.461	0.183	20	19	41
山东	14071	8148	65952936	132977552	93.333	32.558	0.691	20	19	41
山西	1822	1091	1206729	18823315	90.323	31.111	0.378	20	19	41

续表

区域	入度	出度	二阶入度	二阶出度	接近中心性入	接近中心性出	中介中心性	入核度	出核度	核度
陕西	1200	699	484751	10859566	77.778	32.184	0.382	18	19	41
上海	23297	13575	184813707	230160746	93.333	32.941	1.058	20	19	41
四川	6439	3666	13175694	55777814	80.000	32.558	0.316	19	19	41
天津	992	576	344082	9146449	87.500	30.435	0.057	20	19	41
新疆	1098	627	401566	9693962	84.848	30.435	0.042	20	19	41
云南	2199	1283	1659913	19842763	87.500	31.461	0.14	20	19	41
浙江	12308	7224	51896760	122417765	93.333	32.184	0.513	20	19	41
重庆	5747	3391	60460269	58607295	90.323	31.818	0.215	20	19	41

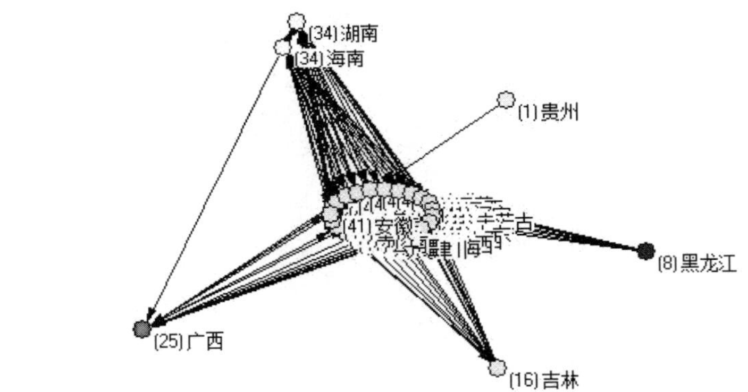

图 8-14　29 个省区市区域赋权网络核结构

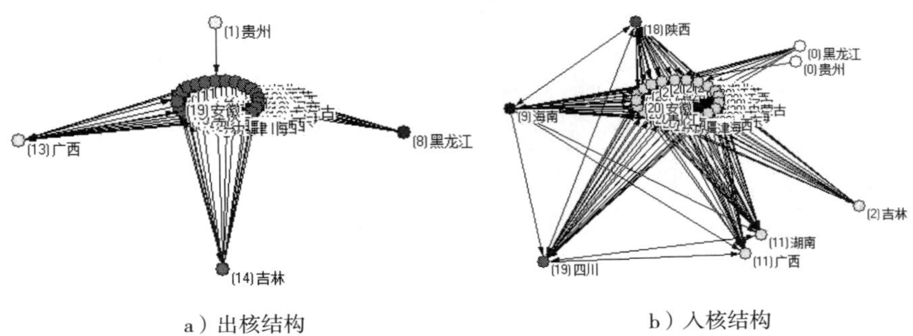

a）出核结构　　　　b）入核结构

图 8-15　29 个省区市区域赋权网络的出核结构和入核结构

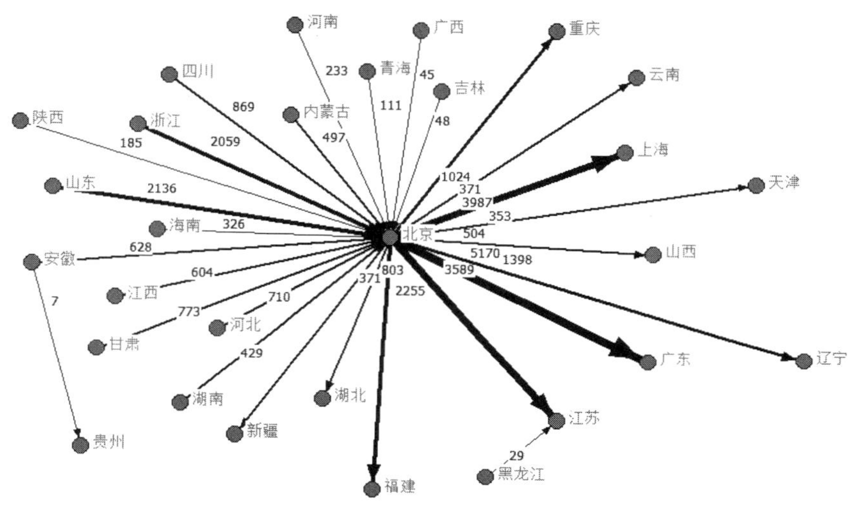

图 8-16　29 个省区市区域赋权网络基础关联树

二、计算结果的分析

（一）基于企业层度量指标计算结果的分析

第一，基于度及二阶度的计算数据，北京、广东、上海、江苏等东部省市的均值以上企业具有较大的入度和出度，从而具有较大的向上、下游邻居企业扩散发展波动的影响力。此外，山东、福建、浙江、重庆等省市的均值以上企业的入度和出度也相对较大。而北京、广东、上海等省市则具有相对较大的二阶入度和二阶出度，具有相对较大的通过邻居节点向上、下游二阶邻居企业扩散发展波动的影响力。

第二，基于接近中心性的计算数据，北京均值以上企业与其上下游企业具有最短的距离，从而北京均值以上企业更容易把发展波动传播到上下游企业。其次是广东、上海、浙江、江苏、山东等东部省市。中西部省区市均值以上企业总体上看与其上下游企业的距离较长，相对不易把发展波动传播到其他企业。

第三，基于中介中心性的计算数据，北京、广东、上海、浙江、江苏、山东、福建等东部省市的均值以上企业联通其他企业的最短路径更多，因此对发展波动在企业间的传播扩散具有更强的控制力。

第四，基于核度的计算数据，29个省区市企业赋权网络分为62核，其中主核核度值为96，主核内包含83个企业；入核分为38核，其中入主核核度值为43，核内包含113个企业；出核分为34核，其中出主核核度值为39，核内包含133个企业。且北京、广东、上海、浙江、江苏、福建、山东等东部省市的均值以上企业的核度较大，因此这些省市企业的关联密集度更大，从而更易把发展波动扩散出去。

第五，从度及二阶度指标值排名前10%的枢纽企业、接近中心性指标值排名前10%的“易亲近”企业和中介中心性指标值排名前10%的“关键中介”企业来看，影响力较大的枢纽企业主要来自北京、广东、上海、江苏、山东、浙江、福建、湖北、重庆、天津、安徽、甘肃、辽宁、内蒙古、四川、江西、海南等省区市，“易亲近”企业主要来自北京、广东、江苏、上海、浙江、江西、河北、福建、甘肃、安徽、黑龙江、辽宁等省区市，“控制力”较大的“关键中介”企业则分布在北京、广东、江苏、上海、重庆、山东、安徽、福建、甘肃、河北、湖北、江西、辽宁、内蒙古、天津等省区市。说明这些企业的创新引领或技术跟随对29个省区市的发展具有更大的影响力。

第六，基于主核内企业的区域分布来看，无论是入主核、出主核还是主核，北京都拥有最多的企业，广东、上海、江苏、浙江、山东等东部省市的主核内企业也较多，中西部省区市拥有的主核内企业则较少，说明东部省市企业总体上具有更为密集的关联，经济活动更为频繁，要素流动更为便捷，发展波动的扩散更为有效。

（二）基于产业层度量指标计算结果的分析

第一，基于度及二阶度的计算数据，12号谷物磨制品、32号纺织服装服饰、13号饲料加工品、61号钢、19号方便食品和30号针织或钩针编织及其制品具有较大的入度，说明这些产业具有更大的直接向上游邻居产业传播扩散发展波动的影响力。41 号精炼石油和核燃料加工品、131 号商务服务、62 号钢压延产品、64 号有色金属及其合金和 65 有色金属压延加工品具有较大的二阶入度，说明这些产业具有更大的通过邻居产业向上游二阶邻居产业扩散发展波动的影响力。1 号农产品不仅具有最大出度，而且具有最大的二阶出度，说明农产品业不仅具有最大的直接向下游邻居产业传播扩散发展波动的影响力，而且具有最大的通过邻居节点向下游二阶邻居产业传播扩散发展波动的影响力。92 号电子元器件、126 号货币金融和其他金融服务、131 号商务服务、98 号电力热力生产和供应、43 号基础化学原料等产业也具有较大的直接向下游邻居产业扩散发展波动的影响力。7 号石油和天然气开采产品、126 号货币金融和其他金融服务、64 号有色金属及其合金、131 号商务服务、98 号电力热力生产和供应则具有较大的通过邻居产业向下游二阶邻居产业扩散发展波动的影响力。

第二，基于接近中心性的计算数据，100 号水的生产和供应，101 号房屋建筑，102 号土木工程建筑，103 号建筑安装，135 号水利管理，104 号建筑装饰、装修和其他建筑服务等产业其上游产业具有更短的距离，105 号批发，126 号货币金融和其他金融服务，131 号商务服务，96 号废弃资源和废旧材料回收加工品，106 号零售，110 号道路货物运输和运输辅助活动，98 号电力、热力生产和供应，41 号精炼石油和核燃料加工品，66 号金属制品，129 号房地产等产业与其下游产业具有更短的距离，从而前者更易把发展波动传播到上游产业，后者更易把发展波动传播到下游产业。从数值看，后者把发展波动扩散到下游产业的影响力是前者的近 20 倍。

第三，基于中介中心性的计算数据，131 号商务服务对发展波动在产业间的扩散具有最大的控制力，是排名第二位的 120 号餐饮的近 4 倍。另外，110 号道路货物运输和运输辅助活动、105 号批发、119 号住宿、106 号零售、113 号航空旅客运输、117 号装卸搬运和仓储售等产业对发展波动在产业间的扩散也具有较大的影响力。

第四，基于核度的计算数据，29 个省区市产业赋权网络分为 9 核，其中主核核度值为 10，主核内包含 49 个产业；入核分为 4 核，其中入主核核度值为 3，核内包含 105 个产业；出核分为 3 核，其中出主核核度值为 2，核内包含 40 个产业。6、9、10、41、43、44、47、48、53、54、56、57、58、60、62、64、65、66、67、68、69、70、71、72、73、74、75、76、78、79、81、82、83、84、85、86、87、92、95、97、98、101、103、104、105、106、110、126、131 等产业因具有最大的核度值，从而发展波动更易在这些产业间扩散。

第五，根据图 8-13，结合表 8-7，29 个省区市产业赋权网络基础关联树的树根为 1 号农产品，92 号产业电子元器件具有第二大的关联度，此外，3 号畜牧产品，27 号棉、化纤纺织及印染精加工品，43 号基础化学原料等产业也具有相对较大的关联度，从而以上产业对发展波动在基础关联树上的传播发挥重要作用。29 个省区市产业赋权网络基础关联树的主干为 103—133—102—62—8—61—42—6—98—43—47—51—30—27—1—25—131—126—129—138—142，主干权重和为 3. 459，是发展波动在产业间扩散的关键路径。此外，以下五条路径：（1）103—133—102—62—8—61—42—6—98—43—47—51—30—27—1—25—131—126—129—119—149（权重和为 3. 453）；（2）134—133—102—62—8—61—42—6—98—43—47—51—30—27—1—25—131—126—129—138—142，权重和为 3. 378；（3）81—97—66—62—8—61—42—6—98—43—47—51—30—27—1—25—131—126—129—138—142，权重和为 3. 324；（4）134—133—102—62—8—61—42—6—98—43—47—51—30—27—1—25—131—126—129—119—149，权重和为 3. 372；⑤81—97—66——62—8—61—42—6—98—43—47—51—30—27—1—25—131—126—129—119—149，权重和为 3. 318，也是发展波动在 29 个省区市产业间传播扩散的重要路径。

（三）基于区域层度量指标计算结果的分析

第一，基于度计算数据，北京通过对中间品的供需具有最大的向其上下游一阶邻居省区市扩散发展波动的影响力，特别是通过对中间品的需求把发展波动扩散到其上游一阶邻居省区市的影响力。广东、上海、江苏、山东、浙江等东部省市也具有较大的向其一阶邻居省区市扩散发展波动的影响力，且与北京相同，通过需求扩散发展波动的影响力大于供给。基于二阶度的计算数据，北京通过邻居区域具有最大的向其二阶邻居省区市扩散发展波动的影响力，且通过对中间品的需求把发展波动扩散到上游二阶邻居省区市的影响力，远大于通过对中间品的供给，借由邻居区域把发展波动扩散到下游二阶邻居省区市的影响力。此外，广东、上海、江苏、山东、浙江、福建等东部省市，也具有较大的通过邻居区域向其二阶邻居省区市扩散发展波动的影响力，且山东、浙江、福建通过供给相比通过需求更易通过邻居区域把发展波动扩散给二阶邻居区域，其他三省市则相反。

第二，基于接近中心性的计算数据，北京、广东、江苏、辽宁沿上游方向到其他省区市的最短路径最短，黑龙江、北京、甘肃沿下游方向到其他省区市的最短路径最短，从而29个省区市中，北京、广东、江苏、辽宁最易把发展波动向其上游省区市进行全面扩散，黑龙江、北京、甘肃最易把发展波动向其下游省区市进行全面扩散。

第三，基于中介中心性的计算数据，河北、北京、甘肃对发展波动在29个省区市间的传播扩散具有较强的控制力，此外，广东、江苏、辽宁、上海等对产业发展波动在29个省区市间扩散的控制力也较大，属于关键中介区域。

第四，基于核度计算数据，29个省区市区域赋权网络分为6核，其中主核核度值为41，主核内包含23个省区市；入核分为7核，其中入主核核度值为20，核内包含21个省区市；出核分为4核，其中出主核核度值为19，核内包含25个省区市。重庆、浙江、云南、新疆、天津、四川、上海、陕西、山西、山东、青海、内蒙古、辽宁、江西、江苏、湖北、河南、河北、广东、甘肃、福建、北京、安徽等省区市因具有最大的核度值，从而发展波动更易在这些区域间扩散。

第四，根据图 8-16，区域赋权网络基础关联树的树根为北京，说明北京在发展波动在 29 个省区市间的传播扩散起关键作用。主干为上海—北京—广东，枝干为上海—北京—江苏、上海—北京—山东、上海—北京—浙江，为发展波动在 29 个省区市间的传播扩散提供了重要路径。

第四节　层间指标度量及效应分析

一、层间度量指标的计算

基于第六章所设计的层间度量指标，计算 29 个省区市“企业—产业—区域”超网络节点超度、节点二阶超度、节点关联桥度、节点关联强度、超边关联度等指标值。表 8-9 为 29 个省区市“企业—产业—区域”超网络节点超度、二阶超度排名前 10%的节点信息。表 8-10 为超边关联度排名前 10%的超边及其超边关联度。图 8-16 为超边关联度均值以上超边的产业分布图。

表 8-9　29 个省区市“企业—产业—区域”超网络节点超度、二阶超度排名前 10%的节点信息值

节点	超度	节点	超度	节点	超度	节点	二阶超度	节点	二阶超度	节点	二阶超度
北京	384	102	29	120	20	129	1621	89	1184	128	976
广东	187	123	29	河北	20	105	1557	101	1172	江苏	976
上海	158	128	29	119	19	106	1471	98	1169	浙江	974
江苏	101	131	27	43	17	133	1391	88	1148	142	971
浙江	88	安徽	24	77	17	126	1371	77	1126	99	945
129	71	76	23	101	17	132	1347	141	1103	104	945

续表

节点	超度	节点	超度	节点	超度	节点	二阶超度	节点	二阶超度	节点	二阶超度
山东	71	甘肃	23	云南	17	61	1340	63	1093	山东	937
105	66	山西	23	91	16	北京	1289	上海	1093	114	924
福建	55	61	22	92	16	131	1285	92	1086	65	922
106	54	64	22	112	16	120	1281	43	1085	55	915
133	46	125	22	117	16	125	1269	102	1078	84	890
126	43	江西	22	9	15	76	1249	50	1063	93	873
重庆	36	62	21	65	15	119	1238	64	1045	83	870
132	35	89	21	124	15	62	1235	117	1030	91	866
四川	35	内蒙古	21	上海325	14	123	1223	广东	1028	73	860
127	33	甘肃194	20	50	14	78	1214	23	1012	6	835
98	32	6	20	73	14	110	1207	134	1012	54	804
湖北	31	78	20			124	1197	82	1007		
辽宁	31	88	20			127	1190	112	1003		

表 8-10　超边关联度排名前 10%的超边信息

序号	超边	超边关联度	序号	超边	超边关联度
165	北京 49—105—北京	434	799	北京 210—129—北京	433
212	北京 59—105—北京	434	830	北京 216—129—北京	433
238	北京 68—105—北京	434	857	北京 223—129—北京	433
364	北京 97—105—北京	434	889	北京 230—129—北京	433
441	北京 116—105—北京	434	1169	北京 305—129—北京	433
544	北京 148—105—北京	434	1259	北京 335—129—北京	433
627	北京 171—105—北京	434	1337	北京 352—129—北京	433
638	北京 174—105—北京	434	1402	北京 369—129—北京	433

续表

序号	超边	超边关联度	序号	超边	超边关联度
827	北京 216—105—北京	434	213	北京 59—106—北京	424
953	北京 250—105—北京	434	239	北京 68—106—北京	424
1036	北京 271—105—北京	434	365	北京 97—106—北京	424
1110	北京 286—105—北京	434	519	北京 141—106—北京	424
1167	北京 305—105—北京	434	628	北京 171—106—北京	424
1257	北京 335—105—北京	434	639	北京 174—106—北京	424
1359	北京 359—105—北京	434	705	北京 189—106—北京	424
15	北京 3—129—北京	433	828	北京 216—106—北京	424
28	北京 7—129—北京	433	886	北京 230—106—北京	424
36	北京 9—129—北京	433	1037	北京 271—106—北京	424
54	北京 15—129—北京	433	1168	北京 305—106—北京	424
60	北京 18—129—北京	433	1174	北京 308—106—北京	424
87	北京 31—129—北京	433	1258	北京 335—106—北京	424
99	北京 33—129—北京	433	214	北京 59—132—北京	412
166	北京 49—129—北京	433	385	北京 102—132—北京	412
289	北京 79—129—北京	433	831	北京 216—132—北京	412
422	北京 112—129—北京	433	999	北京 257—132—北京	412
442	北京 116—129—北京	433	1038	北京 271—132—北京	412
507	北京 136—129—北京	433	1189	北京 314—132—北京	412
580	北京 158—129—北京	433			

二、计算结果的分析

（一）基于超度计算结果的分析

第一，区域节点中，北京的超度最大，说明北京关联企业、产业的超边最多，北京的技术进步、产业升级等更容易通过超边影响更多企业和产

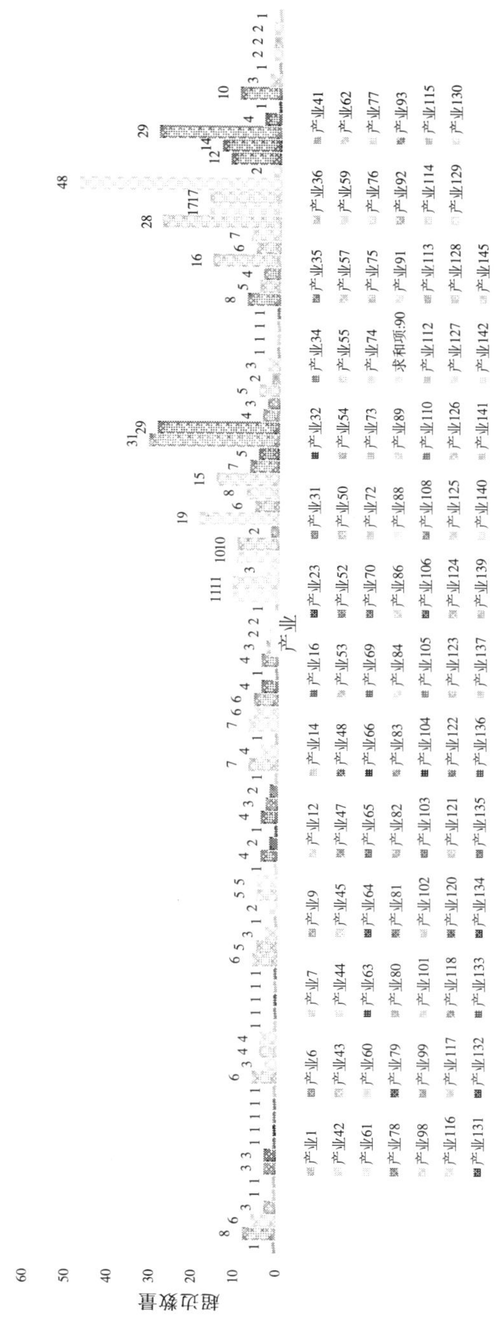

图8-17 超边关联度均值以上超边的产业分布

业；其次是广东、上海、江苏，再次是浙江、山东、福建，从次是重庆、四川、湖北、辽宁、安徽、甘肃、山西、江西、内蒙古，最后是河北、云南等，且不同省区市技术进步、产业升级所产生的影响力相差较大。

第二，产业节点中，129 号房地产具有最大的超度值，目前看该产业的繁荣兴盛对带动我国经济发展具有重要作用；105 号批发、106 号零售也具有较大的超度值，批发零售业在推动我国的经济发展中发挥重要作用；133 号专业技术服务、126 号货币金融和其他金融服务的超度值也相对较大，因此不可忽视这两大产业的影响力。此外，132 号研究和试验发展，127 号资本市场服务，98 号电力、热力生产和供应，102 号土木工程建筑，123 号互联网和相关服务，128 号保险，131 号商务服务，76 号其他专用设备，61 号钢，64 号有色金属及其合金，125 号信息技术服务，62 号钢压延产品，89 号通信设备，6 号煤炭开采和洗选产品，78 号汽车零部件及配件，88 号计算机，120 号餐饮等，也具有相对较大的超度值，各省区市这些产业的政策制定对本省区市及其他省区市的经济发展至关重要。

（二）基于二阶超度计算结果的分析

第一，区域节点中，二阶超度最大的仍然是北京，其次是上海、广东、江苏、浙江、山东，从而这些省市通过跨层邻居节点关联的超边较多，从而这些省市的技术进步、产业升级等更容易通过其关联的产业、企业影响更多产业和企业。

第二，129 号房地产具有最大的二阶超度，说明房地产能够通过其归属区域和从属企业对我国经济发展产生最广泛的影响；105 号批发、106 零售、133 号专业技术服务、126 号货币金融和其他金融服务、132 号研究和试验发展是二阶超度排名第二到第六位的产业，其发展波动同样通过邻居节点深刻影响我国经济的发展。另外，61 号钢、131 号商务服务、120 号餐饮、125 号信息技术服务、76 号其他专用设备、119 号住宿、62 号钢压延产品、123 号互联网和相关服务、78 号汽车零部件及配件、110

号道路货物运输和运输辅助活动等产业的二阶超度也相对较大，这些产业有的属于第二产业，有的属于第三产业，有的涉及高新技术产业，有的与国民生活息息相关，有的是国家基础产业，其发展波动同样具有不可忽视的作用。

（三）基于超边关联度计算结果的分析

由表 8-10 可知，关联度最大的超边有 36 条，关联度次大的超边有 13 条，关联度第三大的超边有 6 条，涉及 105 号批发、129 号房地产、106 号零售、132 号研究和试验发展等产业，这些超边通过其包含的企业、产业、区域节点关联的超边最多，超边上任一节点的发展波动都会对我国经济发展具有重要作用。由超边关联度均值以上超边的产业分布（图 8-17）可知，对发展波动的扩散影响较大的超边较多涉及 129 号房地产，其次是 105 号批发、106 号零售、133 号专业技术服务、126 号货币金融和其他金融服务，再次是 98 号电力、热力生产和供应，127 号资本市场服务，128 号保险，123 号互联网和相关服务，102 号土木工程建筑，132 号研究和试验发展，131 号商务服务，88 号计算机，89 号通信设备，91 号视听设备，92 号电子元器件，136 号生态保护和环境治理等，从而这些产业的升级对我国经济发展具有不同的影响力。

第五节　研究结果与对策建议

产业发展波动在省区市间的扩散，本质上是通过微观企业的跨区域关联，甚至技术、项目、人才等微观要素的跨区域关联实现的。因微观要素难以获取，故把经济要素作为影响因素处理，基于营业收入占 500 强总营业收入 95%的 380 强企业数据，去掉香港等非内地省区市的企业，以 29 个省区市及总部位于这些省区市的 371 家企业为研究对象，结合 2017 年中国投入产出表数据，构建了 29 个省区市“企业—产业—区域”产业发展波动区域间扩散超网络模型，描述产业发展波动在 29 个省区市的扩散，并计算了度、二阶度、中介中心性、接近中心性、核度、基础关联树等层内指标和节点超度、二阶超度、超边关联度等层间指标，分别度量企业层、产业层、区域层网络上各同质节点传播扩散发展波动的影响力和发展波动传播扩散的关键路径，“企业—产业—区域”层间网络上各异质节点传播扩散发展波动的影响力和异质节点连边对发展波动传播扩散的影响力。

一、研究结论

第一，“企业—产业—区域”超网络模型，深入微观层面刻画了产业发展波动区域间扩散的本质，从结构层面揭示了产业发展波动区域间扩散的机理，基于国内29个省区市数据的计算表明，相应指标体系能够量化各企业、产业、区域对发展波动扩散的影响力，从而明确了各企业、产业、区域在经济发展中的相对地位，对于促进区域经济协同、协调发展具有重要意义。

第二，基于所选样本，以北京、广东、上海、江苏、山东、浙江、福建、天津、河北、辽宁、海南为代表的东部省市的企业及产业对发展波动区域间扩散的影响力较大，不仅更容易把发展波动直接传播到上下游企业和产业，更容易通过邻居节点传播给二阶邻居企业和产业，而且具有更强的阶阶扩散发展波动的影响力，是网络中的枢纽节点和“易亲近”节点，还是对发展波动的区域间扩散发挥桥梁作用的“关键中介”节点，具有更强控制力。此外，中部的湖北、安徽、江西、黑龙江、内蒙古和西部的重庆、甘肃、四川等省区市也具有较强的跨区域传播扩散发展波动的影响力。并且东部省市企业和产业间关联更为密集，为经济要素的省区市间流动提供了条件，中部和西部省区市的这一基础相对较弱。

第三，我国产业网络结构是非对称的，无论是基于局域关联指标（度、二阶度）还是基于全局关联指标（接近中心度、中介中心度、核度），各产业对发展波动扩散的影响力各不相同。第一产业中的1号农产品不仅具有最大的直接向下游邻居产业传播扩散发展波动的影响力，而且具有最大的通过邻居节点向下游二阶邻居产业传播扩散发展波动的影响力。第二产业中的 92 号电子元器件、98 号电力热力生产和供应、43 号基础化学原料、7 号石油和天然气开采产品、64 号有色金属及其合金、12 号谷物磨制品、32 号纺织服装服饰、13 号饲料加工品、61 号钢、19 号方便食品、30 号针织或钩针编织及其制品、41 号精炼石油和核燃料加工品、62 号钢压延产品、65 有色金属压延加工品等产业，第三产业中的 126 号货币金融和其他金融服务、131 号商务服务等产业，或者具有较强的向上下游直接邻居产业扩散发展波动的影响力，或者具有较强的向上下游二阶邻居产业扩散发展波动的影响力，或者两者兼具，但这些产业包括 1 号产业，却不都具备最强的向产业链上所有产业扩散波动的影响力，具备这类影响力最强的产业是第二产业中的 96 号废弃资源和废旧材料回收加工品，98 号电力、热力生产和供应，41 号精炼石油和核燃料加工品，66 号金属制品，第三产业中的 105 号批发、126 号货币金融和其他金融服务、131 号商务服务、106 号零售、110 号道路货物运输和运输辅助活动、129 号房地产等，且这些产业沿产业链向下游扩散发展波动的影响力远大于沿产业链向上游扩散波动的影响力。此外，131 号商务服务还是扩散发展波动的关键中介产业，处于波动扩散路径的桥梁位置，控制着大多数波动的扩散，120 号餐饮、110 号道路货物运输和运输辅助活动、105 号批发、119 号住宿、106 号零售、113 号航空旅客运输、117 号装卸搬运和仓储售等产业对发展波动的扩散也具有较大的控制力。

第四，国民经济中存在多条产业发展波动扩散的关键路径。在这些关键路径上，1 号农产品，92 号电子元器件，3 号畜牧产品，27 号棉、化纤纺织及印染精加工品，43 号基础化学原料，41 号精炼石油和核燃料加工品，7 号石油和天然气开采产品，64 号有色金属及其合金，12 号谷物磨制品，47 号合成材料，65 有色金属压延加工品，126 号货币金融和其他金融服务等产业对发展波动扩散发挥重要作用。因此，这些路径所跨区域越多，越能促进发展波动的区域间扩散。

第五，基于所选样本，129号房地产对产业发展波动的跨区域扩散影响最大。第二产业中61号钢，62号钢压延产品，98号电力、热力生产和供应，88号计算机，89号通信设备，91号视听设备，92号电子元器件，102号土木工程建筑，78号汽车零部件及配件，110号道路货物运输和运输辅助活动等，第三产业中的105号批发、106号零售、133号专业技术服务、126号货币金融和其他金融服务、127号资本市场服务、128号保险、123号互联网和相关服务、132号研究和试验发展、131号商务服务、136号生态保护和环境治理等产业也具有相对较大的跨区域扩散发展波动的影响力。

第六，基于所选样本，北京毫无疑问是对发展波动扩散最具影响力的区市，这与500强企业多把总部设于北京有关。事实上，国民经济的枝桠已触及经济空间的四面八方角角落落，发展波动的扩散不单与总部有关，因此该研究结论会在一定程度上夸大总部较多的省区市的重要性。但总部经济多位于微笑曲线两端，代表着产业升级的方向，通常是发展波动的发源地，的确对经济发展具有不可替代的作用。

二、对策建议

区域协调发展是党的十九大确定的国家七大战略之一，也是“十四五”时期区域发展的主基调。区域协调发展要靠政府和市场两只手协同发挥作用，基于市场进行调控，通过调控推动市场调节作用的发挥。我国区域经济发展是不平衡的，放大增长极效应，推动区域经济协同发展，不仅有利于促进区域经济协调发展，解决结构性失衡的问题，而且有利于国民经济整体提升，解决总量发展的问题。

（一）持续实施增长极战略

继续打造诸如粤港澳大湾区、长三角城市群、京津冀城市群、长江中游城市群，中原城市群、成渝城市群、关中平原城市群、辽中南城市群、哈长城市群等增长极等区域经济增长极，带动东部、中部、西部、北部区域经济高质量发展。

（二）加强打造国内全产业链

疫情大背景下，构建以国内大循环为主体、国内国际双循环相互促进的新发展格局，必须加强打造国内全产业链，这不仅有利于新发展格局的构建，而且增强了国内经济关联，有利于推动发展波动的扩散，促进区域经济协同、协调发展。

（三）着力建立东中西北部省区市的经济关联

通过飞地经济、园区共建、招商引资等多种途径密切经济先行区域与跟随区域的经济关联，拓展产业链的空间布局，同时鼓励加强国际经济联系，参与国际分工，实现以点带线，以线带面。

小　结

针对我国区域经济发展不平衡不协调的问题，基于中国500强企业数据和2017年中国投入产出表，构建了包含29个省区市的“企业—产业—区域”超网络模型，计算了其层内指标和层间指标，分析了我国29个省区市各节点扩散发展波动的影响力和发展波动在29个省区市间的关键扩散路径，为制定推进我国区域经济协同、协调发展的政策提供的定量依据。

附　表

附表 7-1　中、德、日、美 20 产业

代码	产业名称
1	Crop and animal production, hunting and related service activities
2	Mining and quarrying
3	Manufacture of coke and refined petroleum products
4	Manufacture of chemicals and chemical products
5	Manufacture of basic pharmaceutical products and pharmaceutical preparations
6	Manufacture of rubber and plastic products
7	Manufacture of basic metals
8	Manufacture of computer, electronic and optical products
9	Manufacture of electrical equipment
10	Manufacture of machinery and equipment n. e. c.
11	Manufacture of motor vehicles, trailers and semi-trailers
12	Construction
13	Wholesale and retail trade and repair of motor vehicles and motorcycles
14	Warehousing and support activities for transportation
15	Postal and courier activities
16	Telecommunications
17	Computer programming, consultancy and related activities; information service activities
18	Financial service activities, except insurance and pension funding
19	Real estate activities
20	Scientific research and development

附表 7-2 2018 年中、德、日、美世界 500 强企业 TOP160 企业代码及名称

代码	名称	代码	名称
中国 1	北京汽车集团（BEIJING AUTOMOTIVE GROUP）	德国 12	德国中央合作银行（DZ BANK）
中国 2	东风汽车公司（DONGFENG MOTOR）	德国 13	德意志银行（DEUTSCHE BANK）
中国 3	广达电脑公司（QUANTA COMPUTER）	德国 14	蒂森克虏伯（THYSSENKRUPP）
中国 4	广州汽车工业集团（GUANGZHOU AUTOMOBILE INDUSTRY GROUP）	德国 15	莱茵集团（RWE）
中国 5	海航集团（HNA GROUP）	德国 16	西门子（SIEMENS）
中国 6	和硕（PEGATRON）	德国 17	意昂集团（E. ON）
中国 7	河钢集团（HBIS GROUP）	日本 1	JXTG 控股有限公司（JXTG HOLDINGS）
中国 8	恒力集团（HENGLI GROUP）	日本 2	本田汽车（HONDA MOTOR）
中国 9	鸿海精密工业股份有限公司（HON HAI PRECISION INDUSTRY）	日本 3	大和房建（DAIWA HOUSE INDUSTRY）
中国 10	华为投资控股有限公司（HUAWEI INVESTMENT & HOLDING）	日本 4	电装公司（DENSO）
中国 11	冀中能源集团（JIZHONG ENERGY GROUP）	日本 5	丰田汽车公司（TOYOTA MOTOR）
中国 12	江苏沙钢集团（JIANGSU SHAGANG GROUP）	日本 6	富士通（FUJITSU）
中国 13	江西铜业集团公司（JIANGXI COPPER）	日本 7	佳能（CANON）
中国 14	交通银行（BANK OF COMMUNICATIONS）	日本 8	铃木汽车（SUZUKI MOTOR）
中国 15	联想集团（LENOVO GROUP）	日本 9	马自达汽车株式会社（MAZDA MOTOR）
中国 16	绿地控股集团有限公司（GREENLAND HOLDING GROUP）	日本 10	普利司通（BRIDGESTONE）

续表

代码	名称	代码	名称
中国 17	山东能源集团有限公司（SHANDONG ENERGY GROUP）	日本 11	日本 KDDI 电信公司（KDDI）
中国 18	山东魏桥创业集团有限公司（SHANDONG WEIQIAO PIONEERING GROUP）	日本 12	日本电报电话公司（NIPPON TELEGRAPH & TELEPHONE）
中国 19	陕西煤业化工集团（SHAANXI COAL & CHEMICAL INDUSTRY）	日本 13	日本钢铁工程控股公司（JFE HOLDINGS）
中国 20	陕西延长石油（集团）有限责任公司（SHAANXI YANCHANG PETROLEUM（GROUP））	日本 14	日本瑞穗金融集团（MIZUHO FINANCIAL GROUP）
中国 21	上海浦东发展银行股份有限公司（SHANGHAI PUDONG DEVELOPMENT BANK）	日本 15	日本三井住友金融集团（SUMITOMO MITSUI FINANCIAL GROUP）
中国 22	上海汽车集团股份有限公司（SAIC MOTOR）	日本 16	日本三菱重工业股份有限公司（MITSUBISHI HEAVY INDUSTRIES）
中国 23	神华集团（SHENHUA GROUP）	日本 17	日本邮政控股公司（JAPAN POST HOLDINGS）
中国 24	台积电（TAIWAN SEMICONDUCTOR MANUFACTURING）	日本 18	日产汽车（NISSAN MOTOR）
中国 25	太平洋建设集团（PACIFIC CONSTRUCTION GROUP）	日本 19	日立（HITACHI）
中国 26	万科企业股份有限公司（CHINA VANKE）	日本 20	软银集团（SOFTBANK GROUP）
中国 27	物产中大集团（WUCHAN ZHONGDA GROUP）	日本 21	三菱电机股份有限公司（MITSUBISHI ELECTRIC）
中国 28	新兴际华集团（XINXING CATHAY INTERNATIONAL GROUP）	日本 22	三菱化学控股（MITSUBISHI CHEMICAL HOLDINGS）
中国 29	兴业银行（INDUSTRIAL BANK）	日本 23	三菱日联金融集团（MITSUBISHI UFJ FINANCIAL GROUP）
中国 30	怡和集团（JARDINE MATHESON）	日本 24	斯巴鲁公司（SUBARU）

续表

代码	名称	代码	名称
中国 31	长江和记实业有限公司（CK HUTCHISON HOLDINGS）	日本 25	松下（PANASONIC）
中国 32	招商银行（CHINA MERCHANTS BANK）	日本 26	索尼（SONY）
中国 33	浙江吉利控股集团（ZHEJIANG GEELY HOLDING GROUP）	日本 27	新日铁住金（NIPPON STEEL & SUMITOMO METAL）
中国 34	正威国际集团（AMER INTERNATIONAL GROUP）	日本 28	住友商事（SUMITOMO）
中国 35	中国宝武钢铁集团（CHINA BAOWU STEEL GROUP）	美国 1	Alphabet 公司（ALPHABET）
中国 36	中国保利集团（CHINA POLY GROUP）	美国 2	Gilead Sciences 公司（GILEAD SCIENCES）
中国 37	中国兵器工业集团公司（CHINA NORTH INDUSTRIES GROUP）	美国 3	Phillips 66 公司（PHILLIPS 66）
中国 38	中国兵器装备集团公司（CHINA SOUTH INDUSTRIES GROUP）	美国 4	埃克森美孚（EXXON MOBIL）
中国 39	中国第一汽车集团公司（CHINA FAW GROUP）	美国 5	保德信金融集团（PRUDENTIAL FINANCIAL）
中国 40	中国电信集团公司（CHINA TELECOMMUNICATIONS）	美国 6	戴尔科技公司（DELL TECHNOLOGIES）
中国 41	中国电子信息产业集团有限公司（CHINA ELECTRONICS）	美国 7	房地美（FREDDIE MAC）
中国 42	中国工商银行（INDUSTRIAL & COMMERCIAL BANK OF CHINA）	美国 8	房利美（FANNIE MAE）
中国 43	中国光大集团（CHINA EVERBRIGHT GROUP）	美国 9	福特汽车公司（FORD MOTOR）
中国 44	中国海洋石油总公司（CHINA NATIONAL OFFSHORE OIL）	美国 10	高盛（GOLDMAN SACHS GROUP）
中国 45	中国航天科工集团公司（CHINA AEROSPACE SCIENCE & INDUSTRY）	美国 11	国际商业机器公司（INTERNATIONAL BUSINESS MACHINES）

续表

代码	名称	代码	名称
中国 46	中国恒大集团（CHINA EVERGRANDE GROUP）	美国 12	好事达（ALLSTATE）
中国 47	中国华润总公司（CHINA RESOURCES NATIONAL）	美国 13	花旗集团（CITIGROUP）
中国 48	中国华信能源有限公司（CEFC CHINA ENERGY）	美国 14	辉瑞制药有限公司（PFIZER）
中国 49	中国化工集团公司（CHEMCHINA）	美国 15	惠普公司（HP）
中国 50	中国机械工业集团有限公司（SINOMACH）	美国 16	慧与公司（HEWLETT PACKARD ENTERPRISE）
中国 51	中国建设银行（CHINA CONSTRUCTION BANK）	美国 17	甲骨文公司（ORACLE）
中国 52	中国建筑工程总公司（CHINA STATE CONSTRUCTION ENGINEERING）	美国 18	卡特彼勒（CATERPILLAR）
中国 53	中国交通建设集团有限公司（CHINA COMMUNICATIONS CONSTRUCTION）	美国 19	联邦快递（FEDEX）
中国 54	中国联合网络通信股份有限公司（CHINA UNITED NETWORK COMMUNICATIONS）	美国 20	联合包裹速递服务公司（UNITED PARCEL SERVICE）
中国 55	中国铝业公司（ALUMINUM CORP. OF CHINA）	美国 21	联合技术公司（UNITED TECHNOLOGIES）
中国 56	中国民生银行（CHINA MINSHENG BANKING）	美国 22	马拉松原油公司（MARATHON PETROLEUM）
中国 57	中国能源建设集团有限公司（CHINA ENERGY ENGINEERING GROUP）	美国 23	美国电话电报公司（AT&T）
中国 58	中国农业银行（AGRICULTURAL BANK OF CHINA）	美国 24	美国富国银行（WELLS FARGO）
中国 59	中国石油化工集团公司（SINOPEC GROUP）	美国 25	美国国际集团（AMERICAN INTERNATIONAL GROUP）
中国 60	中国石油天然气集团公司（CHINA NATIONAL PETROLEUM）	美国 26	美国康卡斯特电信公司（COMCAST）

续表

代码	名称	代码	名称
中国 61	中国铁道建筑总公司（CHINA RAILWAY CONSTRUCTION）	美国 27	美国银行（BANK OF AMERICA CORP.）
中国 62	中国铁路工程总公司（CHINA RAILWAY ENGINEERING）	美国 28	美国邮政（U.S. POSTAL SERVICE）
中国 63	中国五矿集团公司（CHINA MINMETALS）	美国 29	美国运通公司（AMERICAN EXPRESS）
中国 64	中国医药集团（SINOPHARM）	美国 30	摩根大通公司（JPMORGAN CHASE & CO.）
中国 65	中国移动通信集团公司（CHINA MOBILE COMMUNICATIONS）	美国 31	摩根士丹利（MORGAN STANLEY）
中国 66	中国银行（BANK OF CHINA）	美国 32	默沙东（MERCK）
中国 67	中国邮政集团公司（CHINA POST GROUP）	美国 33	苹果公司（APPLE）
中国 68	中国中化集团公司（SINOCHEM GROUP）	美国 34	思科公司（CISCO SYSTEMS）
中国 69	中国中信集团有限公司（CITIC GROUP）	美国 35	泰森食品（TYSON FOODS）
德国 1	Uniper 公司（UNIPER）	美国 36	陶氏化学（DOW CHEMICAL）
德国 2	巴斯夫公司（BASF）	美国 37	特许通讯公司（CHARTER COMMUNICATIONS）
德国 3	拜耳集团（BAYER）	美国 38	通用电气公司（GENERAL ELECTRIC）
德国 4	宝马集团（BMW GROUP）	美国 39	通用动力（GENERAL DYNAMICS）
德国 5	博世公司（ROBERT BOSCH）	美国 40	通用汽车公司（GENERAL MOTORS）
德国 6	采埃孚（ZF FRIEDRICHSHAFEN）	美国 41	瓦莱罗能源公司（VALERO ENERGY）
德国 7	大众公司（VOLKSWAGEN）	美国 42	威瑞森电信（VERIZON COMMUNICATIONS）
德国 8	戴姆勒股份公司（DAIMLER）	美国 43	微软（MICROSOFT）
德国 9	德国大陆集团（CONTINENTAL）	美国 44	雪佛龙（CHEVRON）

续表

代码	名称	代码	名称
德国 10	德国电信（DEUTSCHE TELEKOM）	美国 45	亚马逊（AMAZON. COM）
德国 11	德国邮政（DEUTSCHE POST）	美国 46	英特尔公司（INTEL）

附表 8-1　371 家企业集合

代码	企业	代码	企业
北京 1	中国石油化工股份有限公司	广西 187	柳州钢铁股份有限公司
北京 2	中国石油天然气股份有限公司	北京 188	中石化炼化工程（集团）股份有限公司
北京 3	中国建筑股份有限公司	北京 189	中国旅游集团中免股份有限公司（中国国旅股份有限公司）
广东 4	中国平安保险（集团）股份有限公司	山东 190	浪潮电子信息产业股份有限公司
上海 5	上海汽车集团股份有限公司	重庆 191	重庆建工集团股份有限公司
北京 6	中国工商银行股份有限公司	河北 192	河北建设集团股份有限公司
北京 7	中国中铁股份有限公司	广东 193	康佳集团股份有限公司
北京 8	中国移动有限公司	甘肃 194	甘肃酒钢集团宏兴钢铁股份有限公司
北京 9	中国铁建股份有限公司	上海 195	上海华谊集团股份有限公司
北京 10	中国建设银行股份有限公司	河北 196	中国船舶重工股份有限公司
北京 11	中国人寿保险股份有限公司	江苏 197	徐工集团工程机械股份有限公司
北京 12	中国农业银行股份有限公司	北京 198	国机汽车股份有限公司
北京 13	中国银行股份有限公司	广东 199	龙光地产控股有限公司
北京 14	中国人民保险集团股份有限公司	上海 200	上海银行股份有限公司

续表

代码	企业	代码	企业
北京 15	中国交通建设股份有限公司	上海 201	老凤祥股份有限公司
广东 16	中国恒大集团	广东 202	华润燃气控股有限公司
北京 17	京东商城电子商务有限公司	广东 203	欧菲光集团股份有限公司
北京 18	中国中信股份有限公司	江西 204	天音通信控股股份有限公司
广东 19	碧桂园控股有限公司	上海 205	旭辉控股（集团）有限公司
北京 20	中国电信股份有限公司	广东 206	广州白云山医药集团股份有限公司
北京 21	联想控股股份有限公司	广东 207	广东海大集团股份有限公司
上海 22	中国太平洋保险（集团）股份有限公司	河北 208	庞大汽贸集团股份有限公司
上海 23	绿地控股集团股份有限公司	浙江 209	桐昆集团股份有限公司
浙江 24	阿里巴巴集团控股有限公司	北京 210	远洋集团控股有限公司
上海 25	国药控股股份有限公司	北京 211	渤海租赁股份有限公司
海南 26	海航科技股份有限公司	重庆 212	金科地产集团股份有限公司
广东 27	腾讯控股有限公司	北京 213	北汽福田汽车股份有限公司
上海 28	宝山钢铁股份有限公司	广东 214	深圳市飞马国际供应链股份有限公司
浙江 29	物产中大集团股份有限公司	北京 215	国投电力控股股份有限公司
广东 30	万科企业股份有限公司	北京 216	中国东方集团控股有限公司
北京 31	中国电力建设股份有限公司	浙江 217	浙江海亮股份有限公司
北京 32	中国联合网络通信股份有限公司	河北 218	新兴铸管股份有限公司

续表

代码	企业	代码	企业
北京 33	中国冶金科工股份有限公司	江苏 219	江苏中南建设集团股份有限公司
福建 34	厦门建发股份有限公司	四川 220	宜宾五粮液股份有限公司
北京 35	中国神华能源股份有限公司	四川 221	四川路桥建设集团股份有限公司
广东 36	美的集团股份有限公司	北京 222	中国铁路通信信号股份有限公司
北京 37	中国邮政储蓄银行股份有限公司	北京 223	北京首都开发股份有限公司
广东 38	招商银行股份有限公司	新疆 224	特变电工股份有限公司
江苏 39	苏宁易购集团股份有限公司	云南 225	云南锡业股份有限公司
福建 40	厦门象屿股份有限公司	北京 226	中国核能电力股份有限公司
北京 41	中国海洋石油有限公司	浙江 227	浙商银行股份有限公司
北京 42	中国能源建设股份有限公司	江苏 228	江苏汇鸿国际集团股份有限公司
北京 43	中国中车股份有限公司	安徽 229	安徽水利开发股份有限公司
北京 44	中国建材股份有限公司	北京 230	中国金茂控股集团有限公司
江西 45	江西铜业股份有限公司	广东 231	深圳市海王生物工程股份有限公司
上海 46	交通银行股份有限公司	天津 232	中储发展股份有限公司
福建 47	厦门国贸集团股份有限公司	山西 233	山煤国际能源集团股份有限公司
广东 48	珠海格力电器股份有限公司	山东 234	瑞茂通供应链管理股份有限公司
北京 49	保利发展控股集团股份有限公司	上海 235	上海国际港务（集团）股份有限公司
山东 50	青岛海尔股份有限公司	内蒙古 236	内蒙古伊泰煤炭股份有限公司

续表

代码	企业	代码	企业
北京 51	中国太平保险控股有限公司	湖北 237	中国正通汽车服务控股有限公司
北京 52	中国铝业股份有限公司	上海 238	上海隧道工程股份有限公司
北京 53	小米集团	广东 239	中信证券股份有限公司
上海 54	上海浦东发展银行股份有限公司	江苏 240	江苏国泰国际集团国贸股份有限公司
上海 55	上海建工集团股份有限公司	辽宁 241	北方华锦化学工业股份有限公司
北京 56	华能国际电力股份有限公司	福建 242	福建三钢闽光股份有限公司
上海 57	广汇汽车服务集团股份公司	上海 243	申能股份有限公司
山东 58	兖州煤业股份有限公司	广东 244	海信家电集团股份有限公司
北京 59	华润医药集团有限公司	广东 245	立讯精密工业股份有限公司
山东 60	潍柴动力股份有限公司	江苏 246	江苏银行股份有限公司
上海 61	上海医药集团股份有限公司	北京 247	中国航空科技工业股份有限公司
福建 62	兴业银行股份有限公司	山东 248	青岛海信电器股份有限公司
北京 63	中国民生银行股份有限公司	浙江 249	天能动力国际有限公司
北京 64	新华人寿保险股份有限公司	北京 250	中金黄金股份有限公司
北京 65	北京汽车股份有限公司	广东 251	时代中国控股有限公司
广东 66	中国南方航空股份有限公司	重庆 252	重庆百货大楼股份有限公司
北京 67	中国国际航空股份有限公司	江苏 253	江苏中天科技股份有限公司
北京 68	中国航油（新加坡）股份有限公司	山东 254	瑞康医药集团股份有限公司

续表

代码	企业	代码	企业
广东 69	比亚迪股份有限公司	新疆 255	中国石油集团资本股份有限公司
安徽 70	安徽海螺水泥股份有限公司	江苏 256	江苏亨通光电股份有限公司
天津和北京 71	融创中国控股有限公司	北京 257	中铝国际工程股份有限公司
广东 72	华润置地有限公司	上海 258	环旭电子股份有限公司
河北 73	河钢股份有限公司	陕西 259	中航飞机股份有限公司
上海 74	中远海运控股股份有限公司	河南 260	安阳钢铁股份有限公司
北京 75	中国再保险（集团）股份有限公司	广东 261	华润水泥控股有限公司
重庆 76	龙湖集团控股有限公司	山西 262	阳泉煤业（集团）股份有限公司
上海 77	中国东方航空股份有限公司	浙江 263	新凤鸣集团股份有限公司
广东 78	TCL 集团股份有限公司	山西 264	山西西山煤电股份有限公司
北京 79	中国光大银行股份有限公司	江苏 265	宝胜科技创新股份有限公司
上海 80	复星国际有限公司	江苏 266	大明国际控股有限公司
辽宁 81	中升集团控股有限公司	广东 267	华润啤酒（控股）有限公司
北京 82	中国华融资产管理股份有限公司	河南 268	郑州宇通客车股份有限公司
北京 83	中国信达资产管理股份有限公司	江苏 269	南京医药股份有限公司
浙江 84	吉利汽车控股有限公司	上海 270	携程国际有限公司
北京 85	中国通信服务股份有限公司	北京 271	中国医药健康产业股份有限公司
福建 86	紫金矿业集团股份有限公司	广东 272	中国奥园集团股份有限公司
辽宁 87	鞍钢股份有限公司	福建 273	泰禾集团股份有限公司

续表

代码	企业	代码	企业
湖北 88	东风汽车集团股份有限公司	湖北 274	天茂实业集团股份有限公司
北京 89	中国中煤能源股份有限公司	河北 275	唐山冀东水泥股份有限公司
北京 90	百度股份有限公司	四川 276	四川蓝光发展股份有限公司
上海 91	上海电气集团股份有限公司	福建 277	盛屯矿业集团股份有限公司
河北 92	长城汽车股份有限公司	湖北 278	中国大冶有色金属矿业有限公司
北京 93	京东方科技集团股份有限公司	四川 279	东方电气股份有限公司
上海 94	上海钢联电子商务股份有限公司	浙江 280	华东医药股份有限公司
广东 95	中国国际海运集装箱（集团）股份有限公司	广东 281	创维数码控股有限公司
北京 96	大唐国际发电股份有限公司	广东 282	美的置业控股有限公司
北京 97	中国粮油控股有限公司	福建 283	宁德时代新能源科技股份有限公司
浙江 98	荣盛石化股份有限公司	浙江 284	宁波银行股份有限公司
湖南 99	湖南华菱钢铁股份有限公司	山东 285	山东晨鸣纸业集团股份有限公司
广东 100	顺丰控股股份有限公司	北京 286	中国机械设备工程股份有限公司
山东 101	中国宏桥集团有限公司	新疆 287	新疆金风科技股份有限公司
北京 102	华电国际电力股份有限公司	青海 288	西部矿业股份有限公司
广东 103	招商局蛇口工业区控股股份有限公司	湖南 289	中联重科股份有限公司
湖北 104	九州通医药集团股份有限公司	江苏 290	国电南瑞科技股份有限公司

续表

代码	企业	代码	企业
广东 105	中兴通讯股份有限公司	江西 291	江铃汽车股份有限公司
上海 106	世茂房地产控股有限公司	河北 292	东旭光电科技股份有限公司
浙江 107	恒逸石化股份有限公司	浙江 293	百世集团
安徽 108	铜陵有色金属集团股份有限公司	北京 294	航天信息股份有限公司
广东 109	唯品会控股有限公司	山东 295	淄博齐翔腾达化工股份有限公司
河北 110	华夏幸福基业股份有限公司	湖南 296	蓝思科技股份有限公司
四川 111	四川长虹电器股份有限公司	四川 297	通威股份有限公司
北京 112	北京金隅集团股份有限公司	湖北 298	华新水泥股份有限公司
江苏 113	苏美达股份有限公司	上海 299	圆通速递股份有限公司
辽宁 114	马鞍山钢铁股份有限公司	浙江 300	浙江正泰电器股份有限公司
北京 115	神州数码集团股份有限公司	广东 301	广东电力发展股份有限公司
北京 116	中国化学工程股份有限公司	江苏 302	南京银行股份有限公司
内蒙古 117	内蒙古伊利实业集团股份有限公司	广东 303	理文造纸有限公司
山西 118	大秦铁路股份有限公司	广东 304	广东韶钢松山股份有限公司
北京 119	中国外运股份有限公司	北京 305	天津广宇发展股份有限公司
贵州 120	贵州茅台酒股份有限公司	安徽 306	徽商银行股份有限公司
广东 121	广州富力地产股份有限公司	浙江 307	超威动力控股有限公司
山西 122	山西太钢不锈钢股份有限公司	北京 308	王府井集团股份有限公司

续表

代码	企业	代码	企业
广东 123	广州汽车集团股份有限公司	云南 309	云南白药集团股份有限公司
北京 124	华夏银行股份有限公司	山东 310	青岛啤酒股份有限公司
北京 125	中国铁塔股份有限公司	上海 311	正荣地产集团有限公司
福建 126	永辉超市股份有限公司	浙江 312	杭州钢铁股份有限公司
新疆 127	新疆中泰化学股份有限公司	广东 313	越秀地产股份有限公司
广东 128	深圳市怡亚通供应链股份有限公司	北京 314	龙源电力集团股份有限公司
四川 129	新希望六和股份有限公司	浙江 315	浙江交通科技股份有限公司
内蒙古 130	中国蒙牛乳业有限公司	黑龙江 316	哈尔滨电气股份有限公司
海南 131	海南航空控股股份有限公司	吉林 317	一汽轿车股份有限公司
内蒙古 132	内蒙古包钢钢联股份有限公司	广东 318	广州发展集团股份有限公司
浙江 133	网易公司	重庆 319	重庆农村商业银行股份有限公司
重庆 134	重庆长安汽车股份有限公司	河南 320	郑州煤矿机械集团股份有限公司
浙江 135	远大产业控股股份有限公司	河南 321	洛阳栾川钼业集团股份有限公司
北京 136	北京首钢股份有限公司	浙江 322	舜宇光学科技（集团）有限公司
北京 137	国电电力发展股份有限公司	上海 323	耐世特汽车系统集团有限公司
北京 138	美团点评	重庆 324	重药控股股份有限公司
广东 139	华润电力控股有限公司	上海 325	上海实业控股有限公司
福建 140	厦门信达股份有限公司	湖北 326	安道麦股份有限公司
北京 141	国美零售控股有限公司	辽宁 327	中国忠旺控股有限公司
浙江 142	浙商中拓集团股份有限公司	上海 328	联华超市股份有限公司

续表

代码	企业	代码	企业
甘肃 143	白银有色集团股份有限公司	上海和天津 329	远东宏信有限公司
河北 144	新奥能源控股有限公司	广东 330	金发科技股份有限公司
山东 145	万华化学集团股份有限公司	山西 331	山西潞安环保能源开发股份有限公司
浙江 146	绿城中国控股有限公司	江苏 332	苏州金螳螂建筑装饰股份有限公司
江苏 147	恒力石化股份有限公司	江西 333	晶科能源控股有限公司
北京 148	中化国际（控股）股份有限公司	北京 334	爱奇艺
北京 149	中国石油集团工程股份有限公司	北京 335	北大资源（控股）有限公司
北京 150	中石化石油工程技术服务股份有限公司	上海 336	仁恒置地集团有限公司
广东 151	玖龙纸业（控股）有限公司	北京 337	同方股份有限公司
广东 152	温氏食品集团股份有限公司	江苏 338	阿特斯太阳能有限公司
陕西 153	陕西煤业股份有限公司	上海 339	山鹰国际控股股份公司
北京 154	北京控股有限公司	福建 340	禹洲地产股份有限公司
广东 154	深圳市爱施德股份有限公司	湖北 341	烽火通信科技股份有限公司
江西 156	新余钢铁股份有限公司	江苏 342	江苏洋河酒厂股份有限公司
浙江 157	浙江浙能电力股份有限公司	福建 343	安踏体育用品有限公司
北京 158	五矿发展股份有限公司	辽宁 344	大商股份有限公司
上海 159	阳光城集团股份有限公司	内蒙古 345	内蒙古鄂尔多斯资源股份有限公司
浙江 160	荣盛房地产发展股份有限公司	江苏 346	江苏长电科技股份有限公司
浙江 161	宁波均胜电子股份有限公司	上海 347	海通证券股份有限公司

续表

代码	企业	代码	企业
广东 162	雅居乐集团控股有限公司	山东 348	歌尔股份有限公司
湖北 163	卓尔智联集团有限公司	广东 349	中国联塑集团控股有限公司
山东 164	山东钢铁股份有限公司	广东 350	珠海华发实业股份有限公司
北京 165	三一重工股份有限公司	浙江 351	浙江大华技术股份有限公司
北京 166	北京银行股份有限公司	北京 352	首创置业股份有限公司
上海 167	中国永达汽车服务控股有限公司	江苏 353	扬子江船业（控股）有限公司
山东 168	山东黄金矿业股份有限公司	浙江 354	宝业集团股份有限公司
上海 169	新城发展控股有限公司	内蒙古 355	内蒙古西水创业股份有限公司
安徽 170	淮北矿业控股股份有限公司	北京 356	北京蓝色光标数据科技股份有限公司
北京 171	中航国际控股股份有限公司	陕西 357	中国航发动力股份有限公司
广东 172	中国燃气控股有限公司	上海 358	德邦物流股份有限公司
云南 173	云南云天化股份有限公司	北京 359	中化化肥控股有限公司
北京 174	伟仕佳杰控股有限公司	上海 360	国泰君安证券股份有限公司
上海 175	中国核工业建设股份有限公司	北京 361	际华集团股份有限公司
北京 176	中国长江电力股份有限公司	重庆 362	重庆钢铁股份有限公司
广东 177	中国广核电力股份有限公司	上海 363	上海电力股份有限公司
广东 178	金地（集团）股份有限公司	广东 364	广东领益智造股份有限公司
辽宁 179	本钢板材股份有限公司	山西 365	永泰能源股份有限公司

续表

代码	企业	代码	企业
安徽 180	安徽江淮汽车集团股份有限公司	上海 366	中芯国际集成电路制造有限公司
浙江 181	杭州海康威视数字技术股份有限公司	上海 367	上海梅林正广和股份有限公司
江苏 182	东华能源股份有限公司	江苏 368	江苏国信股份有限公司
上海 183	上海百联集团股份有限公司	北京 369	金融街控股股份有限公司
北京 184	紫光股份有限公司	江西 370	江西正邦科技股份有限公司
广东 185	深圳华侨城股份有限公司	陕西 371	隆基绿能科技股份有限公司
云南 186	云南铜业股份有限公司		

附表 8–2　149 个产业集合

代码	产业名称	代码	产业名称
1	农产品	76	其他专用设备
2	林产品	77	汽车整车
3	畜牧产品	78	汽车零部件及配件
4	渔产品	79	铁路运输和城市轨道交通设备
5	农、林、牧、渔服务产品	80	船舶及相关装置
6	煤炭开采和洗选产品	81	其他交通运输设备
7	石油和天然气开采产品	82	电机
8	黑色金属矿采选产品	83	输配电及控制设备
9	有色金属矿采选产品	84	电线、电缆、光缆及电工器材
10	非金属矿采选产品	85	电池
11	开采辅助活动和其他采矿产品	86	家用器具
12	谷物磨制品	87	其他电气机械和器材
13	饲料加工品	88	计算机
14	植物油加工品	89	通信设备

续表

代码	产业名称	代码	产业名称
15	糖及糖制品	90	广播电视设备和雷达及配套设备
16	屠宰及肉类加工品	91	视听设备
17	水产加工品	92	电子元器件
18	蔬菜、水果、坚果和其他农副食品加工品	93	其他电子设备
19	方便食品	94	仪器仪表
20	乳制品	95	其他制造产品
21	调味品、发酵制品	96	废弃资源和废旧材料回收加工品
22	其他食品	97	金属制品、机械和设备修理服务
23	酒精和酒	98	电力、热力生产和供应
24	饮料	99	燃气生产和供应
25	精制茶	100	水的生产和供应
26	烟草制品	101	房屋建筑
27	棉、化纤纺织及印染精加工品	102	土木工程建筑
28	毛纺织及染整精加工品	103	建筑安装
29	麻、丝绢纺织及加工品	104	建筑装饰、装修和其他建筑服务
30	针织或钩针编织及其制品	105	批发
31	纺织制成品	106	零售
32	纺织服装服饰	107	铁路旅客运输
33	皮革、毛皮、羽毛及其制品	108	铁路货物运输和运输辅助活动
34	鞋	109	城市公共交通及公路客运
35	木材加工和木、竹、藤、棕、草制品	110	道路货物运输和运输辅助活动
36	家具	111	水上旅客运输
37	造纸和纸制品	112	水上货物运输和运输辅助活动
38	印刷和记录媒介复制品	113	航空旅客运输
39	工艺美术品	114	航空货物运输和运输辅助活动
40	文教、体育和娱乐用品	115	管道运输
41	精炼石油和核燃料加工品	116	多式联运和运输代理
42	煤炭加工品	117	装卸搬运和仓储

续表

代码	产业名称	代码	产业名称
43	基础化学原料	118	邮政
44	肥料	119	住宿
45	农药	120	餐饮
46	涂料、油墨、颜料及类似产品	121	电信
47	合成材料	122	广播电视及卫星传输服务
48	专用化学产品和炸药、火工、焰火产品	123	互联网和相关服务
49	日用化学产品	124	软件服务
50	医药制品	125	信息技术服务
51	化学纤维制品	126	货币金融和其他金融服务
52	橡胶制品	127	资本市场服务
53	塑料制品	128	保险
54	水泥、石灰和石膏	129	房地产
55	石膏、水泥制品及类似制品	130	租赁
56	砖瓦、石材等建筑材料	131	商务服务
57	玻璃和玻璃制品	132	研究和试验发展
58	陶瓷制品	133	专业技术服务
59	耐火材料制品	134	科技推广和应用服务
60	石墨及其他非金属矿物制品	135	水利管理
61	钢	136	生态保护和环境治理
62	钢压延产品	137	公共设施及土地管理
63	铁及铁合金产品	138	居民服务
64	有色金属及其合金	139	其他服务
65	有色金属压延加工品	140	教育
66	金属制品	141	卫生
67	锅炉及原动设备	142	社会工作
68	金属加工机械	143	新闻和出版
69	物料搬运设备	144	广播、电视、电影和影视录音制作
70	泵、阀门、压缩机及类似机械	145	文化艺术

续表

代码	产业名称	代码	产业名称
71	文化、办公用机械	146	体育
72	其他通用设备	147	娱乐
73	采矿、冶金、建筑专用设备	148	社会保障
74	化工、木材、非金属加工专用设备	149	公共管理和社会组织
75	农、林、牧、渔专用机械		

附表 8-3　29 个省区市区域集合

代码	省区市	代码	省区市	代码	省区市	代码	省区市
1	安徽	9	河北	17	辽宁	25	天津
2	北京	10	河南	18	内蒙古	26	新疆
3	福建	11	黑龙江	19	青海	27	云南
4	甘肃	12	湖北	20	山东	28	浙江
5	广东	13	湖南	21	山西	29	重庆
6	广西	14	吉林	22	陕西		
7	贵州	15	江苏	23	上海		
8	海南	16	江西	24	四川		

附表 8-4　29 个省区市企业赋权网络指标值

企业	度		二阶度		接近中心性		接近中心性	入核度	出核度	核度
	入	出	入	出	入	出				
北京 1	2196	1102	105111	239143	1. 828	2. 065	0. 258	43	39	96
北京 2	487	246	105111	115469	1. 826	2. 049	0. 010	34	29	77
北京 3	214	107	105111	125975	1. 830	2. 048	0. 035	43	24	94
广东 4	682	341	105111	567359	1. 824	2. 053	0. 008	31	39	92
上海 5	26	13	105111	176950	1. 829	2. 034	0	42	3	77
北京 6	682	341	105111	232166	1. 824	2. 053	0. 008	31	39	92

续表

企业	度		二阶度		接近中心性		接近中心性	入核度	出核度	核度
	入	出	入	出	入	出				
北京 7	298	149	105111	269254	1.829	2.049	0.043	43	29	91
北京 8	138	69	105111	176950	1.826	2.043	0.002	34	13	50
北京 9	298	149	105111	89144	1.827	2.049	0.011	37	29	75
北京 10	682	341	105111	47838	1.824	2.053	0.008	31	39	92
北京 11	0	0	105111	738862	1.851	0.270	0	11	0	11
北京 12	682	341	105111	236941	1.824	2.053	0.008	31	39	92
北京 13	682	341	105111	664665	1.824	2.053	0.008	31	39	92
北京 14	0	0	105111	298840	1.851	0.270	0	11	0	11
北京 15	202	101	105111	176950	1.827	2.048	0.026	41	23	74
广东 16	174	87	105111	0	0.270	2.090	0	0	20	20
北京 17	0	0	105111	11441	0.270	0.270	0	0	0	0
北京 18	1762	883	105111	176950	1.825	2.063	0.069	38	39	96
广东 19	174	87	105111	254977	0.270	2.090	0	0	20	20
北京 20	138	69	105111	0	1.826	2.043	0.002	34	13	50
北京 21	124	62	105111	0	1.826	2.042	0.004	40	13	74
上海 22	0	0	105111	47838	1.851	0.270	0	11	0	11
上海 23	174	87	105111	4956	0.270	2.090	0	0	20	20
浙江 24	0	0	105111	393766	0.270	0.270	0	0	0	0
上海 25	1430	715	105111	158995	1.827	2.059	0.056	40	39	96
海南 26	0	0	105111	234082	1.863	0.270	0	43	0	79
广东 27	0	0	105111	269254	0.270	0.270	0	0	0	0
上海 28	224	112	105111	346269	1.822	2.047	0.005	29	16	53
浙江 29	506	253	105111	173336	1.809	2.051	0	1	25	52
广东 30	174	87	105111	431197	0.270	2.090	0	0	20	20
北京 31	476	238	105111	113506	1.824	2.051	0.005	24	33	71
北京 32	138	69	105111	0	1.826	2.043	0.002	34	13	50
北京 33	376	188	105111	570626	1.840	2.050	0.671	43	31	96
福建 34	1900	950	105111	680745	1.836	2.063	1.427	43	39	96

续表

企业	度		二阶度		接近中心性		接近中心性	入核度	出核度	核度
	入	出	入	出	入	出				
北京 35	816	410	105111	6256	1.827	2.053	0.058	31	32	84
广东 36	0	0	105111	217129	1.859	0.270	0	32	0	40
北京 37	764	382	105111	797537	1.823	2.054	0.002	13	39	84
广东 38	682	341	105111	470998	1.824	2.053	0.008	31	39	92
江苏 39	136	68	105111	4956	1.809	2.046	0	1	15	16
福建 40	1886	943	105111	627755	1.829	2.063	0.252	41	39	96
北京 41	1246	627	105111	158995	1.822	2.057	0.024	21	36	84
北京 42	980	490	105111	200360	1.834	2.053	0.290	43	32	95
北京 43	0	0	105111	210238	1.842	0.270	0	1	0	1
北京 44	340	170	105111	44674	1.834	2.046	0.060	43	22	94
江西 45	1398	699	105111	330573	1.826	2.058	0.085	34	33	94
上海 46	682	341	105111	316958	1.824	2.053	0.008	31	39	92
福建 47	1918	959	105111	12848	1.831	2.062	0.126	43	39	96
广东 48	612	306	105111	0	1.833	2.049	0.117	43	18	94
北京 49	1250	625	105111	0	1.826	2.058	0.020	32	39	96
山东 50	156	78	105111	0	1.832	2.042	0.012	43	15	94
北京 51	0	0	105111	354788	1.851	0.270	0	11	0	11
北京 52	578	289	105111	22432	1.827	2.051	0.061	34	26	75
北京 53	342	171	105111	206046	1.829	2.044	0.014	43	17	94
上海 54	682	341	105111	543323	1.824	2.053	0.008	31	39	92
上海 55	518	259	105111	363713	1.837	2.050	0.147	43	32	96
北京 56	704	354	105111	286147	1.825	2.053	0.056	31	32	80
上海 57	1701	853	105111	260869	1.828	2.061	0.161	37	39	96
山东 58	802	401	105111	290241	1.831	2.053	0.206	43	32	92
北京 59	1248	624	105111	125429	1.828	2.058	0.035	42	39	96
山东 60	122	61	105111	4956	1.832	2.041	0.013	43	9	89
上海 61	1248	624	105111	132684	1.825	2.058	0.014	36	39	94
福建 62	682	341	105111	62452	1.824	2.053	0.008	31	39	92

续表

企业	度		二阶度		接近中心性		接近中心性	入核度	出核度	核度
	入	出	入	出	入	出				
北京 63	682	341	105111	200360	1. 824	2. 053	0. 008	31	39	92
北京 64	0	0	105111	844238	1. 851	0. 270	0	11	0	11
北京 65	26	13	105111	0	1. 824	2. 035	0	35	3	57
广东 66	1781	893	105111	455887	1. 827	2. 064	0. 224	43	39	96
北京 67	0	0	105111	1344586	1. 856	0. 270	0	17	0	17
北京 68	1224	612	105111	141132	1. 828	2. 057	0. 083	37	39	94
广东 69	26	13	105111	28156	1. 824	2. 035	0	35	3	57
安徽 70	382	191	105111	15155	1. 829	2. 051	0. 013	42	33	94
天津和北京 71	2140	1073	105111	83751	1. 834	2. 065	0. 533	43	39	96
广东 72	1314	659	105111	505985	1. 836	2. 057	0. 270	43	39	96
河北 73	164	82	105111	0	1. 821	2. 045	0. 004	20	11	38
上海 74	96	48	105111	65549	1. 833	2. 038	0. 013	43	9	92
北京 75	0	0	105111	79343	1. 851	0. 270	0	11	0	11
重庆 76	174	87	105111	544695	1. 817	2. 047	0	8	20	28
上海 77	0	0	105111	4148	1. 856	0. 270	0	17	0	17
广东 78	124	62	105111	483260	1. 829	2. 042	0. 009	43	13	93
北京 79	4211	2110	105111	163235	1. 835	2. 075	1. 329	43	39	96
上海 80	836	418	105111	47838	1. 840	2. 054	0. 396	43	39	96
辽宁 81	1234	617	105111	165446	1. 824	2. 058	0. 014	24	39	94
北京 82	656	328	105111	398101	1. 821	2. 053	0. 001	11	39	76
北京 83	682	341	105111	96329	1. 824	2. 053	0. 008	31	39	92
浙江 84	26	13	105111	263168	1. 824	2. 035	0	35	3	57
北京 85	138	69	105111	176950	1. 826	2. 043	0. 002	34	13	50
福建 86	400	200	105111	176950	1. 824	2. 047	0. 004	28	26	67
辽宁 87	294	147	105111	47838	1. 826	2. 048	0. 017	34	18	69
湖北 88	26	13	105111	125975	1. 829	2. 034	0	42	3	77
北京 89	1239	622	105111	72333	1. 841	2. 056	0. 945	43	33	96

续表

企业	度		二阶度		接近中心性		接近中心性	入核度	出核度	核度
	入	出	入	出	入	出				
北京 90	0	0	105111	218982	0. 270	0. 270	0	0	0	0
上海 91	110	55	105111	314989	1. 835	2. 040	0. 057	43	10	94
河北 92	26	13	105111	47838	1. 824	2. 035	0	35	3	57
北京 93	0	0	105111	534092	0. 270	0. 270	0	0	0	0
上海 94	0	0	105111	200360	0. 270	0. 270	0	0	0	0
广东 95	2747	1377	105111	50264	1. 833	2. 070	1. 213	43	39	96
北京 96	1340	672	105111	176950	1. 834	2. 057	0. 428	43	33	95
北京 97	1584	792	105111	200360	1. 829	2. 059	0. 077	43	39	96
浙江 98	532	266	105111	863165	1. 827	2. 052	0. 041	39	39	93
湖南 99	204	102	105111	200904	1. 831	2. 046	0. 040	43	15	87
广东 100	228	114	105111	0	1. 821	2. 046	0. 006	22	22	45
山东 101	400	200	105111	0	1. 824	2. 047	0. 004	28	26	67
北京 102	704	354	105111	480932	1. 823	2. 053	0. 029	20	32	69
广东 103	660	332	105111	296834	1. 829	2. 053	0. 059	43	39	96
湖北 104	1204	602	105111	737244	1. 824	2. 057	0. 011	22	39	94
广东 105	342	171	105111	103638	1. 829	2. 044	0. 014	43	17	94
上海 106	660	332	105111	474532	1. 824	2. 053	0. 020	25	39	88
浙江 107	358	179	105111	90162	1. 820	2. 049	0. 009	21	26	56
安徽 108	458	229	105111	602217	1. 831	2. 047	0. 076	37	39	86
广东 109	1276	638	105111	335648	1. 825	2. 058	0. 015	24	39	94
河北 110	502	251	105111	131599	1. 813	2. 051	0	4	39	57
四川 111	124	62	105111	505223	1. 829	2. 042	0. 009	43	13	93
北京 112	2230	1115	105111	328144	1. 837	2. 066	1. 198	43	39	96
江苏 113	3280	1643	105111	123863	1. 834	2. 070	1. 461	43	39	96
辽宁 114	294	147	105111	247388	1. 826	2. 048	0. 017	34	18	69
北京 115	46	23	105111	403300	1. 826	2. 029	0	38	5	50
北京 116	1346	673	105111	176950	1. 834	2. 059	0. 311	43	39	96
内蒙古 117	0	0	105111	88620	1. 845	0. 270	0	1	0	1

续表

企业	度		二阶度		接近中心性		接近中心性	入核度	出核度	核度
	入	出	入	出	入	出				
山西 118	0	0	105111	88620	1.842	0.270	0	1	0	1
北京 119	342	171	105111	1443089	1.830	2.047	0.028	43	24	92
贵州 120	0	0	105111	88967	0.270	0.270	0	0	0	0
广东 121	1574	789	105111	294554	1.827	2.062	0.040	41	39	96
山西 122	426	213	105111	398101	1.827	2.049	0.038	34	18	69
广东 123	26	13	105111	166994	1.824	2.035	0	35	3	57
北京 124	652	326	105111	253435	0.270	2.096	0	0	39	65
北京 125	0	0	105111	125975	1.851	0.270	0	2	0	2
福建 126	1204	602	105111	103638	1.824	2.057	0.011	22	39	94
新疆 127	1092	546	105111	0	1.821	2.056	0.017	20	34	90
广东 128	1204	602	105111	10464	1.824	2.057	0.011	22	39	94
四川 129	1286	645	105111	170794	1.829	2.057	0.143	42	39	96
内蒙古 130	0	0	105111	103638	1.853	0.270	0	14	0	14
海南 131	122	61	105111	0	1.833	2.046	0.038	43	10	92
内蒙古 132	224	112	105111	159687	1.822	2.047	0.005	29	16	53
浙江 133	180	90	105111	7820	1.826	2.043	0.005	41	16	64
重庆 134	288	144	105111	0	1.829	2.049	0.002	41	23	93
浙江 135	582	291	105111	677896	1.829	2.052	0.057	41	26	92
北京 136	440	220	105111	320379	1.830	2.051	0.081	36	33	92
北京 137	236	118	105111	0	0.270	2.091	0	0	21	26
北京 138	0	0	105111	461213	0.270	0.270	0	0	0	0
广东 139	236	118	105111	28450	0.270	2.091	0	0	21	26
福建 140	2346	1173	105111	0	1.833	2.063	0.391	43	39	96
北京 141	136	68	105111	544574	1.809	2.046	0	1	15	16
浙江 142	2314	1157	105111	263168	1.826	2.063	0.053	37	39	96
甘肃 143	400	200	105111	511429	1.824	2.047	0.004	28	26	67
河北 144	236	118	105111	165848	0.270	2.091	0	0	21	26
山东 145	94	47	105111	355628	1.821	2.041	0	18	10	28

续表

企业	度		二阶度		接近中心性		接近中心性	入核度	出核度	核度
	入	出	入	出	入	出				
浙江 146	174	87	105111	0	0. 270	2. 090	0	0	20	20
江苏 147	704	354	105111	461213	1. 831	2. 052	0. 130	43	32	94
北京 148	1551	778	105111	266230	1. 832	2. 060	0. 346	43	39	96
北京 149	487	246	105111	399174	1. 826	2. 049	0. 010	34	29	77
北京 150	2196	1102	105111	79070	1. 828	2. 065	0. 258	43	39	96
广东 151	0	0	105111	0	1. 848	0. 270	0	2	0	2
广东 152	10	5	105111	0	1. 826	2. 023	0	36	1	55
陕西 153	410	205	105111	488235	1. 830	2. 050	0. 111	43	23	86
北京 154	56	28	105111	349688	1. 832	2. 036	0. 010	43	7	81
广东 154	1204	602	105111	165793	1. 824	2. 057	0. 011	22	39	94
江西 156	0	0	105111	0	1. 858	0. 270	0	22	0	25
浙江 157	20	10	105111	0	1. 817	2. 034	0	2	2	4
北京 158	310	155	105111	10464	1. 825	2. 049	0. 007	37	29	73
上海 159	174	87	105111	90162	0. 270	2. 090	0	0	20	20
浙江 160	532	266	105111	0	1. 827	2. 052	0. 041	39	39	93
浙江 161	0	0	105111	114741	1. 864	0. 270	0	43	0	79
广东 162	1902	953	105111	17784	1. 825	2. 063	0. 031	29	39	96
湖北 163	174	87	105111	717757	1. 813	2. 047	0	2	20	22
山东 164	224	112	105111	0	1. 822	2. 047	0. 005	29	16	53
北京 165	36	18	105111	132266	1. 833	2. 022	0. 009	43	3	88
北京 166	670	335	105111	574156	1. 822	2. 053	0. 006	26	39	87
上海 167	2700	1352	105111	176950	1. 829	2. 068	0. 416	41	39	96
山东 168	994	497	105111	176950	1. 833	2. 056	0. 253	43	39	96
上海 169	766	385	105111	549406	1. 829	2. 054	0. 076	43	39	96
安徽 170	354	177	105111	297268	1. 824	2. 050	0. 007	22	26	58
北京 171	2230	1117	105111	125975	1. 834	2. 063	0. 368	43	39	96
广东 172	236	118	105111	691190	1. 813	2. 048	0	1	21	27
云南 173	1428	714	105111	349688	1. 828	2. 059	0. 129	41	39	94

续表

企业	度		二阶度		接近中心性		接近中心性	入核度	出核度	核度
	入	出	入	出	入	出				
北京 174	2950	1475	105111	409342	1. 836	2. 067	1. 314	43	39	96
上海 175	236	118	105111	119727	1. 824	2. 048	0. 029	34	21	64
北京 176	370	185	105111	0	1. 813	2. 050	0	1	26	39
广东 177	236	118	105111	556263	0. 270	2. 091	0	0	21	26
广东 178	2306	1156	105111	278814	1. 838	2. 065	0. 843	43	39	96
辽宁 179	6703	3358	105111	15155	1. 841	2. 081	5. 247	43	39	96
安徽 180	26	13	105111	0	1. 824	2. 035	0	35	3	57
浙江 181	362	181	105111	247989	1. 832	2. 044	0. 030	43	16	94
江苏 182	8	4	105111	636935	1. 815	2. 015	0	3	1	4
上海 183	1204	602	105111	103638	1. 824	2. 057	0. 011	22	39	94
北京 184	686	343	105111	150814	1. 838	2. 046	0. 174	43	17	94
广东 185	2130	1068	105111	275882	1. 830	2. 065	0. 276	43	39	96
云南 186	400	200	105111	2796	1. 824	2. 047	0. 004	28	26	67
广西 187	260	130	105111	90162	1. 821	2. 048	0. 004	22	17	51
北京 188	24	12	105111	125975	1. 837	2. 033	0. 003	43	3	94
北京 189	136	68	105111	119727	1. 809	2. 046	0	1	15	16
山东 190	44	22	105111	282727	1. 824	2. 029	0	31	5	37
重庆 191	950	475	105111	103243	1. 832	2. 056	0. 624	43	39	96
河北 192	0	0	105111	88620	1. 861	0. 270	0	40	0	52
广东 193	156	78	105111	76801	1. 832	2. 042	0. 012	43	15	94
甘肃 194	3768	1887	105111	103638	1. 844	2. 071	5. 630	43	39	96
上海 195	2723	1364	105111	11348	1. 836	2. 069	1. 179	43	39	96
河北 196	1021	513	105111	103638	1. 835	2. 054	0. 451	43	39	96
江苏 197	1116	561	105111	54668	1. 841	2. 055	0. 846	43	10	96
北京 198	390	195	105111	161848	1. 837	2. 048	0. 105	43	20	94
广东 199	174	87	105111	180083	1. 817	2. 047	0	5	20	25
上海 200	670	335	105111	601829	1. 822	2. 053	0. 006	26	39	87
上海 201	0	0	105111	545484	0. 270	0. 270	0	0	0	0

续表

企业	度		二阶度		接近中心性		接近中心性	入核度	出核度	核度
	入	出	入	出	入	出				
广东 202	0	0	105111	259243	0. 270	0. 270	0	0	0	0
广东 203	432	216	105111	205027	1. 833	2. 045	0. 083	43	17	94
江西 204	1512	756	105111	445179	1. 836	2. 059	0. 699	43	39	96
上海 205	174	87	105111	331988	1. 817	2. 047	0	5	20	25
广东 206	1248	624	105111	125975	1. 828	2. 058	0. 035	42	39	96
广东 207	2894	1449	105111	571509	1. 832	2. 068	0. 386	43	39	96
河北 208	1204	602	105111	439031	1. 824	2. 057	0. 011	22	39	94
浙江 209	56	28	105111	14080	1. 818	2. 042	0	16	6	22
北京 210	174	87	105111	904311	1. 819	2. 047	0	7	20	27
北京 211	684	342	105111	1135846	1. 832	2. 053	0. 093	43	39	96
重庆 212	1597	802	105111	885599	1. 836	2. 062	0. 412	43	39	96
北京 213	92	46	105111	554619	1. 832	2. 039	0. 006	41	8	86
广东 214	1786	893	105111	3740	1. 827	2. 061	0. 091	31	39	94
北京 215	236	118	105111	663314	1. 815	2. 048	0	2	21	28
北京 216	4496	2251	105111	1001064	1. 837	2. 076	1. 744	43	39	96
浙江 217	766	383	105111	0	1. 828	2. 053	0. 063	41	29	94
河北 218	224	112	105111	177088	1. 822	2. 047	0. 005	29	16	53
江苏 219	2424	1215	105111	103638	1. 843	2. 067	3. 199	43	39	96
四川 220	0	0	105111	0	0. 270	0. 270	0	0	0	0
四川 221	24	12	105111	50264	1. 817	2. 033	0	6	3	9
北京 222	0	0	105111	0	0. 270	0. 270	0	0	0	0
北京 223	174	87	105111	35950	0. 270	2. 090	0	0	20	20
新疆 224	392	196	105111	0	1. 823	2. 046	0. 016	28	19	64
云南 225	486	243	105111	264249	1. 825	2. 049	0. 014	32	26	74
北京 226	236	118	105111	233671	0. 270	2. 091	0	0	21	26
浙江 227	652	326	105111	410690	0. 270	2. 096	0	0	39	65
江苏 228	4290	2147	105111	4956	1. 840	2. 074	1. 989	43	39	96
安徽 229	1363	685	105111	79984	1. 835	2. 060	0. 451	43	39	96

续表

企业	度		二阶度		接近中心性		接近中心性	入核度	出核度	核度
	入	出	入	出	入	出				
北京 230	1267	636	105111	537729	1.829	2.058	0.160	43	39	96
广东 231	1248	624	105111	125975	1.831	2.058	0.039	43	39	96
天津 232	0	0	105111	35950	1.857	0.270	0	14	0	14
山西 233	1508	754	105111	453205	1.828	2.060	0.124	35	39	94
山东 234	1204	602	105111	170749	1.824	2.057	0.011	22	39	94
上海 235	0	0	105111	204989	1.859	0.270	0	29	0	31
内蒙古 236	236	118	105111	884574	1.825	2.047	0.016	29	16	51
湖北 237	1204	602	105111	257820	1.824	2.057	0.011	22	39	94
上海 238	24	12	105111	0	1.828	2.033	0	41	3	55
广东 239	0	0	105111	103638	0.270	0.270	0	0	0	0
江苏 240	2391	1198	105111	141422	1.833	2.066	0.308	43	39	96
辽宁 241	730	367	105111	204989	1.829	2.052	0.091	42	32	94
福建 242	164	82	105111	6136	1.821	2.045	0.004	20	11	38
上海 243	367	186	105111	56750	1.813	2.050	0	1	26	39
广东 244	156	78	105111	150814	1.832	2.042	0.012	43	15	94
广东 245	342	171	105111	145114	1.828	2.044	0.006	42	17	94
江苏 246	0	0	105111	659694	1.839	0.270	0	1	0	1
北京 247	0	0	105111	79070	1.849	0.270	0	5	0	5
山东 248	156	78	105111	221164	1.832	2.042	0.012	43	15	94
浙江 249	0	0	105111	88620	0.270	0.270	0	0	0	0
北京 250	1042	521	105111	64202	1.829	2.055	0.115	37	32	93
广东 251	750	377	105111	150814	1.832	2.054	0.084	43	39	96
重庆 252	1498	749	105111	334674	1.827	2.059	0.055	40	39	96
江苏 253	2520	1263	105111	149425	1.837	2.065	2.349	43	39	96
山东 254	2182	1091	105111	103638	1.840	2.063	1.016	43	39	96
新疆 255	682	341	105111	461213	1.824	2.053	0.008	31	39	92
江苏 256	1172	586	105111	864620	1.842	2.053	0.659	43	29	96
北京 257	442	221	105111	732213	1.836	2.048	0.234	43	26	95

续表

企业	度		二阶度		接近中心性		接近中心性	入核度	出核度	核度
	入	出	入	出	入	出				
上海 258	342	171	105111	226072	1.826	2.044	0.005	40	17	92
陕西 259	0	0	105111	0	0.270	0.270	0	0	0	0
河南 260	260	130	105111	758150	1.821	2.048	0.004	22	17	51
广东 261	106	53	105111	461213	1.822	2.039	0	15	8	26
山西 262	280	140	105111	329474	1.824	2.048	0.003	21	21	51
浙江 263	0	0	105111	342992	1.849	0.270	0	5	0	5
山西 264	903	454	105111	4148	1.824	2.054	0.015	24	32	70
江苏 265	172	86	105111	200226	0.270	2.084	0	0	12	16
江苏 266	1250	625	105111	204297	1.826	2.056	0.107	34	32	93
广东 267	0	0	105111	85941	0.270	0.270	0	0	0	0
河南 268	78	39	105111	125896	1.830	2.041	0.001	43	39	88
江苏 269	1204	602	105111	49898	1.824	2.057	0.011	22	39	94
上海 270	502	251	105111	153025	1.813	2.051	0	4	39	57
北京 271	1552	776	105111	367042	1.829	2.059	0.063	43	39	96
广东 272	944	474	105111	0	1.834	2.055	0.248	43	39	96
福建 273	676	340	105111	52272	1.837	2.053	0.201	43	39	96
湖北 274	0	0	105111	57385	1.854	0.270	0	18	0	18
河北 275	234	117	105111	142409	1.828	2.045	0.022	40	15	69
四川 276	420	210	105111	0	1.831	2.050	0.024	43	33	96
福建 277	1846	923	105111	251172	1.831	2.063	0.184	43	39	96
湖北 278	494	247	105111	321530	1.827	2.048	0.052	34	26	74
四川 279	452	226	105111	150584	1.837	2.048	0.180	43	20	94
浙江 280	1328	664	105111	103638	1.829	2.058	0.045	43	39	96
广东 281	124	62	105111	720614	1.829	2.042	0.009	43	13	93
广东 282	174	87	105111	113506	1.826	2.047	0.008	37	20	81
福建 283	648	324	105111	0	1.825	2.051	0.007	27	26	83
浙江 284	656	328	105111	28450	1.821	2.053	0.001	11	39	76
山东 285	4800	2405	105111	47838	1.838	2.075	3.203	43	39	96

续表

企业	度		二阶度		接近中心性		接近中心性	入核度	出核度	核度
	入	出	入	出	入	出				
北京 286	1944	972	105111	0	1. 828	2. 063	0. 088	43	39	96
新疆 287	620	310	105111	154012	1. 825	2. 053	0. 014	40	39	94
青海 288	650	325	105111	246145	1. 828	2. 051	0. 106	37	26	78
湖南 289	0	0	105111	6256	1. 861	0. 270	0	40	0	65
江苏 290	24	12	105111	235237	0. 270	2. 075	0	0	3	3
江西 291	26	13	105111	197453	1. 824	2. 035	0	35	3	57
河北 292	0	0	105111	15155	1. 839	0. 270	0	1	0	1
浙江 293	342	171	105111	150814	1. 830	2. 047	0. 028	43	24	92
北京 294	180	90	105111	298840	1. 826	2. 043	0. 005	41	16	64
山东 295	190	95	105111	0	1. 828	2. 048	0. 015	41	20	88
湖南 296	132	66	105111	69046	1. 834	2. 042	0. 017	43	14	94
四川 297	88	44	105111	837265	1. 830	2. 040	0. 002	42	39	90
湖北 298	198	99	105111	103638	1. 825	2. 040	0. 005	31	11	52
上海 299	342	171	105111	0	1. 830	2. 047	0. 028	43	24	92
浙江 300	16	8	105111	196990	0. 270	2. 071	0	0	2	2
广东 301	236	118	105111	50264	0. 270	2. 091	0	0	21	26
江苏 302	656	328	105111	139372	1. 821	2. 053	0. 001	11	39	76
广东 303	0	0	105111	50264	1. 848	0. 270	0	2	0	2
广东 304	164	82	105111	0	1. 821	2. 045	0. 004	20	11	38
北京 305	1762	881	105111	0	1. 824	2. 062	0. 014	22	39	95
安徽 306	682	341	105111	996394	1. 824	2. 053	0. 008	31	39	92
浙江 307	0	0	105111	176950	0. 270	0. 270	0	0	0	0
北京 308	136	68	105111	259243	1. 809	2. 046	0	1	15	16
云南 309	1402	701	105111	176950	1. 831	2. 059	0. 06	43	39	96
山东 310	0	0	105111	591457	0. 270	0. 270	0	0	0	0
上海 311	174	87	105111	251380	0. 270	2. 090	0	0	20	20
浙江 312	426	213	105111	176828	1. 827	2. 049	0. 041	34	18	69
广东 313	174	87	105111	455431	0. 270	2. 090	0	0	20	20

续表

企业	度		二阶度		接近中心性		接近中心性	入核度	出核度	核度
	入	出	入	出	入	出				
北京 314	370	185	105111	72333	1.822	2.050	0.011	13	26	50
浙江 315	36	18	105111	975859	1.829	2.033	0	43	4	71
黑龙江 316	0	0	105111	527062	1.857	0.270	0	16	0	16
吉林 317	26	13	105111	0	1.824	2.035	0	35	3	57
广东 318	2052	1028	105111	95883	1.824	2.065	0.041	22	39	94
重庆 319	682	341	105111	349688	1.824	2.053	0.008	31	39	92
河南 320	32	16	105111	417556	1.823	2.035	0	24	39	27
河南 321	400	200	105111	0	1.824	2.047	0.004	28	26	67
浙江 322	158	79	105111	25227	1.821	2.039	0.002	18	16	36
上海 323	8	4	105111	403727	1.823	2.034	0	14	1	15
重庆 324	1914	957	105111	709203	1.835	2.062	0.433	43	39	96
上海 325	4128	2067	105111	340554	1.839	2.075	2.015	43	39	96
湖北 326	2537	1271	105111	66285	1.837	2.065	0.849	43	39	96
辽宁 327	62	31	105111	606622	0.270	2.072	0	0	7	7
上海 328	1204	602	105111	80638	1.824	2.057	0.011	22	39	94
上海和天津 329	2441	1223	105111	79102	1.821	2.069	0.045	24	39	96
广东 330	0	0	105111	176950	1.849	0.270	0	5	0	5
山西 331	288	144	105111	197755	1.822	2.048	0.004	9	17	37
江苏 332	0	0	105111	254486	0.270	0.270	0	0	0	0
江西 333	16	8	105111	88620	1.821	2.029	0	7	2	9
北京 334	0	0	105111	128965	0.270	0.270	0	0	0	0
北京 335	3462	1733	105111	423830	1.834	2.072	0.739	43	39	96
上海 336	174	87	105111	66384	0.270	2.090	0	0	20	20
北京 337	2396	1200	105111	260869	1.844	2.065	3.279	43	39	96
江苏 338	16	8	105111	258446	1.821	2.029	0	7	2	9
上海 339	864	432	105111	214954	1.826	2.056	0.018	40	39	96
福建 340	3417	1712	105111	0	1.828	2.074	0.328	43	39	96

续表

企业	度		二阶度		接近中心性		接近中心性	入核度	出核度	核度
	入	出	入	出	入	出				
湖北 341	738	369	105111	15744	1. 835	2. 049	0. 172	43	18	94
江苏 342	0	0	105111	201568	0. 270	0. 270	0	0	0	0
福建 343	0	0	105111	268856	1. 859	0. 270	0	34	0	50
辽宁 344	1204	602	105111	451133	1. 824	2. 057	0. 011	22	39	94
内蒙古 345	1756	881	105111	44143	1. 837	2. 061	1. 181	43	39	96
江苏 346	344	172	105111	244772	1. 828	2. 044	0. 007	41	17	94
上海 347	656	328	105111	0	1. 821	2. 053	0. 001	11	39	76
山东 348	632	316	105111	0	1. 837	2. 046	0. 145	43	17	94
广东 349	562	281	105111	0	1. 837	2. 051	0. 384	43	27	95
广东 350	174	87	105111	17784	0. 270	2. 090	0	0	20	20
浙江 351	364	182	105111	351866	1. 834	2. 044	0. 054	43	16	94
北京 352	174	87	105111	50264	1. 821	2. 047	0	4	20	24
江苏 353	1376	688	105111	4956	1. 827	2. 058	0. 125	37	39	94
浙江 354	944	474	105111	298840	1. 836	2. 056	0. 243	43	39	96
内蒙古 355	106	53	105111	0	1. 822	2. 039	0	15	8	26
北京 356	502	251	105111	0	1. 813	2. 051	0	4	39	57
陕西 357	0	0	105111	208132	1. 854	0. 270	0	14	0	14
上海 358	232	116	105111	322821	1. 826	2. 046	0. 003	29	22	56
北京 359	540	270	105111	62504	1. 821	2. 052	0. 003	17	27	71
上海 360	656	328	105111	662337	1. 821	2. 053	0. 001	11	39	76
北京 361	266	133	105111	581466	1. 833	2. 047	0. 035	43	18	94
重庆 362	164	82	105111	125975	1. 821	2. 045	0. 004	20	11	38
上海 363	236	118	105111	201568	0. 270	2. 091	0	0	21	26
广东 364	1501	753	105111	224598	1. 835	2. 058	0. 589	43	39	96
山西 365	822	413	105111	491821	1. 825	2. 053	0. 031	29	32	74
上海 366	150	75	105111	625784	0. 270	2. 073	0	0	13	17
上海 367	1660	830	105111	247002	1. 835	2. 059	0. 460	43	39	96
江苏 368	3699	1853	105111	176950	1. 834	2. 072	1. 417	43	39	96

续表

企业	度		二阶度		接近中心性		接近中心性	入核度	出核度	核度
	入	出	入	出	入	出				
北京 369	174	87	105111	500693	0. 270	2. 090	0	0	20	20
江西 370	1168	584	105111	90162	1. 832	2. 056	0. 133	43	39	96
陕西 371	288	144	105111	35694	1. 821	2. 047	0. 007	24	20	51

附表 8-5　29 个省区市产业赋权网络指标值

产业	度		二阶度		接近中心性		接近中心性	入核度	出核度	核度
	入	出	入	出	入	出				
1	0. 124	4. 361	0. 542	1. 592	1. 991	26. 812	1. 662	2	1	9
2	0. 160	0. 293	0. 047	0. 106	1. 998	23. 307	1. 104	2	1	7
3	0. 349	1. 464	0. 511	0. 280	2. 002	24. 223	0. 518	2	1	8
4	0. 187	0. 633	0. 118	0. 079	1. 987	22. 840	0. 794	2	1	5
5	0. 217	0. 262	0. 057	0. 141	2. 003	20. 556	1. 034	2	1	7
6	0. 161	1. 115	0. 179	0. 603	2. 02	30. 020	1. 945	3	2	10
7	0. 205	1. 070	0. 219	1. 224	2. 011	27. 106	2. 250	3	2	7
8	0. 161	0. 658	0. 106	0. 299	2. 000	23. 307	0. 304	3	2	7
9	0. 329	0. 373	0. 123	0. 467	2. 027	24. 104	1. 087	3	2	10
10	0. 313	0. 566	0. 177	0. 130	2. 027	25. 042	1. 114	3	1	10
11	0. 326	0. 136	0. 044	0. 145	2. 009	21. 418	0. 154	3	1	7
12	0. 707	0. 788	0. 557	0. 149	2. 005	25. 085	0. 102	2	1	9
13	0. 678	0. 417	0. 283	0. 414	2. 011	20. 054	0. 572	2	1	7
14	0. 539	0. 429	0. 231	0. 104	2. 006	26. 958	0. 340	2	1	9
15	0. 560	0. 091	0. 051	0. 012	2. 009	18. 878	0. 069	2	1	8
16	0. 607	0. 313	0. 190	0. 056	2. 011	22. 910	0. 143	2	1	8
17	0. 607	0. 068	0. 041	0. 022	2. 007	22. 189	0. 018	2	1	5
18	0. 568	0. 227	0. 129	0. 030	2. 019	22. 699	0. 084	2	1	9
19	0. 641	0. 000	0. 000	0. 000	2. 107	0. 671	0	2	0	9
20	0. 489	0. 033	0. 016	0. 007	2. 025	18. 640	0. 039	3	1	8

续表

产业	度		二阶度		接近中心性		接近中心性	入核度	出核度	核度
	入	出	入	出	入	出				
21	0. 551	0. 037	0. 021	0. 000	2. 055	0. 676	0. 003	2	0	9
22	0. 584	0. 200	0. 117	0. 025	2. 024	22. 840	1. 104	2	1	9
23	0. 409	0. 190	0. 078	0. 049	2. 021	26. 011	0. 967	2	1	9
24	0. 518	0. 128	0. 066	0. 015	2. 027	22. 424	0. 808	3	1	9
25	0. 521	0. 000	0. 000	0. 000	2. 059	0. 671	0	2	0	4
26	0. 131	0. 020	0. 003	0. 000	2. 046	0. 676	0. 016	2	0	4
27	0. 367	1. 485	0. 545	0. 128	2. 013	19. 121	0. 333	2	1	8
28	0. 526	0. 161	0. 085	0. 016	2. 014	18. 385	0. 051	2	1	8
29	0. 478	0. 070	0. 034	0. 008	2. 014	13. 691	0. 076	2	1	8
30	0. 641	0. 100	0. 064	0. 012	2. 021	18. 294	1. 951	3	1	8
31	0. 611	0. 040	0. 025	0. 007	2. 016	22. 09	3. 937	2	1	8
32	0. 700	0. 168	0. 118	0. 004	2. 029	15. 661	1. 890	3	1	8
33	0. 416	0. 199	0. 083	0. 005	2. 02	13. 780	0. 126	2	1	8
34	0. 538	0. 000	0. 000	0. 000	2. 061	0. 671	0	3	0	8
35	0. 328	0. 523	0. 171	0. 014	2. 057	0. 724	0. 174	2	0	9
36	0. 582	0. 000	0. 000	0. 000	2. 106	0. 671	0	2	0	8
37	0. 352	0. 748	0. 263	0. 223	2. 017	28. 244	2. 430	3	2	9
38	0. 496	0. 316	0. 157	0. 088	2. 008	27. 872	0. 870	3	2	8
39	0. 502	0. 000	0. 000	0. 000	2. 111	0. 671	0	3	0	8
40	0. 472	0. 029	0. 014	0. 000	2. 113	0. 676	0. 105	3	0	9
41	0. 556	1. 962	1. 091	0. 792	1. 984	34. 824	1. 449	1	2	10
42	0. 503	0. 192	0. 097	0. 098	2. 011	23. 307	0. 862	3	2	7
43	0. 375	1. 678	0. 629	0. 734	2. 011	29. 719	1. 449	3	2	10
44	0. 504	0. 125	0. 063	0. 419	2. 017	21. 733	1. 055	3	1	10
45	0. 417	0. 051	0. 021	0. 138	2. 013	21. 733	0. 475	3	1	7
46	0. 447	0. 099	0. 044	0. 018	2. 013	22. 390	0. 164	3	1	9
47	0. 457	0. 946	0. 433	0. 427	2. 006	27. 509	0. 186	3	2	10
48	0. 398	1. 162	0. 463	0. 346	2. 015	30. 898	2. 880	3	2	10

续表

产业	度		二阶度		接近中心性		接近中心性	入核度	出核度	核度
	入	出	入	出	入	出				
49	0.406	0.061	0.025	0.006	2.024	21.958	0.131	3	1	8
50	0.284	0.371	0.105	0.007	2.022	17.249	0.455	2	1	7
51	0.413	0.549	0.227	0.171	2.008	20.845	0.405	3	1	9
52	0.420	0.187	0.079	0.028	2.014	24.144	1.006	3	1	9
53	0.397	0.969	0.385	0.171	2.007	31.624	0.842	3	2	10
54	0.469	0.349	0.163	0.039	2.061	0.704	0.161	3	0	10
55	0.494	0.140	0.069	0.003	2.101	0.699	0.041	3	0	9
56	0.422	0.154	0.065	0.004	2.058	0.699	0.104	3	0	10
57	0.377	0.200	0.075	0.026	2.018	24.342	0.814	3	1	10
58	0.464	0.074	0.034	0.006	2.073	0.699	0.135	3	0	10
59	0.368	0.084	0.031	0.012	2.026	19.023	1.034	3	1	9
60	0.328	0.202	0.066	0.025	2.015	21.637	0.231	3	1	10
61	0.642	0.076	0.049	0.108	2.011	23.161	0.647	3	1	7
62	0.535	1.425	0.762	0.512	2.01	29.96	3.840	3	2	10
63	0.541	0.151	0.082	0.095	2.01	26.011	0.450	3	2	7
64	0.472	1.585	0.749	0.969	2.007	30.642	1.278	3	2	10
65	0.554	1.282	0.711	0.484	2.006	29.365	0.509	3	2	10
66	0.358	1.624	0.581	0.360	2.007	34.339	2.203	3	2	10
67	0.379	0.187	0.071	0.019	2.027	20.963	0.350	3	2	10
68	0.396	0.081	0.032	0.003	2.019	18.408	0.060	3	1	10
69	0.402	0.052	0.021	0.008	2.018	20.904	0.535	3	1	10
70	0.374	0.244	0.091	0.040	2.012	21.893	0.048	3	2	10
71	0.616	0.000	0.000	0.000	2.059	0.671	0	3	0	10
72	0.337	0.905	0.305	0.126	2.016	24.958	1.083	3	2	10
73	0.418	0.188	0.079	0.075	2.02	23.529	2.521	3	2	10
74	0.359	0.000	0.000	0.000	2.057	0.671	0	3	0	10
75	0.451	0.000	0.000	0.000	2.065	0.671	0	3	0	10
76	0.347	0.163	0.056	0.116	2.031	22.323	1.396	3	1	10

续表

产业	度		二阶度		接近中心性		接近中心性	入核度	出核度	核度
	入	出	入	出	入	出				
77	0. 413	0. 030	0. 012	0. 006	2. 023	19. 146	0. 089	3	1	6
78	0. 306	0. 869	0. 266	0. 250	2. 03	30. 833	3. 923	3	2	10
79	0. 406	0. 128	0. 052	0. 005	2. 102	0. 690	0. 355	3	0	10
80	0. 371	0. 108	0. 040	0. 020	2. 014	17. 619	0. 175	3	1	9
81	0. 356	0. 190	0. 068	0. 016	2. 023	23. 418	0. 890	3	1	10
82	0. 533	0. 287	0. 153	0. 047	2. 017	21. 991	0. 303	3	2	10
83	0. 416	0. 555	0. 231	0. 187	2. 017	29. 134	1. 667	3	2	10
84	0. 541	0. 342	0. 185	0. 071	2. 008	24. 382	0. 437	3	2	10
85	0. 452	0. 154	0. 070	0. 027	2. 013	22. 769	0. 475	3	2	10
86	0. 510	0. 000	0. 000	0. 000	2. 072	0. 671	0	3	0	10
87	0. 482	0. 026	0. 013	0. 003	2. 07	0. 694	0. 145	3	0	10
88	0. 639	0. 193	0. 123	0. 092	2. 012	27. 977	1. 828	3	2	9
89	0. 535	0. 245	0. 131	0. 034	2. 023	21. 083	0. 454	3	2	9
90	0. 618	0. 000	0. 000	0. 000	2. 056	0. 671	0	3	0	9
91	0. 573	0. 000	0. 000	0. 000	2. 048	0. 671	0	2	0	5
92	0. 142	3. 156	0. 448	0. 412	2. 013	28. 298	2. 646	3	2	10
93	0. 404	0. 021	0. 008	0. 003	2. 008	20. 934	0. 035	2	1	5
94	0. 298	0. 240	0. 072	0. 087	2. 015	27. 206	0. 866	3	1	9
95	0. 479	0. 000	0. 000	0. 000	2. 105	0. 671	0	3	0	10
96	0. 000	0. 361	0. 000	0. 223	0. 671	35. 922	0	0	2	5
97	0. 471	0. 034	0. 016	0. 000	2. 162	0. 676	0. 063	3	0	10
98	0. 264	2. 102	0. 555	0. 943	2. 005	34. 988	2. 548	3	2	10
99	0. 505	0. 132	0. 067	0. 009	2. 004	21. 701	0. 021	3	1	5
100	0. 372	0. 000	0. 000	0. 000	2. 393	0. 671	1. 662	3	0	7
101	0. 528	0. 000	0. 000	0. 000	2. 355	0. 671	1. 104	3	0	10
102	0. 586	0. 000	0. 000	0. 000	2. 352	0. 671	0. 518	3	0	9
103	0. 525	0. 000	0. 000	0. 000	2. 352	0. 671	0. 794	3	0	10
104	0. 442	0. 118	0. 052	0. 001	2. 3	0. 694	1. 034	3	0	10

续表

产业	度		二阶度		接近中心性		接近中心性	入核度	出核度	核度
	入	出	入	出	入	出				
105	0.202	2.020	0.407	0.579	2.016	38.144	1.945	2	2	10
106	0.233	1.726	0.402	0.417	2.018	35.154	2.250	2	2	10
107	0.348	0.000	0.000	0.000	2.184	0.671	0.304	3	0	5
108	0.265	0.078	0.021	0.000	2.135	0.676	1.087	2	0	5
109	0.485	0.071	0.035	0.053	2.028	27.509	1.114	3	1	9
110	0.359	1.220	0.437	0.282	2.013	35.154	0.154	2	2	10
111	0.590	0.000	0.000	0.000	2.068	0.671	0.102	3	0	7
112	0.462	0.319	0.147	0.006	2.016	20.993	0.572	3	1	7
113	0.534	0.043	0.023	0.054	2.035	27.407	0.340	3	1	9
114	0.270	0.176	0.048	0.007	2.029	22.769	0.069	3	1	8
115	0.289	0.000	0.000	0.000	2.212	0.671	0.143	3	0	8
116	0.260	0.041	0.011	0.007	2.025	21.234	0.018	3	1	7
117	0.462	0.159	0.074	0.056	2.03	26.288	0.084	3	1	9
118	0.285	0.019	0.005	0.033	2.027	26.148	0	3	1	8
119	0.359	0.199	0.071	0.066	2.028	27.767	0.039	3	1	9
120	0.491	0.325	0.160	0.108	2.013	28.298	0.003	2	1	9
121	0.215	0.285	0.061	0.047	2.018	21.053	1.104	3	2	8
122	0.212	0.000	0.000	0.000	2.152	0.671	0.967	3	0	6
123	0.309	0.124	0.038	0.025	2.018	20.904	0.808	3	2	8
124	0.294	0.036	0.010	0.010	2.018	20.527	0	3	1	8
125	0.471	0.270	0.127	0.096	2.019	25.739	0.016	3	2	9
126	0.192	2.506	0.481	1.066	2.011	38.144	0.333	2	2	10
127	0.120	0.116	0.014	0.007	2.012	15.273	0.051	2	1	3
128	0.437	0.058	0.025	0.001	2.025	17.918	0.076	3	1	8
129	0.162	1.112	0.180	0.660	2.011	34.339	1.951	2	2	9
130	0.369	0.029	0.011	0.001	2.025	21.606	3.937	3	1	8
131	0.409	2.245	0.919	0.960	2.038	37.468	1.890	3	2	10
132	0.245	0.000	0.000	0.000	2.072	0.671	0.126	3	0	8

续表

产业	度		二阶度		接近中心性		接近中心性	入核度	出核度	核度
	入	出	入	出	入	出				
133	0. 242	0. 508	0. 123	0. 010	2. 031	19. 474	0	3	1	9
134	0. 417	0. 049	0. 020	0. 002	2. 033	16. 140	0. 174	3	1	9
135	0. 212	0. 068	0. 015	0. 000	2. 35	0. 676	0	3	0	7
136	0. 225	0. 000	0. 000	0. 000	2. 061	0. 671	2. 430	3	0	5
137	0. 310	0. 020	0. 006	0. 004	2. 026	18. 640	0. 870	3	1	8
138	0. 192	0. 035	0. 007	0. 000	2. 059	0. 676	0	3	0	4
139	0. 249	0. 232	0. 058	0. 012	2. 017	22. 289	0. 105	3	1	8
140	0. 052	0. 000	0. 000	0. 000	2. 024	0. 671	1. 449	2	0	2
141	0. 448	0. 000	0. 000	0. 000	2. 055	0. 671	0. 862	2	0	4
142	0. 113	0. 000	0. 000	0. 000	2. 081	0. 671	1. 449	2	0	4
143	0. 431	0. 000	0. 000	0. 000	2. 066	0. 671	1. 055	3	0	7
144	0. 214	0. 021	0. 004	0. 000	2. 069	0. 676	0. 475	3	0	6
145	0. 095	0. 021	0. 002	0. 000	2. 049	0. 676	0. 164	2	0	4
146	0. 147	0. 000	0. 000	0. 000	2. 156	0. 671	0. 186	3	0	6
147	0. 258	0. 000	0. 000	0. 000	2. 104	0. 671	2. 880	2	0	6
148	0. 070	0. 000	0. 000	0. 000	2. 039	0. 671	0. 131	3	0	2
149	0. 148	0. 000	0. 000	0. 000	2. 064	0. 671	0. 455	2	0	6

参考文献

[1] Acemoglu, D. , et al. , "The Network Origins of Aggregate Fluctuations", *Econometrica*, Vol. 80, No. 5 (2012), pp. 1977–2016.

[2] Adner, R. , "Match Your Innovation Strategy to Your Innovation Ecosystem", *Harvard Business Review*, Vol. 84, No. 4 (2006), pp. 98–107.

[3] Adner, R. & Kapoor, R. , "Value Creation in Innovation Ecosystems: How the Structure of Technological Interdependence Affects Firm Performance in New Technology Generations", *Strategic Management Journal*, Vol. 31, No. 3 (2010), pp. 306–333.

[4] Arentze, T. & Timmermans, H. , "Multistate Supernetwork Approach to Modelling Multi-activity, Multimodal Trip Chains", *International Journal of Geographical Information Science*, Vol. 18, No. 7 (2004), pp. 631–651.

[5] Aroche-Reyes, F. , "Trees of the Essential Economic Structures: A Qualitative Input-Output Method", *Journal of Regional Science*, Vol. 46, No. 2 (2006), pp. 333–353.

[6] Aroche-Reyes, F. , "Qualitative Input-Output Method to Find Basic Economic Structures", *Regional Science*, Vol. 82, No. 4 (2003), pp. 581–590.

[7] Beamon, B. M. & Kotleba, S. A. , "Inventory Modelling for Complex Emergencies in Humanitarian Relief Operations", *International Journal of Logistics: Research and Applications*, Vol. 9, No. 1 (2006), pp. 1–18.

[8] Bendis, R. , America, I. , "Science & Innovation-based Trends in the US", 36th Annual AAAS Forum on *Science and Technology Policy*, 2011.

[9] Borge-Holthoefer, J. , et al. , "Locating Privileged Spreaders on an Online Social Network", *Physical Review E*, Vol. 85, No. 6 (2012), p. 066123.

[10] Campbell, J. ,"Application of Graph Theoretic Analysis to Inter-industry Relationships", *Regional Science and Urban Economics*, Vol. 5, No. 1 (1975), pp. 91-106.

[11] Carvalho, V. M. ,*Aggregate Fluctuations and the Network Structure of Intersectoral Trade*, ProQuest, 2008.

[12] Castellano, C. & Pastor-Satorras, R. ,"Competing Activation Mechanisms in Epidemics on Networks", *Scientific Reports*, No. 2 (2012), https://doi. org/10. 1038/srep00371.

[13] Centola, D. ,"The Spread of Behavior in an Online Social Network Experiment", *Science*, Vol. 329, No. 5996 (2010), pp. 1194-1197.

[14] Dees, S. ,et al. ,"Exploring the International Linkages of the Euro Area: A Global VAR Analysis", *Journal of Applied Econometrics*, Vol. 22, No. 1 (2007), pp. 1-38.

[15] Du, L. ,"Medical Emergency Resource Allocation Model in Large-Scale Emergencies Based on Artificial Intelligence: Algorithm Development", *JMIR Medical Informatics*, Vol. 8, No. 6 (2020), e19202.

[16] Dupor, B. ,"Aggregation and Irrelevance in Multi-Sector Models", *Journal of Monetary Economics*, Vol. 43, No. 2 (1999), pp. 391-409.

[17] Durlauf, S. N. ,"Nonergodic Economic Growth", *The Review of Economic Studies*, Vol. 60, No. 2 (1993), pp. 349-366.

[18] Enright, M. J. ,"Regional Clusters and Economic Development: A Research Agenda", in *Business Networks: Prospects for Regional Development*, Staber, U. ,et al. (eds.), Berlin: Walter de Gruyter, 1996, pp. 190-213.

[19] Estrin, J. ,*Closing the Innovation Gap: Reigniting the Spark of Creativity in a Global Economy*, New York: Mcgraw-Hill, 2009.

[20] Fiedrich, F. ,et al. ,"Optimized Resource Allocation for Emergency Response after Earthquake Disasters", *Safety Science*, Vol. 35, No. 1-3 (2000), pp. 41-57.

[21] Freeman, C. , *Technology Policy and Economic Performance*, Great Britain: Pinter Publishers, 1989.

[22] Fritsch, M. & Kauffeld-Monz, M. ,"The Impact of Network Structure on

Knowledge Transfer: An Application of Social Network Analysis in the Context of Regional Innovation Networks", *The Annals of Regional Science*, Vol. 44, No. 1 (2010), pp. 21-38.

[23] Fu, Y. H., et al., "Identifying Super-Spreader Nodes in Complex Networks", *Mathematical Problems in Engineering*, Vol. 2015, Article ID 675713, 2015, https: //doi. org/10. 1155/2015/675713.

[24] Gabaix, X., "The Granular Origins of Aggregate Fluctuations", *Econometrica*, Vol. 79, No. 3 (2011), pp. 733-772.

[25] Garas, A., et al., "Worldwide Spreading of Economic Crisis", *New Journal of Physics*, Vol. 12, 2010.

[26] Gereffi, G., "International Trade and Industrial Upgrading in the Apparel Commodity Chain", *Journal of International Economics*, Vol. 48, No. 1 (1999), pp. 37-70.

[27] Gereffi, G., "Beyond the Producer-driven/Buyer-driven Dichotomy: The Evolution of Global Value Chains in the Internet Era", *IDS Bulletin* , Vol. 32, No. 3 (2001), pp. 30-40.

[28] Gereffi, G. & Sklair, L., *Capitalism, Development and Global Commodity Chains, Leslie Sklair. Capitalism and Development*, London: Rutledge, 1994, pp. 211-231.

[29] González, M. C., et al., "Under Standing Individual Human Mobility Patterns", *Nature*, Vol. 453, No. 7196 (2008), pp. 779-780.

[30] Guler, I. & Nerkar, A., "The Impact of Global and Local Cohesion on Innovation in the Pharmaceutical Industry", *Strategic Management Journal*, Vol. 33, No. 5 (2012), pp. 535-549.

[31] Haghani, A. & Oh, S. C., "Formulation and Solution of a Multi-commodity, Multi-modal Network Flow Model for Disaster Relief Operations", *Transportation Research Part A*, Vol. 30, No. 3 (1996), pp. 231-250.

[32] Hansen, K. L. & Rush, H., "Hotspots in Complex Product Systems: Emerging Issue in Innovation Management", *Technovation*, Vol. 18, No. 8-9 (1988), pp. 555-561.

[33] Helbing, D. & Kühnert, C., "Assessing Interaction Networks with Appli-

cations to Catastrophe Dynamics and Disaster Management", *Physica A*, 2003, Vol. 328, No. 3-4 (2003), pp. 584-606.

[34] Hirschman, A. ,*The Strategy of Economic Development*, New Haven: Yale University Press, 1958, pp. 380-387.

[35] Hobday, M. ,"Product Complexity, Innovation and Industrial Organization", *Research Policy*, Vol. 26, No. 6 (1998), pp. 689-710.

[36] Holub, H. W. & Schnabl, H. ,"Qualitative Input-Output Analysis and Structural Information", *Economic Modelling*, Vol. 2, No. 1 (1985), pp. 67-73.

[37] Horvath, M. ,"Cyclicality andSectoral Linkages: Aggregate Fluctuations from Independent Sectoral Shocks", *Review of Economic Dynamics* , Vol. 1, No. 4 (1998), pp. 781-808.

[38] Horvath, M. ,"Sectoral Shocks and Aggregate Fluctuations", *Journal of Monetary Economics*, Vol. 45, No. 1 (2000), pp. 69-106.

[39] Humphrey, J. & Schmitz, H. ,"How Does Insertion in Global Value Chains Affect Upgrading in Industrial Clusters?", *Regional Studies*, Vol. 36, No. 9 (2002), pp. 1017-1027.

[40] Jovanovic, B. ,"Micro Shocks and Aggregate Risk", *The Quarterly Journal of Economics*, Vol. 102, No. 2 (1987), pp. 395-409.

[41] Keller, W. ,"Geographic localization ofInternational Technology Diffusion", *American Economic Review*, Vol. 92, No. 1 (2002), pp. 120-142.

[42] Kitsak, M. ,et al. ,"Identification of Influential Spreaders in Complex Networks", *Nature Physics*, 2010, Vol. 6, No. 11 (2010), pp. 888-893.

[43] Kogut, B. ,"Designing Global Strategies: Comparative and Competitive Value-added Chains", *Sloan Management Review*, Vol. 26, No. 4 (1985), pp. 15-28.

[44] Krugman, P. R. ,"Increasing Returns and Economic Geography", *Journal of Political Economy*, Vol. 99, No. 3 (1991), pp. 483-499.

[45] Kydland, F. E. & Prescott, E. C. ,"Time to Build and Aggregate Fluctuations", *Econometrica*, Vol. 50, No. 6 (1982), pp. 1345-1370.

[46] Leoncini, R. ,et al. ,"Intersectoral Innovation Flows and National Technological Systems Network Analysis for Comparing Italy and Germany", *Research Policy*,

Vol. 25, No. 3 (1996), pp. 415–430.

[47] Long, Jr. J. B. & Plosser, C. I. ,"Real Business Cycles", *The Journal of Political Economy*, Vol. 91, No. 1 (1983), pp. 39–69.

[48] Lü, L. Y. ,et al. ,"The Small World Yields the Most Effective Information Spreading ", *New Journal of Physics* , Vol. 13, No. 12 (2011), pp. 3005–3014.

[49] Mete, H. O. & Zabinsky, Z. B. , " Stochastic Optimization of Medical Supply Location and Distribution in Disaster Management", *International Journal of Production Economics*, 2010, Vol. 126, No. 1 (2010), pp. 76–84.

[50] Montresor, S. & Marzetti, G. V. , " Innovation Clusters in Technological Systems: A Network Analysis of 15 OECD Countries for the Mid–1990s", *Industry and Innovation*, Vol. 15, No. 3 (2008), pp. 321–346.

[51] Nagurney A, Dong J. *Supernetworks: Decision-making for the Information Age*, Elgar, Edward Publishing, Incorporated, 2002.

[52] Panagiotis, P. , et al. , " Does Domestic and Foreign R&D Capital Affect Total Factor Productivity? Evidence from Eurozone Countries", *International Economic Journal*, Vol. 34, No. 2 (2020), pp. 258–278.

[53] Pegkas, P. ,et al. ,"Does Domestic and Foreign R&D Capital Affect Total Factor Productivity? Evidence from Eurozone Countries", *International Economic Journal*, Vol. 34, No. 2 (2020), pp. 258–278.

[54] Pei, S. & Makse, H. A. , " Spreading Dynamics in Complex Networks", *Journal of Statistical Mechanics: Theory and Experiment*, Vol. 2013, No. 12 (2013), P12002.

[55] Perroux, F. , " Economic Space: The theory and Under Application", *Quarterly Journal of Economics*, Vol. 64, No. 1 (1950), pp. 89–104.

[56] Pesaran, M. H. , et al. , " Modeling Regional Interdependencies Using a Global Error-Correcting Macroeconometric Model", *Journal of Business & Economic Statistics*, Vol. 22, No. 2 (2004), pp. 129–162.

[57] Porter, M. E. ,"The Competitive Advantage of Nations", *Harvard Business Review*, Vol. 68, No. 2 (1990), pp. 73–93.

[58] Porter, M. E. ,*Competitive Advantage: Competitive Advantage-Creating and Sustaining Superior Performance*, New York: The Free Press, 1985.

[59] Roelandt, T. J. A. & Den Hertog, P. , *Cluster Analysis and Cluster-Based Policy Making in OECD Countries: An Introduction to the Theme*, *Boosting Innovation: The Cluster Approach*, Paris, OECD, 1999, pp. 9–23.

[60] Schnabl, H. ,"The Evolution of Production Structures Analyzed by a Multi-Layer Procedure", *Economic Systems Research*, Vol. 6, No. 1 (1994), pp. 51–68.

[61] Shea, J. , "Complementarities andComovements", *Journal of Money, Credit, and Banking*, Vol. 34, No. 2 (2002), pp. 412–433.

[62] Sheffi, Y. , *Urban Transportation Networks: Equilibrium Analysis with Mathematical Programming Methods*, Prentice-Hall, Englewoods Cliffs, 1985.

[63] Sheu, J. B. , "Dynamic Relief-demand Management for Emergency Logistics Operations Under Large-scale Disasters", *Transportation Research Part E*, Vol. 46, No. 1 (2010), pp. 1–17.

[64] Su, Z. ,et al. ,"Multiple Emergency Resource Allocation for Concurrent Incidents in Natural Disasters", *International Journal of Disaster Risk Reduction*, Vol. 17, 2016, pp. 199–212.

[65] Tanaka, G. , et al. ,"Dynamical Robustness in Complex Networks: The Crucial Role of Low-Degree Nodes", *Scientific Reports*, Article No. 232 (2012), https://doi.org/10.1038/srep00232.

[66] Titze, M. ,et al. ,"The Identification of Regional Industrial Clusters Using Qualitative Input-Output Analysis (QIOA)", *Regional Studies*, Vol. 45, No. 1 (2011), pp. 89–102.

[67] 陈爱军:《第一次工业革命与英国城市化》,《上海青年管理干部学院学报》2005 年第 1 期。

[68] 陈昌才:《产业关联测度方法的改进及应用——基于 OECD 非竞争型投入产出表的分析》,《统计与信息论坛》2013 年第 3 期。

[69] 陈传康:《陇海—兰新线与连云港》,《开发研究》1987 年第 4 期。

[70] 陈欢、邝国良:《基于东道国产业集群的 FDI 技术扩散研究》,《特区经济》2009 年第 11 期。

[71] 陈嘉俊、志行:《"五龙入湛"背景下湛江融入粤港澳大湾区建设的路径研究》,《改革与开放》2019 年第 23 期。

[72] 陈可:《接轨大上海,谋篇大文章》,《南通日报》2018 年 1 月 1 日。

［73］陈利锋：《部门冲击与整体冲击的宏观经济效应分析——以 8 大部门供给冲击对整体通货膨胀的影响为例》,《西部论坛》2014 年第 6 期。

［74］陈明华等：《长江经济带全要素生产率增长的地区差异及影响因素》,《经济社会体制比较》2018 年第 2 期。

［75］陈品宇、李鲁奇：《区域建构：佛山融入粤港澳大湾区建设的政策和策略响应》,《热带地理》2019 年第 5 期。

［76］陈雄：《论第二次工业革命的特点》,《郑州大学学报（哲学社会科学版)》1987 年第 5 期。

［77］陈占夺等：《价值网络视角的复杂产品系统企业竞争优势研究——一个双案例的探索性研究》,《管理世界》2013 年第 10 期。

［78］程惠芳、岑丽君：《FDI、产业结构与国际经济周期协动性研究》,《经济研究》2010 年第 9 期。

［79］大数据透析站：《上海和苏州，到底是一种什么样的关系?》，2020 年 11 月 12 日，见 https：//mp. weixin. qq. com/s/RGtkgYmt5g1ZW4CqKiN5bw。

［80］代颖等：《突发公共事件应急系统中的模糊多目标定位—路径问题研究》,《管理评论》2010 年第 1 期。

［81］邓建高等：《江苏省高技术产业间技术扩散效应》,《中国科技论坛》2015 年第 11 期。

［82］杜洁：《第一次工业革命的历史真相》,《黑龙江史志》2011 年第 13 期。

［83］杜康等：《安徽省大中型工业企业全要素生产率及影响因素研究——基于 DEA-Malmquist 生产率指数法》,《科技管理研究》2019 年第 6 期。

［84］费艳颖、凌莉：《美国国家创新生态系统构建特征及对我国的启示》,《科学管理研究》2019 年第 2 期。

［85］高奇琦：《人工智能、四次工业革命与国际政治经济格局》,《当代世界与社会主义》2019 年第 6 期。

［86］高自友等：《复杂网络理论与城市交通系统复杂性问题的相关研究》,《交通运输系统工程与信息》2006 年第 3 期。

［87］郜亮：《浅析第三次工业革命对传统产业的影响及我国的机遇》,《对外经贸》2015 年第 3 期。

［88］格罗弗、康乃尔：《美国实业发展史》下册，商务印书馆 1947 年版。

[89] 耿鹏、赵昕东：《基于 GVAR 模型的产业内生联系与外生冲击分析》，《数量经济技术经济研究》2009 年第 12 期。

[90] 顾明毅、周忍伟：《舆情及社会性网络信息传播模型》，《新闻与传播研究》2009 年第 5 期。

[91] 郭春娜：《制造业全要素生产率测算及影响因素研究》，《重庆大学学报（社会科学版）》2019 年第 2 期。

[92] 韩永辉：《粤港澳大湾区视野下广东创新要素的优势与短板》，2019 年 3 月 26 日，见 https://static.nfapp.southcn.com/content/201903/26/c2046477.html?colID=18&firstColID=18&appversion=5250&layer=4&share_token=ZjRmYmVkY2EtNzVhMy00M。

[93] 何建敏等：《应急管理与应急系统——选址、调度与算法》，科学出版社 2005 年版。

[94] 侯志杰、朱承亮：《中国人工智能企业全要素生产率及其影响因素》，《企业经济》2018 年第 11 期。

[95] 黄鲁成：《区域技术创新生态系统的稳定机制》，《研究与发展管理》2003 年第 4 期。

[96] 贾根良：《美国崛起为何能抓住“机会窗口”——第二次工业革命时期美国经验借鉴》，《人民论坛》2013 年第 6 期。

[97] 蒋维忠：《第二次工业革命与美国城市化》，《松辽学刊（社会科学版）》1998 年第 1 期。

[98] [美] 杰里米·里夫金：《第三次工业革命：新经济模式如何该笔那世界》，张体伟、孙豫宁译，中信出版社 2012 年版。

[99] [德] 克劳斯·施瓦布：《第四次工业革命——转型的力量》，李菁译，中信出版社 2016 年版。

[100] 李静娴、陈安平：《中国相邻省份经济增长的溢出效应分析》，《新疆财经》2010 年第 4 期。

[101] 李青：《基于活动-出行超网络的交通流分配模型研究综述》，《系统管理学报》2020 年第 3 期。

[102] 李卫等：《基于 DCSP 的煤矿应急救援资源调配方法》，《计算机科学》2011 年第 5 期。

[103] 李晓娣、张小燕：《区域创新生态系统对区域创新绩效的影响机制

研究》,《预测》2018 年第 5 期。

［104］李晓华:《中外企业争抢新型显示技术市场——2018 Display Week 展示会回顾》,《光电子技术》2018 年第 2 期。

［105］廖日卿:《基于超网络中异质群体演化博弈的海关监管》,《系统工程》2018 年第 8 期。

［106］林白鹏等:《中国消费结构与产业结构关联研究》,中国财政经济出版社 1993 年版。

［100］林宝珍、傅伊:《快速寻车、婴儿防盗,物联网技术赋能智慧医院建设》,《海峡都市报》2020 年 11 月 18 日。

［101］刘常昱等:《基于小世界网络的舆论传播模型研究》,《系统仿真学报》2006 年第 12 期。

［102］刘继:《基于超网络的舆情信息传播机制分析》,《情报探索》2013 年第 5 期。

［103］刘宪法:《中国区域经济发展新构想——菱形发展战略》,《开放导报》1997 年第 Z1 期。

［104］柳卸林等:《从创新生态系统看中国如何建成世界科技强国》,《科学学与科学技术管理》2018 年第 3 期。

［105］卢守峰等:《基于复杂性理论的城市交通系统研究》,《吉林大学学报(工学版)》2006 年第 S1 期。

［106］鲁丛林、谭跃进:《城市交通系统复杂性模型及仿真分析》,《系统工程》2005 年第 3 期。

［107］吕拉昌、赵雅楠:《粤港澳大湾区创新生态系统协同发展机制研究》,《特区实践与理论》2020 年第 5 期。

［108］吕伟等:《考虑资源和时间窗约束的应急物资调配模型》,《中国安全科学学报》2019 年第 12 期。

［109］美国人口普查局:《美国历史统计:从殖民地时代到 1957 年》(*Historical Statistics of the United States, Colonial Times to* 1957),华盛顿,1975 年版。

［110］莫璇:《为建设国际一流湾区和世界级城市群作出佛山贡献》,《佛山日报》2019 年 5 月 20 日。

［111］潘文卿等:《中国产业间的技术溢出效应:基于 35 个工业部门的经验研究》,《经济研究》2011 年第 7 期。

[112] 彭继增等：《赣州对接融入粤港澳大湾区的可行性研究——基于承接产业转移的视角》,《金融与经济》2020年第5期。

[113] 齐世荣主编：《精粹世界史——推动历史进程的工业革命》，中国青年出版社1999年版。

[114] 綦良群、刘淑华：《高新技术产业对装备制造业知识溢出过程的机理分析》,《科技进步与对策》2010年第2期。

[115] 秦学志等：《产业关联视角下的政府投资拉动效应研究》,《数量经济技术经济研究》2010年第9期。

[116] 裘江南等：《创新超网络模型及应用分析》,《情报杂志》2011年第10期。

[117] 孙勇：《基于网络模型的应急资源优化调配》,《计算机工程》2011年第1期。

[118] 沈华嵩、一兵：《第一、二、三、四次工业革命是怎么回事》,《财会通讯》1984年S1期。

[119] 苏东水：《产业经济学》，高等教育出版社2015年版。

[120] 苏梽芳等：《外部资源价格冲击与中国工业部门通胀的内生关联研究》,《财经研究》2015年第5期。

[121] 孙红军、王胜光：《国家高新区全要素生产率增长的区域差距及影响因素》,《中国科技论坛》2020年第8期。

[122] 孙耀吾、卫英平：《联盟企业知识波扩散效应及实证研究》,《科学学与科学技术管理》2010年第5期。

[123] 《地热能是怎么发电的?》，2017年4月20日，见https://v.qq.com/x/page/j0395xtebiv.html。

[124] 田博文、田志龙：《网络视角下标准制定组织多元主体互动规律研究》,《管理学报》2016年第12期。

[125] 田萍、汪制邦：《我国第三产业全要素生产率区域差异及影响因素研究》,《数量经济研究》2019年第3期。

[126] 汪勤政、四兵锋：《换乘约束下城市多方式交通分配模型与算法》,《交通运输系统工程与信息》2017年第4期。

[127] 汪小帆等：《网络科学导论》，高等教育出版社2012年版。

[128] 王存理等：《这里的黎明静悄悄——转型发展的苏州之路》，2017年

7 月 5 日，见 http：//jsnews. jschina. com. cn/hxms/201707/t20170705 _ 746456. shtml。

［129］王欢芳等：《战略性新兴产业全要素生产率测度及影响因素研究》，《中国软科学》2020 年第 11 期。

［130］王缉慈：《创新的空间》，北京大学出版社 2001 年版。

［131］王佳等：《部门冲击和整体冲击的经济影响分析》，《中国管理科学》2013 年第 5 期。

［132］王琳：《外国直接投资、产业链联系与技术扩散》，《科技进步与对策》2005 年第 3 期。

［133］王娜、王毅：《产业创新生态系统组成要素及内部一致模型研究》，《中国科技论坛》2013 年第 5 期。

［134］王炜等：《基于马尔科夫决策过程的应急资源调度方案的动态优化》，《南开大学学报（自然科学版）》2010 年第 3 期。

［135］王艳灵、王恒山：《超网络上突发事件的信息传播模式构建》，《灾害学》2011 年第 4 期。

［136］王映川：《我国先进装备制造业全要素生产率及影响因素分析——基于产业组织视角》，《工业技术经济》2017 年第 1 期。

［137］王志民：《把握粤港澳大湾区发展机遇 携手打造国际科技创新中心》，《学习时报》2018 年 8 月 31 日。

［138］魏后凯：《跨世纪我国区域经济发展与制度创新》，《财经问题研究》1998 年第 12 期。

［139］魏际刚：《第三次工业革命对国际产业分工和竞争格局的影响》，《现代经济探讨》2014 年第 10 期。

［140］韦倩等：《论艾西莫格鲁的经济波动理论及其价值》，《经济学家》2013 年第 1 期。

［141］魏晓东：《工业革命与工业 4. 0》，《自动化博览》2015 年第 11 期。

［142］温有奎、徐国华：《知识元链接理论》，《情报学报》2003 年第 6 期。

［143］吴崇伯：《论东盟国家的产业升级》，《亚太经济》1988 年第 1 期。

［144］吴汉贤、邝国良：《产业技术扩散溢出效应的分析——对广东产业转移承接地政府的启示》，《科技管理研究》2010 年第 18 期。

［145］吴庆艳：《中日制造业产业内贸易技术溢出效应研究》，《对外经贸》

2016 年第 7 期。

[146] 吴艳霞等:《区域创新生态系统协同模型构建及实证研究》,《开发研究》2020 年第 6 期。

[147] 武澎等:《突发事件信息传播超网络中枢纽节点的判定研究》,《管理评论》2013 年第 6 期。

[148] 相雪梅等:《产业网络结构对总产出波动的影响研究》,《山东大学学报(哲学社会科学版)》2016 年第 2 期。

[149] 相雪梅:《超网络视角的区域经济发展研究——一个内生发展的理论框架》,《理论建设》2020 年第 2 期。

[150] 相雪梅:《复杂网络视角的产业波动扩散效应研究》,博士学位论文,山东大学,2016 年。

[151] 相雪梅:《供给侧结构性改革的产业协同研究》,《安徽行政学院学报》2018 年第 1 期。

[152] 相雪梅、赵炳新:《基于 k-壳结构的产业波动区域间扩散效应研究——以中国 30 省区市区域间投入产出数据为例》,《华东经济管理》2018 年第 1 期。

[153] 肖雯雯:《产业超网络建模及其应用研究》,博士学位论文,山东大学,2018 年。

[154] 熊彼特:《资本主义、社会主义与民主》,转引自吴延兵:《创新、溢出效应与社会福利》,《工业技术研究》2005 年第 2 期。

[155] 徐国军、刘澄:《技术扩散衍生新企业的多维距离逻辑》,《技术经济与管理研究》2020 年第 9 期。

[156] 徐玮:《略论美国第二次工业革命》,《世界历史》1989 年第 6 期。

[157] 许进等:《系统的核与核度(Ⅰ)》,《系统科学与数学》1993 年第 2 期。

[158] 闫丽蓉:《我们身边的核技术应用》,《经济日报》2019 年 4 月 15 日。

[159] 杨龙志、刘霞:《区域间技术转移存在“马太效应”吗?——省际技术转移的驱动机制研究》,《科学学研究》2014 年第 12 期。

[160] 叶青:《叶青看数据:广州创新大脑+佛山转化中心》,2018 年 8 月 26 日,见 https://mp.weixin.qq.com/s/xRzvvM_Ir0xh-YhA_ny0tw。

[161] 郁葱茏:《物流业全要素生产率及其影响因素分析》,《统计与信息论

坛》2018 年第 5 期。

[162] 张婧等:《基于偏好序的多事故应急资源调配博弈模型》,《清华大学学报(自然科学版)》2007 年第 12 期。

[163] 张军:《基于系统动力学的 SIRS 信息传播模型研究》,《情报科学》2017 年第 11 期。

[164] 张培刚:《牛犊子理论》,《决策》2005 年第 1 期。

[165] 张莹、杜春玲:《5G 时代新型先进显示技术发展与趋势——访中国科学院院士欧阳钟灿》,《微纳电子与智能制造》2020 年第 2 期。

[166] 赵炳新等:《产业基础关联树的构建与分析——以山东、江苏两省为例》,《管理评论》2013 年第 2 期。

[167] 赵炳新等:《产业圈度及其算法》,《系统工程理论与实践》2014 年第 6 期。

[168] 赵炳新等:《产业集群的核结构与指标体系》,《系统工程理论与实践》2016 年第 1 期。

[169] 赵炳新等:《区域间总产出波动相互影响的网络模型》,《系统工程理论与实践》2017 年第 10 期。

[170] 赵炳新等:《产业复杂网络及其建模研究——基于山东省实例的分析》,《经济管理》2011 年第 7 期。

[171] 赵炳新:《产业关联分析中的图论模型及应用研究》,《系统工程理论与实践》1996 年第 2 期。

[172] 赵炳新、张江华:《产业网络理论导论》,经济科学出版社 2013 年版。

[173] 赵广信、李文辉:《陕西大飞机研发制造配套产业链:现状、问题与对策》,《科技创新与应用》2019 年第 21 期。

[174] 周超:《海洋能:欧盟未来的重要产业》,2020 年 11 月 16 日,见 https://mp.weixin.qq.com/s/e305W6Jzbm63YdlR9dIK3g。

[175] 朱莉、曹杰:《灾害风险下应急资源调配的超网络优化研究》,《中国管理科学》2012 年第 6 期。

[176] 庄解忧:《世界上第一次工业革命的经济社会影响》,《厦门大学学报(哲学社会科学版)》1985 年第 4 期。

[177] Elisha:《ISEN 探讨太阳能技术发展前景》,2020 年 11 月 21 日,见

https：//mp. weixin. qq. com/s/g8LGR1mDdAzznR8RBnlWUA。

［178］《嘉兴：加快推进首位战略 接轨上海成重要突破口》,《解放日报》2020 年 10 月 14 日。

［179］《力争到 2025 年汽车贸易规模超 7000 亿元》,《南方日报》2020 年 4 月 27 日。

［180］《粤港澳大湾区协同创新发展报告（2020）》，广州日报数据和数字化研究院（GDI 智库）2020 年 11 月 17 日发布。

后　记

本书基于区域经济协同发展与国际经济竞合的现实需要，把两大事实和一大理论相结合，即技术创新是产业发展波动产生的根源，产业关联是产业发展波动区域间扩散的根源，以及麻省理工学院达龙·阿西莫格鲁教授的网络级联理论，在综述研究现状的基础上，提出采用超网络方法研究产业发展波动的区域间扩散，以深入微观层面聚焦关联结构开展深入研究。随后，为了深刻认识超网络的概念、特点及其应用，选择城市交通系统、复杂产品系统、创新生态系统等复杂系统以及信息传播超网络、资源调配超网络和海关监管超网络进行了深入分析，发现超网络是描述复杂系统的有效方法，也是分析多渠道信息传播、多中心资源调配、多主体海关监管的有效方法。通过深入分析产业发展波动区域间扩散的本质，发现区域间经济系统也是一个多主体、多维度、多层次、多属性的动态复杂系统，从而超网络方法提供了深入微观层面基于关联结构研究产业发展波动区域间扩散的可行方法。最后，基于产业发展波动区域间扩散的机理分析，构建了产业发展波动区域间扩散超网络模型，设计了效应量化层内指标体系和层间指标体系，并基于大国博弈和区域经济均衡协调发展的要求，采用中、德、日、美四国数据和安徽等 29 个省区市数据进行实证分析，为我国在百年未有之大变局下，认清我国优势与劣势，把握战略机遇，通过高质量发展，日益接近世界舞台的中央提供了定量依据。做到了一定程度的创新，具有一定的理论意义和实践价值，但仍存在一些局限，主要表现为：

第一，为反映产业发展波动区域间扩散的本质，深入微观经济要素层面建立了产业发展波动区域间扩散超网络模型，从要素、企业、产业、区域四类主体，分要素—企业—产业—区域四个层次，描述了各层子网络的建模原理和层间子网络的耦合原则。然而因要素层数据的缺乏，在实证分析时构建的产业发展波动区域间扩散超网络模型仅包含企业—产业—区域三层子网络，经济要素仅作为影响因素考虑。

第二，企业网络建模所依据的供需关联数据并非现实发生的，而是基于企业的行业归属和多区域产业关联建立的，因此属于潜在供需关联的范畴，反映了基于经济技术联系企业间可能存在的供需关联，客观性稍嫌不足，但仍不失为当前构建企业网络的相对合理的方法。

第三，多区域经济系统是个动态复杂系统，产业发展波动区域间扩散的超网络模型具有动态性，随着经济发展能够不断演化，本书仅构建了静态模型，并基于截面数据进行了实证分析。

针对存在局限，提出以下研究展望：

第一，开展动态研究。虽然国际投入产出学会指出区域经济结构具有相对稳定性，10 年内不会发生重大变化，但也应看到：世界唯一不变的就是变化，在国际创新发展为主流和国内腾笼换鸟、凤凰涅槃为主流的发展大势下，特别是当今世界正处于第四次工业革命的酝酿兴起期，区域经济结构也在悄无声息的发生着变化，因此可以把时间变量引入模型，开展动态研究，以更好量化区域经济结构与产业发展波动区域间扩散效应的互动影响，更好推动区域经济发展。

第二，增强建模依据的客观性。在构建企业网络时，除依据企业的行业归属和产业关联外，再综合考虑其他依据。比如，根据新经济地理学的“冰山运输成本”理论，邻近的供需活动更易于降低成本，形成规模经济优势，①

① P. R. , Krugman “Increasing Returns and Economic Geography”, *Journal of Political Economy*, Vol. 99, No. 3 (1991), pp. 483-499.

因此可以把地域邻近性纳入企业网络建模。在构建区域网络时，如果没有区域间投入产出表作为建模依据，则也应考虑地域邻近性。因为地理因素同样影响了知识和技术的扩散，Keller 的实证研究表明，空间距离每增加 1200 千米，技术扩散就要减少 50%。①

每一个思想的火花，于他人可能微不足道，于自己却是新的突破，局限不可忽视，展望孕育新机，纵然前路漫漫，道阻且长，难免迂回曲折，但行则将至，行而不辍，未来则可期，终将迎来柳暗花明。

① W. Keller "Geographic Localization of International Technology Diffusion", *American Economic Review*, Vol. 92, No. 1 (2002), pp. 120-142.

责任编辑:曹　春
封面设计:汪　莹

图书在版编目(CIP)数据

产业发展波动的区域间扩散:基于超网络视角的研究/相雪梅 著. —北京:人民出版社,2021.7
ISBN 978-7-01-023612-4

Ⅰ.①产…　Ⅱ.①相…　Ⅲ.①区域经济发展-产业发展-研究-中国　Ⅳ.①F127

中国版本图书馆 CIP 数据核字(2021)第 145803 号

产业发展波动的区域间扩散
CHANYE FAZHAN BODONG DE QUYU JIAN KUOSAN
——基于超网络视角的研究

相雪梅　著

人民出版社 出版发行
(100706　北京市东城区隆福寺街 99 号)

北京汇林印务有限公司印刷　新华书店经销

2021 年 7 月第 1 版　2021 年 7 月北京第 1 次印刷
开本:710 毫米×1000 毫米 1/16　印张:18
字数:258 千字

ISBN 978-7-01-023612-4　定价:88.00 元

邮购地址 100706　北京市东城区隆福寺街 99 号
人民东方图书销售中心　电话 (010)65250042　65289539